그리스도인의 올바른 **시간 관리**

그리스도인의 올바른 **시간 관리**

유성은 지음

초판 1쇄   2013년 4월 8일

발행인 | 김기택 **편집인** | 손인선 **펴낸곳** | 도서출판 kmc **등록번호** | 제2-1607호 **등록일자** | 1993년 9월 4일
(110-730) 서울특별시 종로구 세종대로 149 감리회관 16층 (재)기독교대한감리회 출판국
대표전화 | 02-399-2008 **팩스** | 02-399-4365 **홈페이지** | http://www.kmcmall.co.kr **디자인** | 디자인화소

값 12,000원   ISBN 978-89-8430-603-5 03230

그리스도인의 **올바른**
시간 관리

 머리말

"하나님이 말씀하시기를 '빛이 생겨라' 하시니, 빛이 생겼다."(창 1:3, 새번역)

하나님은 빛을 창조하셨고 빛이 창조됨과 동시에 시간도 창조되었다. 하나님이 인류에게 주신 선물 가운데 시간처럼 귀중한 선물은 없다. 하지만 시간은 그 선물을 잘 사용하는 자에게만 가치가 있다.

여러분은 시간을 얼마나 소중하게 여기며 적절하게 사용하는가? 시간은 하나님께서 누구에게나 공평하게 배분해 주신 자원이다. 그런데 시간의 양 못지않게 중요한 것이 시간을 관리하는 기술이다. 현대는 옛날과는 전혀 다른 시대다. 옛날보다 더 다양해지고 복잡해졌기 때문에 누구나 적절한 시간 관리법을 배워야 한다. 그래야 생존과 지속적인 발전이 가능하다.

그리스도인은 시간 관리에 대하여 특별한 관심을 가져야 한다. 왜냐하면 그리스도인은 이 땅에서 하나님이 주신 사명을 완수하며 행복한 삶을 영위해야 하기 때문이다. 그런데 시간을 관리하는 능력이 없으면 사명을 수행하기는커녕 개인의 삶도 지탱해 나가기 힘들다.

현대에는 문명이 최고도로 발전하여 생활이 한없이 편리해졌다. 시간을 절약해 주는 도구들이 헤아릴 수 없이 쏟아져 나왔다. 그런데도 더 바

4

빠지기만 한다. 그 이유는 무엇인가? 사람의 욕망이 한없이 팽창해지고 조급해졌으며, 따라서 여유를 상실했기 때문이다. 조급하고 무절제한 시대에 그리스도인들은 어떻게 살아야 할까? 때가 악하니 세월을 아끼라고 하는 바울의 음성을 귀담아 들어야 한다. 그리고 올바른 시간 관리 방법을 찾아야 한다.

올바른 시간 관리 습관을 기르면 조급성에서 해방되어 여유를 갖게 되고 서두르지 않아도 많은 일을 하게 된다. 각자의 꿈을 이룰 수 있을 뿐 아니라 일생 동안 지속적으로 풍성한 삶을 살 수 있다. 시간 관리를 일찍 배울수록 앞으로의 인생은 더욱 밝아진다.

필자는 성경에서 올바른 시간 관리의 원리와 기술을 탐구했다. 성경은 인생의 관리와 시간 관리의 지혜를 간직한 보물창고다. 그리고 필자 자신의 오랜 경험과 다른 참고 자료도 폭넓게 사용하여 이 책을 구성하였다. 이 책의 내용을 익혀서 시간 관리법을 배우고 연습한다면 자기도 모르는 사이에 시간 관리의 달인이 될 것이다.

이 책은 개인의 시간 관리 지침서뿐 아니라 제자 훈련의 교재로도 적절하게 쓰일 수 있다. 이 책에서 전하는 바를 각자 제2의 천성이 되도록 여러 번 읽고 반복해서 연습하기 바란다. 이 책이 각자의 삶을 변혁시키고 교회의 부흥에도 이바지할 수 있다면 필자로서 더 바랄 것이 없다.

이 책의 추천사를 써 주신 김진호 감독님께 감사드린다. 김 감독님은 필자가 가장 존경하는 선배요, 필자의 저서에 대해 누구보다 깊은 관심을 갖고 계신 분이다. 아울러 이 책이 나오기까지 수고하신 감리회 출판국 여러분에게도 깊은 감사를 드린다.

수영리 서재에서

contents

머리말

인생과 시간에 관한 성경의 교훈

첫번째

세월을 아껴라

시간 관리의 황금률

바울은 로마 옥중에서 에베소에 사는 그리스도인을 생각하며 진지하게 편지를 쓰고 있다. 에베소는 기원전 1,500여 년 전에 건설된 도시이며 상업과 교통의 중심지로서 매우 번창하였다. 필자는 십 수년 전에 그곳을 방문한 적이 있는데 그곳의 많은 유적을 보면서 화려했던 그 옛날을 마음속에 그려볼 수 있었다. 에베소가 겉으로는 화려했지만 그곳에 사는 사람들은 무질서하고 방탕하였다. 시간 개념이 없었으며 도덕적으로 타락하였다. 바울은 이런 세속적인 환경에서 사는 그리스도인들을 향하여 어떻게 자신을 지키며 행동해야 하는지를 명확하게 글로 써서 보냈다. 이것이 바로 에베소서다.

그의 여러 편지 중 아래 구절은 시간 관리의 황금률이라고 부를 만큼 아주 귀중한 시간 관리의 원리를 담고 있다. "그런즉 너희가 어떻게 행할 것을 자세히 주의하여 지혜 없는 자 같이 말고 오직 지혜 있는 자 같이 하여 세월을 아끼라 때가 악하니라 그러므로 어리석은 자가 되지 말고 오직 주의 뜻이 무엇인가 이해하라."(엡 5:15~17) 바울은 세속에 사는 그리스도인들이 어떻게 시간 관리를 해야 좋은지를 분명하게 말했다.

　첫째로 "어떻게 행할 것을 자세히 주의하라"고 했다. 자신이 무엇을 해야 할지 모른다면 허송세월을 할 수밖에 없으므로 사람은 늘 뚜렷한 목적을 갖고 용의주도하게 살아야 한다. 특히 그리스도인은 하나님의 거룩한 뜻을 행해야 하기 때문에 불신자보다 더 신중하게 행동해야 한다. 어떤 일이든지 부주의하고 무관심하게 대한다면 일을 훌륭하게 달성할 수 없고, 기회를 살릴 수도 없으며, 사업을 추진할 수도 없다. 가정에서는 조심하지만 집 밖에서는 너무 부주의하게 사는 사람이 있는가 하면 반대의 사람도 있다. 어느 곳에서든지 그리고 어느 때든지 정신을 차리고 신중하게 살아가야 실수하는 일도 없고 나중에 후회하는 일도 없다. 높은 사다리를 올라갈 때 사람들은 한 발자국 한 발자국 신중하게 내딛는다. 운전의 달인도 운전할 때는 초보자처럼 신중하게 한다. 위인들은 사소한 일도 대충 넘어가지 않고 치밀하고 계획된 행동을 한다. 우리도 이런 신중한 모습으로 살아가야 한다.

　어떤 일을 훌륭하게 성취하려면 단 하루도 부주의하게 보낼 수 없고 만사를 그냥 흘러가게 내버려 두어서도 안 된다. 우리는 매순간이 하나님이 지시하신 거룩한 사역을 위한 시간임을 깨닫고 신중하게 행해서 기회를 잃지 않도록 해야 한다. 필자가 대학생 시절에 농촌운동가였던 고 김용기 장로의 강연을 여러 번 들은 적이 있다. 그는 강연할 때마다 "정신 차려!"라는 말을 자주 강조하였는데 이 말이 지금도 생생하게 떠오른다. 그의 말대로 현대를 사는 우리는 정신을 차려야 제대로 살아갈 수 있다. 흐리멍덩한 생각을 가지고 살아가서는 안 된다.

둘째로 "오직 지혜 있는 자 같이 하여 세월을 아끼라 때가 악하니라"고 했다. 우선 "때가 악하니라"는 말씀을 생각해 보자. 에베소에 사는 사람들은 부유하고 유복하며 물질을 추구하는 삶을 살았다. 그들은 신전에 와서 제사를 드렸는데, 그 커다란 신전은 상인들의 은행 역할도 하였다. 상인들이 안전하게 돈을 보관하기 위해 신전으로 가져오면 이것이 일종의 예배 행위가 되었다. 또한 그들은 물질의 풍요 속에서 삶을 마음껏 즐길 수 있다고 생각했다. 바울은 그리스도인들이 이런 풍조에 물들지 않도록 경계시키기 위해 "때가 악하니라"고 말한 것이다.

어느 시대이건 그리스도인들은 살아가기가 힘들다. 왜냐하면 세상 사람들과 종교가 다르고 가치관이나 행동양식이 다르기 때문이다. 그래서 어느 시대라도 그리스도인들은 "때가 악하니라"라고 말할 수밖에 없는 것이다. 평상시 그리스도인들은 사업관계로 불신자들을 많이 만나게 된다. 그리고 그들의 말이나 행동양식에 영향을 받게 되어 있다. 그리스도인들도 세상 사람들과 똑같이 생존을 위해서 노력해야 하기 때문에 자신도 모르는 사이에 불신자들의 생각과 행동을 많이 닮고 있는 것이다.

지금은 분주한 시대이며 사람들이 자주 왕래하는 시대다. 물질과 권력이 지배하는 시대이며 쾌락을 추구하는 시대다. 그리스도인들도 조급증에 빠져서 쓸데없는 일에 바쁘며, 물질을 제1의 가치로 여기고, 조그만 이권에도 머리를 싸매고 달려든다. 그런가 하면 교회에서도 사람들의 감정을 자극하는 요란스러운 예배를 선호한다. 과거 그리스도인들이 하나님과 조용하게 가졌던 그 엄숙한 시간을 요즘에는 찾아보기 힘들다.

바울은 말세의 징조에 대해 이렇게 말했다. "네가 이것을 알라 말세에 고통하는 때가 이르리니 사람들이 자기를 사랑하며 돈을 사랑하며 자긍하며 교만하며 훼방하며 부모를 거역하며 감사치 아니하며 거룩하지 아니하며 무정하며 원통함을 풀지 아니하며 참소하며 절제하지 못하며 사나우며 선한 것을 좋아 아니하며 배반하여 팔며 조급하며 자고하며 쾌락을 사랑하기를 하나님 사랑하는 것보다 더하며 경건의 모양은 있으나 경건의 능력은 부인하는 자니 이 같은 자들에게서 네가 돌아서라."(딤후 3:1~5) 이와 같은 징조가 교회에도 스며들고 있는데 이것은 지금이 악한 때임을 여실히 보여 준다. 우리의 환경은 하나님의 지배에서 벗어나 있다. 우리는 "당신의 나라가 임하옵시며 당신의 뜻이 이루어지이다"라고 기도하지만 막상 교회를 벗어나 세상 밖으로 나가면 하나님의 원칙을 무시하고 자기 멋대로 생활할 때가 많다. 때문에 바울이 에베소 교회의 그리스도인들에게 편지한 것처럼 "세월을 아끼라 때가 악하니라"는 말씀이 더욱 절실하게 다가온다.

바울은 현대를 사는 우리에게 지금이 악한 때라고 말하면서 새로운 경각심을 불러일으키고 신중한 마음과 새로운 열심을 가지고 살아가라고 촉구한다. 우리는 이 모든 불리한 상황에 처해 있을지라도 하나님이 주신 사명을 완수할 기회를 찾아야 한다. 아무리 악한 시대라도 주님이 주신 사역을 수행해야 한다.

바울이 "세월을 아끼라"라고 한 말은 '모든 기회를 최대한 활용해서 각 순간을 가장 유익한 순간이 되도록 하라는 것'이다. 주부들은 식료품을 살 때 신경을 써서 고른다. 질이 좋으면서도 좋은 가격의 물건을 고른다. 우리가 시간을 사용할 때도 마찬가지다. 물건을 고를 때와 같은 태도를 가져야 한다. 시간을 아끼고 그에 관한 계획을 세우며 최선의 결과를 얻도록 살펴야 한다. 세월을 아끼라는 말은 이것이 쉽지 않은 일이므로 잘 배워야 한다는 뜻이다. 살아갈 때 시간을 요구하는 것들이 참 많다. 사탄은 광명의 천사처럼 나타나서 이러저러한 일을 하도록 우리를 유혹한다. 항상 우리가 할 수 있는 한계보다 더 많은 일이 밀려온다. 우리가 저지르는 대부분의 잘못은 최선을 택하지 않고 차선을 택하기 때문이다. 이런 잘못을 범하지 말아야 한다. 지극히 선한 것을 분별할 줄 아는 지혜가 있어야 한다(빌 1:10). 기회는 최악의 환경에서 생길 수 있다. 바울은 일생 동안 세월을 아끼면서 살았다. 그는 감옥에서 성경을 많이 읽고 연구했으며 오늘의 '옥중서신'이라고 부르는 편지들을 써서 그리스도인들에게 보내기도 하였다.

셋째로 "어리석은 자가 되지 말고 오직 주의 뜻이 무엇인가 이해하라"고 했다. 위대한 인생과 평범한 인생의 차이는 주의 뜻을 분별하는 능력의 차이라고 할 수 있다. 일생 동안 주의 뜻을 분별하면서 살아야 주님과 동행하게 되고 빛된 삶을 살게 된다. 바울은 로마서 12장 2절에서도 이 말씀을 강조한다. "너희는 이 세대를 본받지 말고 오직 마음을 새롭게 함으로 변화를 받아 하나님의 선하시고 기뻐하시고 온전하신 뜻이 무엇인지 분별하도록 하라." 하나님의 뜻을 모르고 행동한다면 시행착오만 거듭할 것이다. 그런 사람은 아무리 열심히 살아도 헛된 인생을 살아갈 뿐이다. 일찍부터 하나님의 거룩한 뜻을 안다면 그가 앞으로 해야 할 일이 분명해진다.

우리가 그리스도인으로서 하나님의 사업을 하려고 한다면 하나님의 뜻을 알아야 한다. 늘 하나님의 뜻을 발견하려는 습관을 가져야 한다. 상식이나 감정을 따라서 하나님의 뜻을 속단해서는 안 된다. 하나님의 뜻을 진정으로 이해해야 한다. 사업을 성공시키려면 사업적인 통찰력이 필요하듯 인생을 성공시키려면 영적인 통찰력을 가져야 한다.

각자를 향한 하나님의 뜻은 두 종류로 나뉠 수 있다. 하나는 보편적인 것으로 성경에서 하나님이 말씀한 모든 원리다. 이에 대해서 우리는 잘 이해하고 철저히 순종하며 실천하는 과정에서 하나님의 뜻을 더 잘 이해하게 된다. 다른 하나는 개인적인 것으로 각자에게 특별한 은사를 주셔서 어떤 특별한 일을 하게 하시는 것이다. 이것은 소명에 관계된 것이다.

그리스도인의 시간 관리 10개조

무슨 일이든지 가장 빨리 익히는 비결은 원리를 파악하는 것이다. 아는 것만큼 보인다고 했다. 우선 원리를 습득하는 것이 좋다. 그리스도인의 시간 관리에도 많은 원리가 있다. 그 중요 원리 10가지를 아래와 같이 요약한다.

(1) 나를 향한 하나님의 뜻을 이해하고 그 뜻을 이루기 위해 헌신한다.(롬 12:2)

(2) 합리적인 목표를 세운다.(롬 12:3)

(3) 올바른 우선순위를 정하고 그것을 지킨다.(마 6:33)

(4) 하루를 명상과 기도와 성경 읽기로 시작한다.(시 37:7)

(5) 매일 실천해야 할 일의 목록을 작성하고, 한 가지씩 완성해 나간다.(눅 16:4)

(6) 좋은 계획을 세운다.(느 2:5~9)

(7) 일을 할 때는 열심히 일하고, 쉴 때는 푹 쉰다.(출 20:8~10)

(8) 자투리 시간을 소중히 활용한다.(요 6:12)

(9) 어떤 경우든지 서두르지 않는다.(잠 19:2)

(10) 주 안에서 모든 상황에 대처할 수 있다고 믿는다.(빌 4:11~13)

■ 학습을 위한 질문

1. 시간 관리의 황금률인 에베소서 5장 16~18절을 암기하라.

2. 그리스도인에게는 왜 모든 시대가 악한가?

3. 내 인생을 향한 하나님의 거룩하신 뜻을 발견했는가?

지금은 무엇을 할 때인가?

시간이란 무엇인가?

우리는 매일 시간에 관계된 말을 하고 시간 속에서 살고 있지만, 시간이 무엇인지 의식하지 못하고 산다. 시간(時間)이란 한자의 뜻은 '때'와 '때' 의 사이라는 말이다. 시간은 어떤 사건이 일어나게 되는 지속의 흐름이라고 할 수 있다.

시간이 손에 잡히는 것은 아니지만 우리는 시간을 좀 더 잘 이해하고 평가해야 한다. 시간이 항상 우리 곁에 있기 때문에 당연히 존재하는 것으로 여긴다. 그래서 시간을 낭비하는 일이 많다. 하지만 시간은 인생에 의미와 균형과 질서를 가져다주는 하나님의 선물이다. 모든 일이 한꺼번에 몰려오지 않도록 조금씩 주시는 선물이 바로 시간이다. 하나님은 시간의 주인이시고 우리는 시간의 청지기라는 사실을 기억해야 한다.

시간이 소중하다는 것을 알기만 해도 행운이 딸려 온다는 말이 있다. 시간을 잘 관리하려면 우선 시간의 귀중함을 깨달아야 한다.

크로노스와 카이로스

헬라어에는 시간을 나타내는 말이 몇 개 있는데 그 중 대표적인 것이 '크로노스'와 '카이로스'다. '크로노스'는 우리가 시계로 잴 수 있는 자연적인 시간, 즉 양적인 시간을 가리킨다. 초 단위로부터 시작해서 분, 시간, 하루, 한 달, 한 해는 모두 크로노스의 개념이다. 우리는 아무리 사소한 행동을 해도 크로노스를 사용한다. 크로노스가 있기 때문에 하루를 계획하며 다른 사람과 시간 약속도 한다.

어떤 일을 잘 이루기 위해서는 충분한 양의 시간이 필요하다. 노벨상을 받기 위해서는 수십 년간의 학문적인 노력이 필요하다. 대기만성(大器晚成)이라고 했다. 명품도 많은 시간을 투자해야 만들어진다. 텔레비전으로 축구 중계를 보면 숫자가 많이 보인다. 텔레비전 화면 위쪽에 양 팀의 득점 상황과 경기가 진행된 시간이 표시돼 있다. 화면 아래쪽에는 또 다른 시각이 적혀 있다. 어느 팀이 얼마 동안 공을 점유하고 있었는지를 보여 주는 수치다. 대개의 경우 공을 많이 잡고 있는 팀이 이길 확률이 높다. 같은 실력이라면 공부를 오래한 학생이 시험점수를 더 좋게 받는다. 선거운동도 오래 전부터 한 사람이 이길 확률이 높다. 왜 그럴까? 시간을 많이 투자했기 때문이다.

이명박 정권과 버락 오바마 행정부 1기가 임명한 장관 중에서 정권 말기까지 남아 있는 장관의 수를 비교하면 우리나라는 0명인 데 반하여 미국은 13명이나 남아 있었다. 오바마 대통령은 본인이 정권 초에 임명한 14명의 장관 중에서 상무부장관 한 사람만 교체했다. 우리나라의 경우 이번 정권뿐 아니라 다른 정권도 장관의 임기와 교체 주기가 지나치게 짧다. 역대 정부 장관의 평균 재임 기간이 14개월 남짓이라고 한다. 업무를 파악하자마자 그만두는 셈이다. 재임 기간이 너무 짧아 성공적으로 장관직을 수행하기도 어렵다. 이것은 장관을 임명하는 사람들이 시간의 양이 갖는 의미를 충분히 이해하지 못한 증거이기도 하다.

이에 반해 '카이로스'는 질적인 시간을 가리킨다. 개인이나 민족의 삶에서 특별한 사건이나 시절은 카이로스라고 할 수 있다. 기회나 위기, 출생, 결혼, 회심, 사망 등도 카이로스다. 좋은 때와 나쁜 때, 최선의 때와 최악의 때도 카이로스다. 절절한 시점, 기회, 위기 등도 카이로스다.

시간에 대해 연구하면 할수록 세상에는 얼마나 많은 '때'가 존재하는지 감탄하게 된다. 때를 구별하는 능력은 인생의 모든 행사의 성패에 큰 영향을 미친다. 때가 좋지 않으면 아무리 노력해도 성과를 거두지 못하지만, 때가 좋으면 조금만 노력해도 큰 성과를 거둘 수 있다. 때는 사물의 가치를 변화시킨다.

모든 일에는 다 때가 있다

지혜로운 왕 솔로몬은 인생을 폭넓게 통찰하면서 모든 일에는 다 때가 있음을 깊이 깨달았다. 그는 이렇게 말했다. "모든 일에는 다 때가 있다. 세상에서 일어나는 일마다 알맞은 때가 있다. 태어날 때가 있고, 죽을 때가 있다. 심을 때가 있고, 뽑을 때가 있다. 죽일 때가 있고, 살릴 때가 있다. 허물 때가 있고, 세울 때가 있다. 울 때가 있고, 웃을 때가 있다.

통곡할 때가 있고, 기뻐 춤출 때가 있다. 돌을 흩어버릴 때가 있고, 모아들일 때가 있다. 껴안을 때가 있고, 껴안는 것을 삼갈 때가 있다. 찾아 나설 때가 있고, 포기할 때가 있다. 간직할 때가 있고, 버릴 때가 있다. 찢을 때가 있고, 꿰맬 때가 있다. 말하지 않을 때가 있고, 말할 때가 있다. 사랑할 때가 있고, 미워할 때가 있다. 전쟁을 치를 때가 있고, 평화를 누릴 때가 있다."(전 3:1~8, 새번역) 모든 것이 저마다 적절한 때를 갖고 있는 것이다.

솔로몬은 인생에서 대조되는 일을 14가지나 열거하는데, 이것들은 우리가 일상생활에서 흔히 경험하는 것이다.

(1) 태어날 때가 있고, 죽을 때가 있다. 모든 생명체는 태어나고 죽는다. 그런데 인간의 출생과 사망은 스스로 통제할 수 있는 것이 아니다. 우리는 모든 창조물 속에서 하나님의 섭리를 보게 된다. 생물은 임신하면 예정된 대로 출산한다. 그리고 때가 되면 죽는다. 출생과 죽음 사이의 기간이 우리가 부여받은 '일생'이라는 큰 덩어리의 시간이다.

(2) 심을 때가 있고, 뽑을 때가 있다. 농부가 아닌 사람도 심을 때와 뽑을 때가 있다는 정도는 안다. 우리는 계절과 협력해야 한다. 그것이 추수하는 유일한 방법이다. 때가 아닌 시기에 파종해서는 안 되고, 때가 아닌 시기에 추수해서도 안 된다. 가장 적당한 때에 심고, 적절한 시기에 거두어야 한다. 과일이 익었을 때는 즉시 따야 한다. 이사도 가장 좋은 때에 하는 것이 좋다. 사업도 가장 좋은 시기를 택해서 하는 편이 낫다. 삶에는 적합한 리듬이 있으니 이것에 부합하며 살아야 한다.

(3) 죽일 때가 있고, 살릴 때가 있다. 전쟁터에서 사람을 죽여야만 할

때, 식용으로 동물을 죽여야만 할 때가 있다. 그런데 육체의 상처나 마음의 상처를 치료할 때도 있는 것이다.

(4) 허물 때가 있고, 세울 때가 있다. 내가 사는 동네는 200년 된 자연부락이었는데 수년 전에 아파트 단지가 들어서면서 가옥을 부수고 땅을 파 지금은 아파트 단지가 되었다. 옛 모습은 흔적도 없이 사라졌다.

(5) 울 때가 있고, 웃을 때가 있다. 우리는 즐거움과 기쁨을 모두 경험한다. 살면서 죽음 직전까지 이르거나 썰물 때와 같이 힘겨운 때라면 울 수밖에 없다. 그때는 믿음도 떨어지며 매사에 의욕이 없어진다. 그러나 웃을 때가 온다는 것을 알고 희망을 가져야 한다. 어려운 때일수록 유머감각을 잃지 말아야 한다.

(6) 통곡할 때가 있고, 기뻐 춤출 때가 있다. 아내가 죽어 통곡하던 친구가 일 년이 지나 새 장가를 들면서 기뻐하는 모습을 보았다. 통곡이 얼마나 빨리 춤추는 장면으로 변하는지 놀라울 정도다.

(7) 돌을 흩어버릴 때가 있고, 모아들일 때가 있다. 돌을 흩어버린다는 것은 전쟁을 하여 땅을 초토화시킨다는 뜻이다. 즉 포기를 의미한다. 모아들이는 것은 잃어버린 것을 회복하고 개선하며 새롭게 시작하는 것이다. 즉 과거를 잊고 내일을 향하여 새롭게 움직이는 때가 있다는 뜻이다.

(8) 껴안을 때가 있고, 껴안는 것을 삼갈 때가 있다. 친구를 칭찬하며 껴안을 때가 있고, 친구에게 냉정하게 충고할 때가 있다. 삶의 균형을 이루기 위하여 격려와 책망, 모두 필요하다.

(9) 찾아 나설 때가 있고, 포기할 때가 있다. 우리는 행복과 성공을 열심히 추구해야 한다. 하지만 아무리 노력해도 이루어지지 않는 경

우가 있다. 그럴 때는 사실을 인정하고 미련 없이 포기해야 한다. 포기해야 할 때를 알고 있는 자는 현실감각이 뛰어난 사람이다.

(10) 간직할 때가 있고, 버릴 때가 있다. 옷, 책, 자동차 등을 가지고 있는 시간이 있고, 버려야 할 때가 있다. 만약 버리지 못한다면 주위는 잡동사니로 가득 찰 것이다. 일반적으로 우리는 소유한 것들이 너무 많다. 그런 것들을 과감히 덜어 내고 새로운 기분으로 삶을 다시 시작해야 한다. 더 나아가 어떤 생각을 간직하고 버려야 할지를 알아야 한다.

(11) 찢을 때가 있고, 꿰맬 때가 있다. 이 말은 슬플 때가 오고 슬픔을 극복할 때가 온다는 뜻이다. 십 수년 전에 필자의 누이동생이 교통사고로 사망했다. 그 슬픈 감정이 무려 3년 넘게 지속되었다. 3년이 지나자 마음이 자연 치유되었다. 시간이 약이라는 말은 옳다.

(12) 말하지 않을 때가 있고, 말할 때가 있다. 대부분 말을 적게 하는 편이 낫다. 하지만 부부 사이라도 필요할 때는 자신의 생각과 감정을 올바로 표현하는 것이 좋다. 미국인들은 자기표현을 잘하는 반면에 우리 민족은 매우 서툴다. 말하지 않아서 손해를 보는 경우도 흔하다. 침묵을 지킬 때는 지켜야 하고, 말을 할 때는 말을 해야 한다.

(13) 사랑할 때가 있고, 미워할 때가 있다. 사랑을 표현할 때가 있는가 하면 불의한 행위에 대해 미워하고 거부해야 할 때가 있다. 노예를 사랑해야 하지만, 노예 제도는 미워해야 한다.

(14) 전쟁을 치를 때가 있고, 평화를 누릴 때가 있다. 인간의 권리를 짓밟는 독재자들과 투쟁하고 자신의 권리를 찾기 위하여 투쟁할 때가 있다. 나라를 지키기 위해서는 전쟁이 불가피하다. 하지만 작

은 분노를 참지 못하여 살인하거나 법정에 고소하는 일은 삼가야 한다. 때로는 내 권리를 유보하고 상대방과 화친하는 것이 낫다. 그래서 평화를 만들어 가야 한다.

솔로몬은 만사에 적절한 때가 있다고 말했지만 어떤 때가 적절한 때라고는 말하지 않았다. 하나님의 시각을 가져야 적절한 때를 판별할 수 있다. 지금이 무엇을 할 때인지를 알기란 매우 어려운 일이다. 적절하지 못한 때에 행동하는 것은 전혀 행동하지 않은 것만도 못하다. 그러므로 적절한 때를 잘 분별할 수 있는 지혜를 달라고 기도해야 한다. 하나님이 이 기도에 응답하실 때 우리는 분별 있고 의미 있는 삶을 살게 된다.

■ **학습을 위한 질문**

1. 시간이 무엇인지 각자 생각한 바를 표현해 보라.
2. 일상에서 겪는 크로노스(양적인 시간)와 카이로스(질적인 시간)에 관한 예를 찾아 보라.
3. 효과적으로 시간을 관리하기 위한 기도문을 간략하게 작성해 보라.

| 세번째 |

시간 청지기

그리스도인은 시간 청지기다

이 땅에서 살아가는 그리스도인은 자신이 하나님의 청지기라는 사실을 늘 인식하며 살아야 한다. 청지기란 자신의 존재 자체와 자신이 가진 모든 것이 하나님의 것임을 믿고, 삶의 전 영역에 걸쳐서 그런 자세로 살아가는 사람이다. 하나님의 청지기로 살 때 허욕과 공허와 부정직함에서 벗어나서 바른 삶을 살게 된다. 다음의 성경 구절에서 우리는 하나님의 청지기라는 사실을 발견할 수 있다.

"하나님이 자기 형상 곧 하나님의 형상대로 사람을 창조하시되 남자와 여자를 창조하시고 하나님이 그들에게 복을 주시며 그들에게 이르시되 생육하고 번성하여 땅에 충만하라, 땅을 정복하라, 바다의 고기와 공중

의 새와 땅에 움직이는 모든 생물을 다스리라 하시니라."(창 1:27~28)

"주의 손으로 만드신 것을 다스리게 하시고 만물을 그 발 아래 두셨으니."(시 8:6)

"우리가 살아도 주를 위하여 살고 죽어도 주를 위하여 죽나니 그러므로 사나 죽으나 우리가 주의 것이로다."(롬 14:8)

"각양 좋은 은사와 온전한 선물이 다 위로부터 빛들의 아버지께로서 내려오나니."(약 1:17)

하나님께서 우리에게 주신 것 중에 가장 귀한 것이 시간이다. 우리는 이 귀중한 선물을 받았으므로 감사하고 기뻐해야 한다. 그리고 일생 동안 하나님이 주신 시간을 하나님께서 기뻐하시는 방법으로 관리하여 하나님 나라를 확장하는 일에 헌신해야 한다. 하나님을 믿지 않는 세상 사람들은 시간이 '자기 것'이라고 말하지만, 그리스도인은 그렇게 말해서는 안 된다. 시간은 하나님께서 '내게 맡기신 신령한 은사'라고 말해야 옳다. 우리는 하나님께로부터 하나님의 거룩한 목적을 위해 사용할 것이라는 다짐을 받고 시간을 선물로 받았다. 시간을 하나님께 예배드리는 일을 위시하여 자신의 역량을 더 발전시키고 다른 사람에게 선을 행하는 일에 사용하여야 한다. 잘못 사용하면 이에 대한 보응이 따를 것임을 알아야 한다.

우리는 하나님께서 주시는 시간의 양보다 자신에게 주어진 시간을 어떻게 잘 관리할지 그 방법에 관심을 가져야 한다. 그렇게 하기 위해서는 예민하게 시간을 대해야 한다. 모세는 "우리에게 우리 날 계수함을 가르치사 지혜의 마음을 얻게 하소서"(시 90:12)라고 기도하였다. 이 기도가 뜻하는 바는 인생이 얼마나 짧은가를 알게 해 달라는 것과 하나님의 뜻을 바로 아는 지혜를 달라는 것이다. 예수님께서는 "때가 아직 낮이매 나를 보내신 이의 일을 우리가 하여야 하리라 밤이 오리니 그때는 아무도 일할 수 없느니라"(요 9:4)고 하셨고, 바울도 "때가 단축하여진고로"(고전 7:29)라고 하였다. 신앙의 위인들은 언제든지 자신에게 주어진 시간에 대해 예민한 감각을 지니고 살았다.

시간 청지기 기도문

필자는 다음과 같이 '시간 청지기 기도문'을 작성했다.

사랑하는 주님,

저로 하여금 탁월한 시간 청지기가 되게 하옵소서.

순간순간이 하나님의 거룩한 선물임을 깨닫게 하시고,

그것을 잘 활용하려는 결심을 매번 새로이 다짐하게 하옵소서.

저에게 분별력을 주셔서 무엇을 해야 하며,

무엇을 하지 말아야 할지를 구별하게 하옵소서.

가장 올바른 때에 가장 적절한 일을 할 수 있도록

저에게 지혜를 주옵소서.

바쁜 가운데서도 서두르지 않도록

제 생각과 행동을 통제하여 주옵소서.

비록 촌음이라도 낭비하지 않고

활용할 수 있는 총명을 주옵소서.

주님과 교제하는 시간,

계획하고 반성하는 시간,

자신을 재창조하는 시간,

가족과 함께하는 시간을 충분히 갖게 하옵소서.

계획된 일이 잘 되지 않을지라도

평정과 여유와 웃음을 잃지 않도록 도와주옵소서.

하루를 기도로 시작하고 감사로 마칠 수 있게 하옵소서.

그리하여 날마다 선한 열매를 맺어

하나님을 영화롭게 하는 삶을 살도록 은총을 주옵소서.

예수님의 이름으로 기도합니다. 아멘.

시간은 어떤 성질을 가지고 있나?

(1) 시간은 공기와 같이 온통 퍼져 있다. 그래서 대부분의 사람들은 시간을 소홀하게 여긴다.

(2) 시간은 계속 같은 속도로 흐른다. 시간은 통제될 수 없는 무지막지한 성질을 가지고 있다.

(3) 시간은 모든 것을 변하게 한다. 사물을 더 좋게 변화시키기도 하고, 나쁘게 변화시키기도 한다. 독재자들을 권좌에서 내려오게도 하고, 개인과 국가의 흥망성쇠를 지켜보기도 한다.

(4) 시간은 한 번 지나가면 영영 다시 오지 않는다. 그러므로 시간 관리의 중요성을 깊이 깨달아야 한다. 프랑스의 격언 중에 "세상에 있는 모든 보물도 나의 잊어버린 잠시의 시간을 도로 찾아줄 수는 없다."는 말이 있다.

(5) 시간은 쓰지 않아도 없어진다. 시간의 진정한 모습은 현재뿐이다. 지금 아니면 그 시간을 영원히 다시 만날 수 없다. 그러므로 시간

은 반드시 사용하되 잘 사용해야 한다. 시간은 저축할 수 없다는 점에서 돈과는 판이하게 다르다.

(6) 시간은 귀중한 것이다. 시간은 생명 그 자체다. 그리고 시간은 어떤 경우라도 일정한 가치를 지닌다. 하지만 사람들은 특별한 경우에만 시간의 가치를 느낀다. 평소에도 시간의 가치를 느낄 수 있다면 시간을 한결 더 유용하게 사용할 것이다.

(7) 시간은 모든 사람에게 동등하게 주어진다. 하나님은 이런 면에서 매우 공평하신 분이다. 우리는 흔히 "바빠 죽겠다." 혹은 "나는 시간이 없으니 다른 사람에게 부탁하라."는 말을 쉽게 한다. 누구라도 매일 똑같은 분량의 시간을 가지고 산다. 문제는 우리가 가진 시간의 분량이 아니라 그것을 어떻게 활용하느냐 하는 점이다. 시간은 각자의 소원에 따라 유익하게 사용될 수도 있고 악용될 수도 있다.

(8) 시간은 짧다. 시간은 날아간다. 모세는 "주님 앞에서는 천년도 지나간 어제와 같고 밤의 한 순간과도 같습니다"(시 90:4, 새번역)라고 기도했고, "우리의 연수가 칠십이요 강건하면 팔십이라도 그 연수의 자랑은 수고와 슬픔뿐이요 빠르게 지나가니 마치 날아가는 것 같습니다"(시 90:10, 새번역)라고 했다.

(9) 시간에는 마감이 있다. 마감 시각이 되면 일을 중단해야 하고, 그동안 한 일에 대해서 결산을 해야 한다.

시간 관리 기술을 배우려면?

마태복음 25장 14~30절의 예수님의 '달란트 비유'와 누가복음 19장

12~26절에 나타난 '므나의 비유'는 공통점과 더불어 상이점이 있다. 양자의 공통점은 모두 청지기에 관한 이야기라는 것이며 주인이 종들에게 돈을 나누어 주며 장사하라고 명령했다는 것이다. 또한 이익을 남긴 종과 그렇지 않은 종이 있고, 장사한 결과에 따라 상과 벌이 주어졌다는 것이다. 장사를 하지 않아 이익을 전혀 남기지 못한 종에게서 원금을 빼앗아 가장 이익을 많이 남긴 자에게 주었다는 것이다. 상이점은 달란트 비유에서는 5달란트, 2달란트, 1달란트씩 차별해서 돈을 나누어 준 데 반하여 므나의 비유에서는 1므나씩 동일하게 나누어 주었다는 것이다. 그리고 이익을 남긴 종에 대한 보상이 달란트 비유에서보다 므나의 비유에서 훨씬 더 컸다. 10므나를 남긴 종은 큰 군의 군수직을 받았고, 5므나를 남긴 종은 작은 군의 군수직을 받았다.

달란트 비유는 '달란트'라는 재능에 관한 청지기 비유이며, 므나의 비유는 '시간'에 관한 비유라고 간주하면 어떨까? 받은 재능은 각각 다르나 받은 시간은 각각 동일하기 때문이다. 같은 시간을 활용해도 어떤 사람은 10배의 이익을 남겼지만, 어떤 사람은 5배, 그리고 어떤 사람은 아무것도 남기지 못했다. 그리고 그 보상은 상상한 것보다 훨씬 컸다.

시간도 잘 관리하면 엄청난 보상이 돌아오지 않을까? 시간 관리는 참으로 유익한 삶의 기술이다. 시간을 관리하면 인생도 관리할 수 있다. 효과적으로 시간을 관리하면 어떤 유익이 돌아오는지 생각해 보자.

(1) 하나님께서 주신 사명을 다 완수할 수 있다.

(2) 자신이 이루고자 하는 일을 제 시간에 다 이룰 수 있다.

(3) 일의 중요도와 난이도를 잘 파악하여 과로를 피하고 무리하지 않게 일할 수 있다.

(4) 시간의 압박으로 인해 생기는 스트레스를 예방할 수 있다.

(5) 여유 시간을 만들 수 있다. 그리하여 본업 외에 다른 생산적인 일에 시간을 투자할 수 있다.

(6) 상황 변화와 시대 변화에 적절하게 대처할 수 있다.

(7) 시간뿐만 아니라 돈과 노력의 낭비도 막을 수 있다.

(8) 균형 잡힌 삶을 살 수 있다. 즉 일, 가족, 시간, 경제, 사회생활, 취미생활, 자기 개발, 신앙생활 등을 모두 고르게 이끌어 갈 수 있다.

(9) 아이디어가 풍성해지고 합리적인 사람이 된다.

(10) 매사에 적극적이 되며 건강하고 활기차게 살아갈 수 있다.

그리스도인은 세상 사람보다 훨씬 더 시간 관리를 잘 해야 한다. 왜 그런가? 그 이유는 그리스도인은 세상 사람과 똑같이 가정생활, 사회생활을 하면서도 신앙생활을 더해야 하기 때문이다. 그리고 모든 삶을 탁월하게 관리해야 하기 때문이다. 그리스도인은 시간 청지기로 부름을 받았다. 그러므로 주어진 시간을 최대로 관리하는 지혜와 기술을 끊임없이 연마하지 않으면 안 된다.

■ **학습을 위한 질문**

1. 시간을 대하는 태도에 있어서 그리스도인은 세상 사람과 어떻게 달라야 하는가?

2. 앞의 '시간 청지기 기도문'을 다시 읽으라.

3. 시간 관리의 유익한 점은 무엇인가?

그리스도인은 과거, 미래, 현재를 어떻게 바라보아야 하는가?

시간에 대한 통찰을 주는 성경구절이 많다. 그 중에는 과거, 현재, 미래에 대한 성구도 많다. 창세기 47장 8절에는 애굽 왕 바로가 야곱에게 나이가 얼마냐고 묻는 장면이 나온다. 그때 야곱은 "일백 삼십년이니이다 … 험악한 세월을 보내었나이다"라고 했다. 야곱은 자신의 과거에 대해 말한 것이다. 히브리서 4장 7절에는 "오늘날 너희가 그의 음성을 듣거든 너희 마음을 강퍅케 말라"고 했는데 이 구절은 현재를 말한 것이다. 로마서 8장 24절에서는 "우리가 소망으로 구원을 얻었으매 보이는 소망이 소망이 아니니 보는 것을 누가 바라리요"라고 했는데 이는 미래를 나타낸 표현이다.

그리스도인은 올바른 역사의식을 지니고 살아야 한다. 그러기 위해서는 과거의 사건을 통찰하여 현재를 해석하며 그 기반 위에 미래를 설계해야 한다.

우리는 건전한 시간 개념을 지니고 살아야 한다. 시간처럼 좋은 것도 없고, 시간처럼 무서운 것도 없다. 이것은 과거, 현재, 미래라는 시간에 모두 해당된다. 그리스도인의 시간관은 일직선의 시간관이며, 따라서 시작과 끝이 존재한다. 그 안에 축복과 저주가 함께 담겨 있다. 시간을 잘 사용하면 축복이요, 잘못 사용하면 저주다. 과거를 성실하게 살면 현재가 복되고 축복된 현재는 희망 찬 미래를 만든다.

과거, 현재, 미래의 시간에 관한 통찰을 성경에서 찾아보자.

과거를 어떻게 볼 것인가?

인생길을 걸어가려면 될 수 있는 한 짐을 가볍게 해야 한다. 그런데 사람들은 과거를 청산하지 못하고 과거의 무거운 짐 때문에 제대로 인생길을 걸어가지 못한다. 과거를 잘 정리해야 한다. 과거를 잘 정리하지 못하면 미래가 보이지 않는다.

성경은 과거에 대해 어떤 태도를 취하라고 하였는가? 어떤 때는 과거를 잊으라고 하고, 어떤 때는 과거를 기억하라고 했다. 교훈을 얻을 수 있는 과거는 잊지 말고, 성별되지 못한 과거는 깨끗이 잊으라는 것이 성경의 교훈이다. 이사야 43장 18절에서 하나님은 "너희는 이전 일을 기억하지 말며 옛적 일을 생각하지 말라"고 하셨다. 예수님은 손에 쟁기를 잡고 뒤를 돌아보지 말라고 하셨다(눅 9:62). 만약 과거에 집착하는 사람이 있다면 그는 하나님 나라에 들어가지 못한다고 분명히 말하였다. 우리는 자주 청소를 한다. 그래서 버릴 것은 버리고 정돈할 것은 정돈한다.

과거도 청소해야 한다. 그래서 버릴 것은 과감히 버리고, 정돈해야 할 것은 정돈해야 한다.

누가복음 9장 57~62절에서 세 사람이 예수님을 만났다. 그들은 예수님을 만나는 귀한 기회를 가졌지만 모두 과거 지향적이어서 그 결정적 기회를 살리지 못했다. 우리는 과거가 어떠했든지 그것을 현명하게 단절해야 한다. 지금까지 지내온 것은 다 주님의 은혜다. 성공도, 실패도 하나님이 다 결재해 주시기에 가능한 일이다. 하버드대학에서 오랫동안 교수생활을 한 할로웰은 '창조적 단절'이 있어야 '창조적 미래'가 있다고 말했다. 그는 덧붙이길, 창조적 미래가 보이지 않는 것은 단절이 완전하지 못했기 때문이라고 했다. 하나를 선택한다는 것은 나머지를 다 버린다는 의미다.

좋지 않은 과거는 과감하게 청산해야 한다. 회개란 좋지 못한 과거를 모두 청산하는 것이다. 예수님의 첫 번째 설교는 "하나님 나라가 가까왔으니 회개하고 복음을 믿으라"(막 1:15)는 말씀이었다. 성서학자들은 이 말씀이 신약성경에서 가장 중요한 말씀이라고 주장한다. 바람직하지 못한 과거를 청산하지 못하면 천국이 보이지 않는다. 출애굽한 이스라엘 백성은 종종 그들이 살던 이집트를 동경했다. 그들의 과거 지향적인 생각은 미래에 좋은 영향을 주지 못했다. 손에 쟁기를 들고 밭을 갈 때 뒤를 돌아다보지 말라고 했다. 뒤를 돌아다보면 어떻게 될까? 밭을 갈되 꼬불꼬불하게 갈게 될 것이다. 이미 잘못되었더라도, 잘 됐더라도 돌아보아서는 안 된다. 오직 앞만 바라보아야 한다.

바울은 과거를 잘 청산한 사람이었다. 자신의 회심에 대해 사도행전에서 무려 세 번이나 언급하였다. 과거에 그는 성공한 사람이었다. 그러나 그리스도인들을 박해한 핍박자이기도 했다. 만약 그가 자신의 과거를 생각했더라면 복음 사역에 헌신할 용기가 도저히 나지 않았을 것이다. 그래서 그는 과감히 과거를 청산했다.

서울의 어떤 목사가 이혼을 했다. 보통 사람들이 생각하기에는 분명히 큰 문제다. 그런데 이 목사는 수백 명의 교인들 앞에서 자신의 이혼과 그에 따른 고통을 솔직하게 고백했다. 그러자 냉담한 반응을 보일 줄 알았던 교인들이 오히려 목사의 진솔함에 감동하여 따뜻한 위로와 격려를 보내 주었다고 한다.

사실 과거를 돌아보면 다시 생각하기조차 싫은 끔찍한 사건들이 있다. 하지만 그것들이 아직도 마음에 남아 악영향을 주고 있다면 그 정체를 밝히고 그 괴물과 망령을 순리대로 처치해야 한다. 때로는 정신과 의사나 심리상담자의 도움을 받는 것이 유익할 것이다.

미래를 어떻게 볼 것인가?

우리에게 남은 시간은 미래밖에 없다. 한 복음성가 가사에 '다시 태어나도 주님만 사랑하리' 라는 구절이 있는데 이 가사는 비성경적이다. 하나님은 전지전능하시지만 한 번 이 세상에 온 인간을 다시 태어나도록 역사하시지는 않기 때문이다.

우리는 이따금 "다시 태어나도 현재의 직업을 갖겠습니까?" 라든지 "다시 태어나도 현재의 배우자와 결혼하겠습니까?" 라는 질문을 받는다. 그리스도인에게 이런 질문은 부질없는 말장난이다. 이런 질문에 답하기보다는 남은 미래에 더 관심을 갖는 것이 훨씬 유익하다. 남은 세월을 헤아릴 수 있는 지혜를 달라고 기도하면서, 하나님이 주신 생명을 소중하게 여기며 살아야 한다.

많은 사람들이 자신은 죽지 않을 것이라는 착각을 하는데, 그 생각을 버리고 미래에 대해 좀 더 구체적인 생각을 갖는 것이 좋다. 현재와 연결된 미래는 우리에게 천천히 다가온다. 미래는 두 가지 형태로 다가오는데, 하나는 날이 가면 달이 오고 달이 가면 해가 오는 것처럼 자연적으로 오는 미래다. 내가 원하든 그렇지 않든 미래는 현실로 다가온다. 또 하나는 내가 만드는 미래다. 즉 인간의 노력에 따라 형성되는 미래로 이런 미래는 여러 갈래로 온다.

미래는 본질적으로 알 수 없는 것이다. 인간은 단 5분 후에 일어날 일을 알지 못한다. 성경에도 "내일 일을 너희가 알지 못하는도다 너희 생명이 무엇이뇨 너희는 잠깐 보이다가 없어지는 안개니라"(약 4:14)고 말하고 있다. 하지만 우리는 믿음을 가지고 미래를 볼 수 있다. 믿음은 바라는 것의 실상이라고 히브리서 기자는 기록했다.

미래를 생각하는 데 있어서 그리스도인과 비그리스도인은 큰 차이가 있다. 그리스도인은 미래가 하나님께 속했다는 것과 미래에도 나를 향하신 하나님의 계획이 있다는 것을 믿고 즐거운 마음으로 받아들인다. 그러나 비그리스도인은 우연이나 자신의 계획과 생각에 의존하면서 미래를 맞는다. 그리스도인은 최선을 다해서 어떤 일을 계획했어도 자기가 세운 계획이 모두 성취되리라고 생각하지 않는다. 즉 "사람이 마음으로 자기의 길을 계획할지라도 그 걸음을 인도하는 자는 여호와시니라"(잠 16:9)를 믿기 때문이다. 그리스도인은 미래가 하나님의 축복임을 믿고 희망과 기대를 가지고 미래를 바라본다. 그리고 더 좋은 미래를 맞이하기 위해서 더 철저히 준비하고 노력한다. 미래에 대해 불안해하고 근심하는 것은 하나님을 불신하는 것(마 6:25~34)임을 알고 믿음으로 미래를 준비하고 맞이하는 것이다.

현재를 어떻게 볼 것인가?

매순간이 하나님의 선물이라고 생각해야 한다. 작가 스튜어트 홈스는 "과거나 미래에 얽매이지 않은 채 먹고, 자고, 일하고, 사랑하며 살아간다면 기쁨과 활력이 넘치는 삶이 되리라. 순간에 몰두하는 삶은 얼마나 상쾌한가. 후회와 기대, 걱정, 그리고 기억에 대한 기억 따위를 잊고 현재의 일에 집중한다면 얼마나 상쾌할 것이며, 얼마나 편견과 금지로부터 자유로운 삶을 살 수 있을까."라고 말했다. 예수님은 "그러므로 내일 일을 위하여 염려하지 말라 내일 일은 내일 염려할 것이요 한 날의 괴로움은 그 날에 족하니라"(마 6:34)고 하셨다. 이 말씀은 오늘에 집중하여 살라는 뜻이다.

영어의 현재(present)라는 말에는 두 가지 뜻이 있다. 하나는 '지금 여기'를 뜻하고, 또 하나는 '선물'을 뜻한다. 두 가지 의미를 모두 기억하자. 매순간은 개봉되기를 기다리는 선물과도 같다. 기대감을 갖고 매순간을 맞이하라. 과거의 후회, 미래의 걱정, 그리고 무관심과 서두름과 고민으로 인해 매순간의 의미와 가치를 놓쳐 버리는 수가 얼마나 많은지 모른다. 삶이 제공하는 기회를 펼쳐 보지도 못한 채 놓치는 경우 말이다.

지금 이 선물을 펼쳐 보자. 지금 이 순간을 극복해야 할 장애로 여기지 말고 누려야 할 선물로 받아들이자. 현재 이 순간에 몰입하자. 지금 이 순간은 낭비하기에 너무 소중한 시간이다. 현재의 순간에 몰입하는 것은 우리가 서로에게 줄 수 있는 가장 위대한 선물이다. 낮에는 순간적으로 의식을 각성시키는 것도 좋다. 생각의 흐름을 끊고 현재의 상황에 몰입하라. 그럼 자신에게 가장 중요한 것이 무엇인지 알 수 있을 것이다.

현재의 의미를 파악하는 데 있어 한 가지 좋은 방법은 미래로 여행하는 것이다. 장기적인 관점에서 바라보면 우리가 매일같이 마주하는 근심 걱정 가운데 많은 것이 실제로는 작은 언덕에 지나지 않는다는 사실을 알게 된다. 미래의 관점에서 바라보면 현재 고민하는 것의 대부분이 고민할 가치조차 없는 사소한 일에 불과하다. 미래로 시간 여행을 하다 보면 한 가지 귀중한 경험을 하게 되는데 그것은 현재가 매우 풍요롭다는 사실을 깨닫게 되는 것이다. 미래의 모습을 시각화하면 현재가 더 분명해지는 경험을 할 수 있다. 예를 들어 타임머신을 타고 10년 후의 미래로 떠났다고 가정할 때 당신은 몇 살쯤 되었을까? 여전히 지금의 일을 하고 있을까? 주변 상황은 어떻게 달라졌을까? 우리는 종종 옛날로 다시 돌아갈 수만 있다면 자녀와 더불어 더 많은 시간을 보내고, 삶을 온전히 누리고, 사람들을 더욱 진심으로 대할 것이라고 말한다. 하지만 지금 그렇게 할 생각은 왜 못 하나?

시시때때로 1년 후, 10년 후 혹은 30년 후로 시간 여행을 떠나 보자. 현재 당신을 괴롭히는 일이 있더라도 상상 속에서 광활한 우주로 시간 여행을 떠나 보는 것이 도움이 될 것이다.

■ **학습을 위한 질문**

1. 우리는 과거를 어떻게 보아야 하는가?
2. 우리는 미래를 어떻게 보아야 하는가?
3. 우리는 현재를 어떻게 보아야 하는가?

목표가 이끄는 삶

| 첫번째 |

명확한 목표를 세워라

┃ 성공하는 사람의 특징

스튜어드 에이버리 골드(Stuart Avery Gold) 교수는 자신의 책『핑』에서 성공하는 인생을 살려면 가장 중요한 것이 '의도적인 삶'을 사는 것이라고 주장했다. 의도적인 삶은 곧 목표 지향적인 삶을 가리킨다. 그의 주장대로 성공하는 삶을 살기 위해서는 목적과 목표가 뚜렷한 삶을 살아야 한다. 자신의 삶이 어디로 향하여 가는지도 모르고, 이에 대해 생각해 본 적도 없고, 그저 배가 고프니 먹고 졸리니 자고 먹어야 하겠으니 돈을 버는 것과 같은 삶은 사람다운 삶이 아니다. 왜 살아야 하며, 왜 일을 해야 하고, 지금 어디로 가고 있는지를 확실히 의식하며 살아야 올바로 사는 것이다.

일생은 크고 작은 목표로 구성되어 있다고 해도 과언이 아니다. 훌륭한 인생이란 훌륭한 목표를 가진 인생이다. 비천한 인생이란 목표가 없거나 시시하거나 사악한 목표를 가진 인생이다. 그런 면에서 인간을 목표 지향적인 인간과 행동 지향적인 인간으로 나눌 수 있다. 그런데 의미 있고 보람 있는 생활을 하려면 목표 지향적으로 살아야 한다. 자신에게 적합한 목표를 세울 수 있다면 일의 절반은 이미 이루어진 셈이다. 가장 비참한 사람은 목표가 없는 사람이다.

북유럽의 신화 중에 신의 저주로 영원히 바다를 떠돌게 된 한 선장이 있었다. 이 선장이 신에게서 받은 저주는 목표도 없이 같은 행동을 반복하는 것이었다. 이 형벌은 신이 내리는 형벌 중에서 가장 견디기 어렵고 고통스러운 것이었다.

목표를 정하지 않는 것이 일생의 최대 시간 낭비다. 목표가 없으면 자기가 올바른 방향으로 가고 있는지, 그릇된 방향으로 가고 있는지조차 모르게 된다. 일을 달성했는지 못 했는지도 모르고, 사태가 잘못된 방향으로 흘러가도 깨닫지 못한다. 목표가 없는 사람은 발전이나 향상을 도모하지 않으므로 그럭저럭 되는 대로 살아갈 뿐 진정으로 살지 못한다.

그런데 만약 목표를 잘못 정하면 어떻게 될까? 그러면 모든 계획이 우르르 잘못되게 마련이다. 당연히 거듭 시행착오를 겪을 것이고, 손해 보는 일도 엄청나게 많을 것이다. 따라서 모든 행동은 목표를 설정하는 일에서 시작한다. 인생의 관리와 시간 관리도 목표를 설정하는 것에서 시작한다. 목표가 없으면 시간 관리라는 말이나 시간 낭비라는 말이 존재할 수가 없다. 아무리 바빠도 목표를 먼저 설정해야 하며 그 목표는 신중하게 결정해야 한다. 가장 적합한 목표를 세울 수 있다면 무슨 일이든 성공할 수 있다.

목표란 무엇인가?

목표(目標)라는 말은 '눈에 보이는 표적'을 가리킨다. 운동경기에서는 목표가 구체적이어서 누구나 명확하게 알 수 있다. 그러나 일상의 삶에서는 의도적으로 정하지 않으면 명확한 목표가 보이지 않는다. 그래서 목표를 설정하는 작업이 필요하다.

목표란 '미래에 달성할 바람직한 결과'라고 정의할 수 있다. 목표가 일종의 '결과'이기 때문에 행동과는 구분된다. 행동은 '진행'이기 때문이다. 목표를 구성하는 기본 요소는 첫째 구체적인 결과가 있어야 하고, 둘째 마감일이나 마감 시각이 정해져 있어야 하며, 셋째 달성 가능성, 즉 현실성이 있어야 한다.

올바로 기록된 목표의 예를 들어보자.

• 올해 체중을 3kg 줄인다.

• 올해 책 1권을 출간한다.

• 늦어도 30세가 되기 전해 철학박사 학위를 얻는다.

• 늦어도 30세가 되기 전에 3천만 원의 저금을 한다.

• 늦어도 3년 안에 부모님을 해외여행 시켜 드린다.

그리스도인의 바람직한 목표의 예를 들어보자.

(1) **말씀 생활**(마 4:4, 요 6:63)

    • 매년 구약 통독 1회, 신약 통독 3회를 실시한다.

    • 매일 15분씩 말씀을 묵상한다.

(2) **기도 생활**(엡 6:18, 살전 5:17, 눅 18:1)

    • 매일 새벽기도회에 참석한다.

- 매일 40분 이상 기도한다.
- 주 1회 이상 특별기도회에 참석한다.

(3) **교회 생활**(살전 5:12~13, 히 13:17)

- 교회학교 교사로 봉사한다.
- 교회의 공적 모임에 100% 참석한다.

(4) **봉헌 생활**(말 3:10)

- 십의일조를 드린다.
- 각종 헌금을 드린다.

(5) **가정 생활**(벧전 4:17)

- 날마다 가정예배를 드린다.
- 하루에 한 번 이상 온 가족이 함께 식사한다.
- 가정에서 자신의 임무를 충실히 이행한다.

(6) **건강 증진**(요삼 1:2)

- 연 1회 종합검진을 받는다.
- 매일 40분 이상 걷는다.

(7) **재정 문제**(잠 13:11)

- 불필요한 지출을 100%까지 줄인다.
- 수입 중에서 최소한 10% 저축한다.
- 빚을 지지 않는다.

(8) **전도**(마 28:18~20)

- 1년에 1명 이상 전도의 결실을 맺는다.
- 교회 절기 때 친구나 친척을 교회에 초청한다.

(9) **봉사와 구제**(약 1:27, 엡 3:10)

- 연 100시간의 사회봉사를 한다.

- 수입의 3% 이상을 구제하는 데 지출한다.

(10) 기타
- 연 50권의 신앙 및 교양 도서를 읽는다.
- 매일 15분 이상 악기 연습을 한다.
- 월 1회 국내여행을 한다.

목표 설정의 유익

목표는 삶에 의미와 가치를 준다. 가장 훌륭한 인생 전략은 의미 있는 목표를 설정하는 것이다. 오스트리아 출신의 베란 울프(W. Beran Wolfe)라는 정신과 의사는 목표 없이 자신에게만 빠져 있는 환자들의 슬픔과 고통에 연민을 느끼면서 다음과 같이 말했다. "당신이 정말로 행복한 사람을 관찰하면 그 사람은 배를 만들거나 교향곡을 작곡하거나 아들을 교육시키거나 정원에서 수목을 기르거나 고비 사막에서 공룡 알을 찾고 있을 것이다." 그의 말은 전적으로 옳다. 행복한 사람은 반드시 의미 있는 일에 집중하여 산다.

목표는 힘과 시간과 재물을 한 곳에 집중하게 만들고, 도전의식과 의욕을 일으킨다. 목표를 세우면 그것을 달성해 나가는 과정에서 쾌감을 맛볼 수 있다. 예를 들면 얼마의 저축을 목표로 했는데 점점 그 목표에 다다르는 것을 확인할 때마다 기쁨을 느낀다. 목표는 스스로 삶을 관리할 수 있다는 자신감을 주어 주체적으로 살아가게 한다. 또한 삶에서 우선순위를 정해 주고 육체적·심리적·사회적 욕구를 채워 준다. 그리고 정신적으로나 육체적으로 건강하게 만든다. 개인과 가정과 교회의 성장 비결은 올바른 목표를 정하고 그것을 달성하는 것이다.

역대 노벨상 수상자들에 대해 자세히 연구한 사람이 다음의 결론을 내렸다고 한다. "노벨상 수상자는 지능지수가 뛰어나게 높은 사람이 아니다. 재능이 뛰어난 사람도 아니다. 다만 한 가지 일을 꾸준히 해서 확실하게 마무리한 사람이다." 목표를 정하지 않고 사는 사람은 이런 실습을 당장 해 보기 바란다. 즉 오늘 해야 할 일 5가지를 정해서 기록해 놓고 한 가지씩 달성해 나가는 것이다. 그러면 삶에 질서가 생기고 달성하는 기쁨을 얻게 될 것이다.

목표 지향적인 삶은 성경적이다

예수님은 위험하고 불안한 시대에 사셨다. 그럼에도 불구하고 자신의 사명을 위해서 꾸준히 전진하였다. 공생애 3년의 행적을 살펴보면 그가 꾸준하게 목표를 추구하면서 살았던 것을 알 수 있다. 그는 이렇게 말했다. "가서 저 여우(헤롯 왕)에게 이르되 오늘과 내일 내가 귀신을 쫓아내며 병을 낫게 하다가 제 삼일에는 완전하여지리라 하라 그러나 오늘과 내일과 모레는 내가 갈 길을 가야 하리니."(눅 13:32~33) 어떤 상황에도 굴하지 않고 자신의 길을 묵묵히 간 예수님은 '하나님 나라' 라는 거룩한 목표를 지니고 살았다. 목표가 삶을 이끌어야 일관성 있게 전진할 수 있다. 사람은 해야 할 가치를 느끼면 지속할 수 있다. 그러므로 일을 하다가 의심이 들거나 피곤하다면 일의 원초의 가치와 목적을 새롭게 해야한다. 그러면 다시 새로운 마음으로 일을 할 수 있다.

바울 사도도 목표 지향적으로 살았던 신앙인이다. 그는 뒤에 있는 것은 잊어버리고 앞에 있는 것을 잡으려고 푯대를 향하여 달려간다고 했다. 오직 한 가지 목표에만 정신을 집중한다고 했다. 그는 "내가 달음질

하기를 향방 없는 것 같이 아니하고 싸우기를 허공을 치는 것 같이 아니하여"(고전 9:26)라고 말했다. 이런 목표 지향적인 태도가 그의 성공 비결이었다. 시편 74편 9절에서는 시인이 "우리의 표적이 보이지 아니하며 선지자도 다시 없으며 이런 일이 얼마나 오랠는지 우리 중에 아는 자도 없나이다"라고 한탄하고 있다. 목표가 없다면 오리무중(五里霧中), 암중모색(暗中摸索)의 삶을 살게 되므로 매우 힘들 수밖에 없다.

그리스도인은 세상 사람들과는 달리 숭고한 목표를 세워야 한다. 다니엘은 바벨론에 포로로 잡혀가서도 자신의 신앙과 인격을 더럽히지 않았다. 성경은 "다니엘은 뜻을 정하여 왕의 진미와 그의 마시는 포도주로 자기를 더럽히지 아니하리라 하고 자기를 더럽히지 않게 하기를 환관장에게 구하니"(단 1:8)라고 증거하고 있다. 그리스도인은 늘 '하나님의 나라'를 추구해야 하며(마 6:33), 범사에 그리스도에게까지 자라야 하고(엡 4:15), 주님이 주신 위대한 선교 사명을(마 28:18~20) 완수해야 한다.

구체적인 목표를 세워라

목표 지향적으로 살아가는 사람은 대단히 드물고, 대부분의 사람들이 행동 지향적으로 살아간다. 모름지기 목표 지향적인 인생으로 변해야 한다. 목표 지향적으로 살려면 먼 미래를 바라보는 습관을 가져야 한다. 미래에 대해 구체적으로 생각하기 시작하면 이제까지 보이지 않던 목표가 보인다. 목표 설정은 일종의 생각하는 작업이다. 목표 설정을 통해서 희망을 발견하고 나 자신을 격려할 수 있다.

미래에 대해서 막연히 불안을 느끼면서도 그 원인을 알지 못하는 사람들이 많다. 목표가 없으면 미래가 불안하게 느껴지기 마련인데, 이처럼 구체적인 목표를 세우지 못하는 사람이 다수인 것이다. 이들은 "언젠가는 해야지!"라고 입버릇처럼 말하지만 실제로는 아무 행동도 하지 않고 있다. 우선 아주 작은 목표라도 세워 보자. 목표가 없던 사람에게 목표가 주어지면 인생은 다시 태어나는 것과 같다.

제2차 세계대전 중 델마 톰슨(Thelma Thomson)이란 여성은 한 장교와 결혼하여 캘리포니아 주 모하비 사막에 있는 육군 훈련소로 오게 되었다. 그녀의 남편은 아침 일찍 출근하여 저녁 늦게 집에 돌아왔다. 남편이 출근하면 그녀는 집에 남아 혼자 지낼 수밖에 없었다. 밖은 지독하게 덥고 주변 사람들이라고는 인디언과 멕시코 사람들뿐이었다. 하릴없이 지내려니 하루가 지옥과 같았다. 도저히 견딜 수 없다고 생각한 그녀는 친정아버지에게 사연을 적어 편지를 보냈다. 얼마 후 친정아버지가 답장을 보내 왔는데 그 답장에는 다음의 두 문장만 기록되어 있었다. "감옥 문창살 사이로 내다보는 두 사람의 죄수가 있었다. 한 사람은 진흙을 보고 또 한 사람은 별을 보았다."

그녀는 친정아버지의 글을 읽고 생각과 행동을 바꾸기로 결심했다. 주위는 모래땅이었다. 그녀는 삽으로 깊이 파 보았다. 2미터를 팠더니 이상하게 생긴 조개껍질이 그곳에 무더기로 묻혀 있는 것을 발견하였다. 오래 전 그곳이 바다였음을 알 수 있었다. 그리고 짬을 내어 인디언들과 사귀고 그들의 풍습을 연구하였다. 이렇게 하기를 2년, 그녀는 그 경험을 토대로 『빛나는 성벽』이라는 책을 썼고, 일약 베스트셀러 작가로 변신하였다. 아무 목표도 없던 그녀에게 목표가 정해지자 삶의 태도가 확 달라졌던 것이다. 자신에게 가장 알맞고 올바른 목표를 세울 수 있다면 성공과 행복을 얻을 수 있다. 늘 더 좋은 목표를 설정할 수 있도록 관심을 가져야 한다.

목표의 생명은 명확성이다

목표를 설정할 때 유념해야 할 사항은 명확해야 한다는 것이다. 너무 당연한 사실이지만 우리는 이 사실을 종종 잊는다. 목표의 생명은 명확성이다. 목표가 분명하지 않으면 어떤 행동을 해야 할지 당황하게 된다.

첫째, 최종 결과가 명확해야 한다. 목표를 설정하는 원리 중에 '명확성의 원리'가 있다. 그 뜻은 '목표를 분명히 정할수록 달성할 가능성이 더 높아진다'는 것이다. 목표를 분명히 정하면 방향과 전략도 분명해진다. 명확한 목표를 위해서는 무엇보다도 목표를 수치화해야 한다. 애매모호한 목표를 구체적인 목표로 가시화시키는 것이다.

가령 '좋은 그리스도인이 된다'는 목표는 포괄적이고 애매하다. '좋은 부모가 된다' 혹은 '좋은 남편, 좋은 아내가 된다'는 목표도 마찬가지다. 이런 목표를 어떻게 구체화시킬 수 있을까? '좋은 그리스도인이 된다'라는 것을 '주일 성수를 한다'로 변화시키면 구체적이 된다. '좋은 부모가 된다'라는 것을 '매일 자녀와 30분 이상 대화를 나눈다'로 변화시키면 구체적이 된다. '좋은 남편이 된다'라는 것을 '아내를 매일 3회 이상 칭찬한다', '아내와 같은 취미를 갖는다'로 고치면 명확한 목표가 된다. '좋은 아내가 된다'라는 것을 '남편 용돈을 10% 올려 준다', '남편의 사기를 꺾는 말을 일체 하지 않는다'로 고치면 된다.

둘째, 목표를 기록해야 한다. 목표를 문장으로 쓰면 더욱 분명해진다. 기록하는 방법은 간단하다. '나는 올해 교양서적 50권을 읽는다'와 같이 '누가 무엇을 언제까지 달성한다'라고 기록하면 된다.

셋째, 목표를 각종 도형이나 차트로 표시하면 명확해진다. 한 개의 그림이 천 마디의 말보다 더 설득력을 지닐 수 있다.

넷째, 목표는 반복해서 보거나 말을 할 때 명확해진다. 분명하게 설정한 목표도 시간이 지나면 희미해지고 만다. 한 번 품은 큰 뜻도 계속 새롭게 하지 않으면 잊어버리기 쉽다. 거울 앞에서 매일 아침 큰 소리로 자신의 목표를 복창하거나, 목표 카드를 만들어 호주머니에 넣고 다니며 수시로 꺼내 본다. 주기적으로 목표를 써 붙여서 상기하면 목표를 항상 명확하게 유지할 수 있다.

마르틴 루터(M. Luther)는 이렇게 말했다. "우리가 매일 수염을 깎듯 마음도 매일 다듬지 않으면 안 된다. 한 번 청소했다고 언제까지나 방이 깨끗한 것은 아니다. 한 번 반성하고 좋은 뜻을 가졌다고 해서 우리 마음이 늘 그대로 유지되는 것은 아니다. 어제 마음먹은 뜻을 오늘 다시 새롭게 하지 않으면 그것은 곧 우리를 떠나고 만다. 그러므로 어제의 좋은 뜻은 매일 마음속에 새기며 되씹어야 한다."

■ 학습을 위한 질문

1. 나는 목표 지향적인가, 행동 지향적인가?

2. 어떤 구체적인 목표를 세우겠는가?

3. 내년에 완성할 목표, 이번주에 완성할 목표, 그리고 내일 완성할 목표를 각각 세 가지씩 세워 보라.

 | 두번째 |

우선순위를 올바로 결정하라

왜 우선순위를 결정해야 하나?

오늘을 사는 우리는 매우 바쁘다. 해야 할 일도 많고, 가야 할 곳도 많으며, 가져야 할 것도 많다. 매 순간은 올바른 선택을 요구하고 있다. 성취해야 할 목표는 늘어나는데 우리의 시간과 물질과 에너지는 제한되어 있다. 이 딜레마를 어떻게 풀 수 있는가? 그 비결은 우선순위를 정하는 것이다. 중요한 것을 먼저 하고, 중요하지 않은 일을 단념하기만 해도 삶에 질서가 잡히고 여유를 얻을 수 있다. 우선순위를 분명히 알면 시간을 크게 절약할 수 있다. 그리고 우선하는 일을 달성하기 위해 온 힘을 집중한다면 세월과 환경의 바람에 휩쓸리지 않고 목적과 방향을 갖고 일관성 있게 나아갈 수 있다.

우선순위를 정하는 것은 목표 설정과 함께 시간 관리의 기본 원리다. 우선순위란 '절박함, 중요함, 가치 따위에 근거하여 우선하는 순서' 라고 정의되어 있다. 나의 우선순위는 내가 원하거나 해야 하는 일이기 때문에 다른 것들보다 먼저 하기로 선택한 어떤 것이다.

우선순위는 내가 어떤 가치관에 따라 사는가를 솔직하게 보여 준다. 내게 어떤 일이 참으로 중요하다면 그것이 내 일상생활에서 늘 우위를 차지할 것이다. 만약 하루 동안 바쁘기는 했는데 이룬 것이 별로 없다면, 그는 틀림없이 우선순위를 정하지 않고 일했거나 우선순위를 잘못 정하고 일한 것이다.

모 회사의 사장인 B집사는 주일 아침마다 골프장에 가고 싶은 충동에 빠진다. 그래서 한 주는 교회에 가고, 한 주는 골프장에 간다. 평일에 어쩌다 담임목사와 마주치면 교회에 가지 않은 이유를 말하기가 곤혹스럽다. 이 경우 우선순위를 정하는 일이 필요하다. 주일에 골프를 치지 않겠다고 결심하거나 혹은 1부 예배를 드리고 골프장에 가는 것이다. 만일 특별한 사유가 없이 주일 예배에 참석하지 않는 사람은 삶의 우선순위가 잘못된 사람이다. 목회자의 우선순위는 말씀과 기도에 전념하는 것이다. 만약 목회자가 사회 활동을 하느라고 너무 바쁘다면 올바른 우선순위를 지키지 못하는 것이다.

사실 인생 전체가 선택과 결정의 연속된 과정이라고 할 수 있다. 복잡하고 다양한 이 세상에서 자신에게 필수적인 것을 선택하는 것은 결코 쉬운 일이 아니다. 그러나 우선순위를 잘 세우고 지켜 나간다면 틀림없이 흑자 인생을 살게 될 것이다. 개인적으로나 교회적으로 그리고 국가적으로도 우선순위를 올바로 결정하는 것은 미래를 결정짓는 중요한 문제다. 우선순위가 없거나 우선순위를 잘못 정하면 적자 인생을 살 수밖에 없다. 바쁨에서 벗어나지 못하고 생활은 혼란스러우며 시시한 일과 싸우느라고 늘 괴롭고 스트레스가 쌓인다. 인생 전체를 통해 시행착오가 많고 후회할 일이 많이 생긴다.

많은 사람들이 생각 없이 지낸다

우리의 평소 행동은 대부분 지금까지 길들여진 습관에 따라 결정된다. 새로운 변화가 없다. 그러니 늘 생각하면서 살아야 한다. 대부분의 사람들은 우선순위가 뒤죽박죽된 삶을 살아가고 있다. 여러분은 그렇지 않은가? 자신의 모습을 검토해 보는 것은 자기 발전을 위해 늘 유익하다.

다음의 20가지 문항은 '우선순위 점검표' 다. 각 문항을 읽으면서 OX로 체크해 보기 바란다.

(1) 하루 일과표를 전혀 만들지 않고 활동한다. [   ]

(2) 아침에 일어나면 하고 싶은 일부터 한다. [   ]

(3) 기분에 따라 그때그때 일을 처리하는 편이다. [   ]

(4) 하루의 대부분을 급한 일이나 일상적인 일을 처리하는 데 보낸다. [   ]

(5) 하루 업무량을 완수하지 못해서 기분이 찜찜할 때가 종종 있다. [   ]

(6) 돈 버는 데 급급하여 건강을 해치면서도 일을 한다. [   ]

(7) 내 기본 업무를 제쳐놓고 남이 부탁한 것을 먼저 하는 경향이 있다. [   ]

(8) 일이 한꺼번에 몰리면 무엇을 해야 할지 몰라 당황한다. [   ]

(9) 지나고 보면 쓸데없는 곳에 시간과 돈을 써서 후회를 많이 한다. [   ]

(10) 일을 할 때 '시간이 더 있으면 좋겠는데' 라는 생각을 자주 한다. [   ]

(11) 근무 시간보다 개인 시간이, 평일보다 휴일 보내기가 더 어렵다. [   ]

(12) 눈에 보이는 일, 손에 잡히는 일부터 처리하는 경향이 있다. [   ]

(13) 새로운 일을 시작할 때 깊이 생각하지 않고 결정하는 수가 종종 있다.
　　　[　　]

(14) 한 가지 일을 끝내지 않고 이것을 했다가 저것을 했다가 한다. [　　]

(15) 새로운 환경에 처하면 무엇을 해야 할지를 몰라 오랫동안 망설인다.
　　　[　　]

(16) 남의 사소한 잘못에 참지 못하고 화를 낸다. [　　]

(17) 기도할 때 잡념이 많이 생겨서 기도하는 데 방해된다. [　　]

(18) 남에게는 친절하다는 말을 듣지만 가족들에게는 냉정하다는 말을 듣는다.
　　　[　　]

(19) 교회에서 직책을 받았지만 구체적으로 무슨 일을 해야 할지 모른다.
　　　[　　]

(20) 과거를 돌아보면 헛되이 살았다는 탄식을 하게 된다. [　　]

위의 문항은 모두 우선순위의 문제점을 열거한 것이다. 위의 20개 항목 중에서 14개 이상이 해당된다면 우선순위 결정력이 빈약한 것이라고 할 수 있다.

예수님이 가르치신 우선순위

예수님의 생애와 교훈 속에는 우선순위에 관련된 일이 많다. 다음을 살펴보자.

- 그의 나라와 그의 의가 최우선이다.(마 6:33)
- 예배드리는 일과 다른 사람과 화해하는 일 중에서 화해하는 일이 더 우선이다.(마 5:23~24)

- 하루 일과 중 기도가 최우선이다.(막 1:35, 마 14:23, 눅 5:16)
- 하나님의 뜻과 사람의 일 중에서 하나님의 일이 우선이다.(마 16:23)
- 위기에 처할 때 우선적으로 해야 할 일은 깨어 기도하는 것이다.(마 26:41, 막 9:29)
- 선한 사마리아인의 비유에 나타난 우선순위는 긴급히 목숨을 살리는 것이다.(눅 10:30~35)
- 예수님을 사랑하는 것과 사람들을 구제하는 일 중에서 예수님을 사랑하는 것이 우선이다.(눅 7:36~50)
- 그리스도인의 사명 중에서 복음 전파와 제자 훈련이 최우선이다.(마 28:16~20, 행 1:6~8)
- 예수님이 공생애 중에서 가장 정성을 들인 사역은 제자 훈련이다. 그가 가장 많은 시간을 이 사역에 투자했으므로 우선순위가 매우 높은 것이다.

항상 우선순위를 올바로 정하자

그리스도인은 돈, 시간, 활동에 대하여 우선순위를 잘 정해야 한다. 우선순위를 결정하기 어려운 이유는 모두 중요하게 보이기 때문이다. 우리 앞에 선과 악이 뚜렷하게 보이면 결정하기 쉽겠는데 실상은 그렇지 못하다. 모두 선하게 보인다. 문제는 선과 악의 문제가 아니고 선과 최선의 문제다. 최선(Best)의 최대의 적이 선(Good)이라는 말이 있다. 최선을 택하고 선은 가차 없이 제거해야 한다. 한 가지를 택하면 다른 것은 포기해야 한다.

그리스도인이 우선순위를 정하는 가장 기본적인 기준은 '하나님의 뜻' 이다. 하나님의 뜻에 맞는 것이 최선인 것이다. 성경에는 우선순위를 올바로 정한 사람들의 이야기가 나온다. 노아는 대홍수를 겪은 다음 방주에서 나와 제일 먼저 하나님께 단을 쌓고 예배를 드렸다(창 8:20). 솔로몬은 일천 번제를 드린 뒤 기브온에서 하나님께 먼저 지혜를 구했다(왕상 3:1~15). 다니엘은 아무리 바빠도 하루에 세 번씩 기도를 드렸다.(단 6:10)

성경에는 우선순위를 잘못 정한 사람들의 이야기도 나온다. 사사기 12장에는 백성들을 다스린 지도자들의 이야기가 있다. "그(사사 입산)가 아들 삼십과 딸 삼십을 두었더니 딸들은 타국으로 시집보내었고 아들들을 위하여는 타국에서 여자 삼십을 데려 왔더라 그가 이스라엘 사사가 된 지 칠년이라."(9~10절) "그(사사 압돈)에게 아들 사십과 손자 삼십이 있어서 어린 나귀 칠십필을 탔었더라 압돈이 이스라엘의 사사가 된 지 팔년이라."(14절) 이 내용을 읽으면 한심하다는 생각이 든다. 대통령의 직위에 있는 두 사람이 통치기간 동안 한 일이 고작 그것뿐이었는가? 한 사람은 60명의 아들딸을 결혼시킨 것밖에 없고, 또 한 사람은 아들과 손자 70명이 나귀를 타고 다닌 것밖에 없다. 하도 한 일이 없으니까 역사가가 그것밖에 기록할 수 없었던 것이다. 자신에게 가장 중요한 일이 무엇인지 몰랐던 지도자들이다.

사울은 국사를 외면하고 다윗을 죽이려고 시간을 낭비했다(삼상 26:20). 르호보암은 왕이 된 후 현명한 노인 모사들의 말을 물리치고 경험 없는 젊은 친구들의 말을 들어서 나라가 둘로 갈라지는 운명을 맞았다(왕상 12:1~17). 예수님의 '큰 잔치의 비유'에 나오는 세 부류의 인간은 부자의 큰 잔치를 적당한 이유를 대며 거절하고 일생에 한 번 있을까 말까 한 기회를 잃어버렸다(눅 14:15~24). 이 모두가 올바른 우선순위를 망각한 행동이다.

우선순위를 올바로 정하는 기술

(1) 내 앞에 다가오는 일들을 잘 분류하라. 가장 중요한 일을 A로, 중요한 일을 B로, 중요하지 않은 일을 C로 분류하면 편리하다. A나 B 항목이 많으면 다시 A-1, A-2 혹은 B-1, B-2 등으로 분류하면 된다.

(2) 장기적인 목표를 단기적인 목표보다 우선시하라. 길게 전체를 보는 훈련이 필요하다. 앞의 이익에만 몰두하다 보면 장차 큰 것을 잃는 어리석음을 범하기 쉽다. 우선순위를 정할 때 항상 그 최종 결과가 어떨지를 충분히 고려해 보는 것이 필요하다.

(3) 평소에는 자신의 기본 책임이 제일 중요하다. 사사기 9장 7~15절에 나오는 '나무의 비유'에서 통찰을 얻기 바란다. 아무리 바빠도 자신의 기본 책임만은 완수하고 다른 일에 매달리는 것이 순리다.

(4) 위기 시에는 문제를 정확하고 빠르게 해결하도록 하라. 한국인은 우선순위 시스템을 잘 활용하지 못해서 사고가 발생했을 때 당황하여 일을 그르치기 쉽다.

(5) 가장 좋은 시간에 가장 생산적인 일을 행하라.

(6) 우선순위는 시기와 상황에 따라 달라지므로 적절히 재조정해야 한다.

우선순위를 지켜라

우선순위를 올바로 결정하고 그것을 지켜 나가는 것은 아마 삶의 가장 중대한 문제일 것이다. 이 문제를 어떻게 해결하느냐에 따라서 성공과 실패, 발전과 퇴보, 흑자 인생과 적자 인생이 결정된다. 더 나아가서 천국과 지옥도 결정된다. 그리스도인은 하나님 나라 가치관에 따라 살아가는 것이 가장 중요하다. 이 세상의 모든 지위보다 '하나님 나라'가 우선이며, 육체의 쾌락보다는 숭고한 인격, 게으름보다는 근면, 인기보다는 의로움을 더 중요하게 생각하고 이를 추구해야 한다. 존 번연(John Bunyan)의 『천로역정』에는 천국을 가다가 도중에 포기한 사람들이 많이 나온다. 그들은 우선순위를 끝까지 지키지 못했고 따라서 그들의 종말은 비참했다.

우선순위를 지키기 위해서 해야 할 일은 우선적인 것 외에는 모두 단념하거나 잘라 버리는 것이다. 우리 앞에는 날마다 갖가지 유혹이 불어닥쳐서 시간과 재능과 돈과 에너지를 소모하게 만든다. 그래서 우선순위를 지킬 각오가 없다면 인생은 속절없이 지나가 버리고 남는 것은 백지밖에 없게 된다. 만약 사명을 달성하고 보람 있게 살고자 한다면 과감하고 용기 있게 잡다한 일들을 칼로 잘라내듯이 처단해야 한다.

올바른 선택이 삶의 법칙이다. 우리는 모든 것을 할 수도 없고, 모든 욕망을 채울 수도 없으며, 모든 것을 즐길 수도 없다. 모든 사람을 만족시켜 주겠다는 것은 망상이다. 모든 사람에게 인기를 얻겠다는 것도 마찬가지다. 낮은 순위에 있어야 할 일에 우선순위를 둔다면 시간과 세월을 낭비할 뿐만 아니라 나약한 인간이 될 뿐이다. 우선순위 순위를 지키는 사람은 유혹에 빠지지 않으며, 서두르지 않고 자신의 일을 수행하며, 황금 같은 시간을 낭비하지 않을 것이며, 겨울이 와도 걱정이 없을 것이다.

■ 학습을 위한 질문

1. 우선순위 점검표에 나온 문항을 체크하여 자신의 우선순위 결정 능력을 점검하라.

2. 직장, 가정, 교회에서 나의 기본 업무가 무엇인지 분명히 파악하고 있는가?

3. 우선순위를 지키는 데 방해가 되는 조건이 있는가?

자신의 분수를 알라

라인홀드 니버의 기도문에서 얻는 통찰

전 세계의 많은 그리스도인들이 라인홀드 니버(R. Niebuher)의 기도문을 애송한다. 매일 아침 일어나서 이 기도문을 외우는 사람들도 많다. 이 기도문은 짧지만 아주 깊은 의미를 지니고 있다. 이 기도문을 요약하면, 분수를 지키며 살아가게 해 달라는 내용이다. 이 기도문대로 살면 삶에 많은 변화가 일어나며 실수도 훨씬 줄어들 것이다. 그는 이렇게 기도했다. "하나님, 내가 변화시킬 수 없는 일에 대해서는 그것을 받아들일 수 있는 평정함을 주시고, 내가 변화시킬 수 있는 일에 대해서는 도전할 수 있는 용기를 주시며, 그리고 이 두 가지 차이를 알 수 있는 지혜를 주옵소서."

우선 이 기도문에 나오는 '변화시킬 수 없는 일'에 대해 생각해 본다. 모든 사람에게는 야망이 있다. 정당한 욕구는 좋은 것이지만 과욕은 문제다. 큰일에만 매달려 일생 동안 뜬구름만 잡는 사람이 있다. 나폴레옹은 한때 '불가능은 없다'고 말했지만 그의 말년은 이 말이 헛된 것임을 보여 주었다.

옛날에 기러기 목각을 잘 만드는 장인이 살고 있었다. 얼마나 잘 만들었는지 마치 진짜 날아가는 것만 같았다. 사람들은 그가 만든 기러기 목각을 칭찬하면서 그런 재주라면 틀림없이 날아가는 기러기도 만들 수 있을 것이라고 말해 주었다. 그 말을 들은 장인은 날아가는 기러기를 만들려고 10년이나 노력했다. 그러나 허사였다. 쓸데없는 목표에 매달려 10년을 소비한 것이다. 그가 만약 자신이 할 수 있는 일에만 몰두했더라면 좋은 작품을 많이 만들었을 것이다. 이 세상에는 결코 이룰 수 없는 과제들이 많다. 그런 허황된 목표에 매달려 시간과 재능과 돈을 소비하는 사람들이 참으로 많다. 따라서 할 수 있는 것과 할 수 없는 것을 구별할 줄 아는 사람은 대단히 지혜가 있는 사람이다.

그 다음 '변화시킬 수 있는 일'에 대해 생각해 본다. 그런데 이 세상의 많은 일 가운데에는 자신이 할 수 있는 일도 상당히 많다. 예수님이 달란트 비유에서 말씀한 '작은 일'(마 25:21)은 누구나 할 수 있는 일을 가리킨다. 인생에는 실패를 무릅쓰고서라도 도전해 볼 만한 일이 많다. 그래서 자신의 잠재력을 믿고 새로운 일에 도전해 보는 것이 필요하다. 도전할 대상이 없으면 의욕이 생기지 않는다. 만약 젊은이가 돌다리를 두드리듯이 조심조심 살아간다면 그에게 발전은 요원할 것이다.

인생은 도전하는 것이므로 늘 새로운 목표를 향해 도전해 보라. 만일 실패한다면 후회하기보다는 그 상황을 인정하고 극복해 나가면 되는 것이다. 이런 과정을 통해서 더 강해지고 더 지혜로워질 것이다.

믿음과 현실에 관한 성경의 교훈

성경에는 도전과 용기를 주는 말씀이 많이 기록되어 있다. 몇 가지 예를 들어보자.

"내가 네게 명한 것이 아니냐 마음을 강하게 하고 담대히 하라 두려워 말며 놀라지 말라 네가 어디로 가든지 네 하나님 여호와가 너와 함께 하느니라."(수 1:9)

"가라사대 너희 믿음이 적은 연고니라 진실로 너희에게 이르노니 너희 가 만일 믿음이 한 겨자씨만큼만 있으면 이 산을 명하여 여기서 저기 로 옮기라 하여도 옮길 것이요 또 너희가 못할 것이 없으리라."(마 17:20)

"믿는 자들에게는 이런 표적이 따르리니 곧 저희가 내 이름으로 귀신 을 쫓아내며 새 방언을 말하며 뱀을 집으며 무슨 독을 마실지라도 해 를 받지 아니하며 병든 사람에게 손을 얹은즉 나으리라 하시더라."(막 16:17~18)

"내게 능력 주시는 자 안에서 내가 모든 것을 할 수 있느니라."(빌 4:13)

하지만 이런 말씀과는 뜻이 대조되는 말씀도 있다. 예를 들어본다.

"여호와는 나의 산업과 나의 잔의 소득이시니 나의 분깃을 지키시나이 다 내게 줄로 재어 준 구역은 아름다운 곳에 있음이여 나의 기업이 실 로 아름답도다 나를 훈계하신 여호와를 송축할지라 밤마다 내 심장이 나를 교훈하도다."(시 16:5~7)

"여호와여 내 마음이 교만치 아니하고 내 눈이 높지 아니하오며 내가 큰일과 미치지 못할 기이한 일을 힘쓰지 아니하나이다."(시 131:1)

"지나치게 의인이 되지 말며 지나치게 지혜자도 되지 말라 어찌하여 스스로 패망케 하겠느냐 지나치게 악인이 되지 말며 우매자도 되지 말라 어찌하여 기한 전에 죽으려느냐 너는 이것을 잡으며 저것을 놓지 마는 것이 좋으니 하나님을 경외하는 자는 이 모든 일에서 벗어날 것임이니라."(전 7:16~18)

"내가 돌이켜 해 아래서 보니 빠른 경주자라고 선착하는 것이 아니며 유력자라고 전쟁에 승리하는 것이 아니며 지혜자라고 식물을 얻는 것이 아니며 명철자라고 재물을 얻는 것이 아니며 기능자라고 은총을 입는 것이 아니니 이는 시기와 우연이 이 모든 자에게 임함이라."(전 9:11)

"내게 주신 은혜로 말미암아 너희 중 각 사람에게 말하노니 마땅히 생각할 그 이상의 생각을 품지 말고 오직 하나님께서 각 사람에게 나눠 주신 믿음의 분량대로 지혜롭게 생각하라."(롬 12:3)

자신을 올바로 평가하라

하나님께서 각자에게 주신 분복이 있다. 줄을 쳐 주신 구역이 있다. 즉 한계를 주셨다는 것이다. 모든 것을 다 가질 수도 없고 다 가질 필요도 없다. 각자에게 맡겨진 만큼의 복이 있다. 그 이상을 바랄 필요가 없다. 사도 바울은 매우 능력 있는 전도자였다. 하지만 유대인들을 위한 전도는 할 수 없었다. 왜냐하면 하나님께서 그를 이방인의 사도로 부르셨고 그의 분복이 그것이었기 때문이다. 가수 패티 김은 가수생활 54년을 하고 가요계를 은퇴했다. 자신의 분복을 이해한 사람이다. 인기 있고 건강할 때 은퇴하는 것이 현명하다고 판단했기 때문이란다.

이처럼 자신의 분복이 있음을 알아야 한다. 하나님께서 나에게 주신 독특한 장점과 한계를 이해해야 한다. 실패하는 사람은 자신의 분복은 생각하지 않고 다른 사람의 것만 좋게 보아서 따라한다. 물질뿐만 아니라 모든 면에서 분복이 있음을 알아야 한다. 예수님이 말씀한 달란트 비유를 보면 5달란트, 2달란트, 1달란트 받은 사람은 각각 분복이 다른 것이다. 능력도 다른 것이다. 5달란트 받은 자와 2달란트 받은 자는 자신의 분복을 알아 장사를 하여 각각 5달란트와 2달란트를 남겼다. 하지만 1달란트를 받은 자는 자신의 분복을 깨닫지 못하고 아무 일도 하지 않았다.

사업을 하되 허황된 꿈을 꾸는 사람은 분수를 알지 못하는 사람이다. 너무 큰 집을 사는 사람, 자신의 경제력으로 감당 못할 승용차를 사는 사람은 분수를 알지 못하는 사람이다. 바울도 이에 대해 "생각할 바, 그것보다 높이 생각하지 말라."고 교훈하였다. 자기 자신을 볼 때에 아주 정직하게 평가해야 한다. 스스로 속이지도 말고, 속지도 말아야 한다. 자기를 너무 과장되게 생각하지도 말고, 그렇다고 절망하지도 말아야 한다. 이 세상에서 내가 할 수 있는 것도 많지만, 할 수 없는 것도 적지 않다. 그것을 받아들여야 한다. 할 수 있는 것과 할 수 없는 것을 구별할 줄만 알아도 시행착오를 하지 않는다. 하나님이 내게 주신 은사를 바로 알 때 분수에 맞게 행동할 수 있다.

마귀는 항상 우리를 추켜세운다. '너는 하나님같이 될 수 있다' 고 유혹한다(창 3:5). 예수님께 천하의 영광을 보여 주어 유혹한 것(마 4:8)처럼 마귀는 우리의 가능성을 무한히 추켜세운다. 하지만 각자의 한계를 인정해야 한다. 우리가 만물의 영장이기는 해도 생각한 대로, 계획한 대로, 꿈꾸는 대로 모든 것을 할 수 있지 않다. 남이 나를 추켜세우는 말은 매혹적이지만, 그 말대로 했다간 파멸하고 말 것이다. 우리는 위대해지는 것보다 겸손을 배워야 한다. 생각 속에서 쓸데없는 것들을 제거하기만 해도 훨씬 효과적이 된다. 하나님께서 허락하신 분량만큼 생각하라. 영웅은 어떤 사람인가? 자신이 할 수 있는 일을 하는 사람이다. 자신의 분수를 지키면 적어도 천수를 누릴 수 있다.

과도한 빚을 내서 교회당을 지은 후에 그 빚을 감당하지 못해 교회를 처분하는 경우가 종종 있다. 믿음을 가지고 교회를 건축했을지라도 그 결과가 나쁘다면 그 원인은 믿음의 부족이 아니요 판단력의 부족 때문이라고 할 수 있다. 공자는 과유불급(過猶不及)이라고 했다. 지나친 것은 이르지 못함과 마찬가지라는 것이다. 너무 많아도, 너무 적어도 안 된다는 것이다. 이 적절함을 지키는 것이 중요하고 어려운 것이다. 매사가 다 그렇다. 너무 말이 많아도, 너무 적어도 좋지 않다. 돈도, 인물도, 인기도 그렇다. 자신이 다스릴 수 있는 범위 안에 있는 것이 가장 평안하다. 모든 덕은 중용을 내포하고 있다.

인간은 누구나 자신의 한계 내에서 살다가 간다. 현실이라는 것은 분복이다. 이것을 잘 깨달아야 한다. 감독의 자격이 있는 자가 감독에 당선되면 교단 발전에도 이바지하고 자신에게도 영광이다. 하지만 그렇지 않을 경우에는 교단에도, 교회에도, 자신에게도 덕이 되지 않을 뿐 아니라 무엇보다 하나님의 영광을 가리게 된다. 대통령이나 국회의원도 마찬가지다. 실력과 인격이 없는 사람이 높은 자리를 차지하면 공동체나 자신에게 덕이 되기는커녕 몰락을 초래한다.

하나님께서 나에게만 베풀어 주신 은혜가 있다. 나에게만 주신 복이 있다. 이런 것을 잘 이해하고 이용하면 멋진 삶을 살아갈 수 있다. 내게 주신 분깃, 내게 주신 분복을 소중히 여기고 감사할 때 더욱 풍성한 삶을 살게 될 것이다.

■ 학습을 위한 질문

1. 나에게 불가능한 일, 어렵지만 힘써 노력하면 가능한 일, 쉽게 할 수 있는 일을 구분하여 몇 가지 예를 들어보라.

2. 허황된 목표에 매달려서 시간과 돈과 정력을 낭비한 일이 있는지 생각해 보라.

3. 다른 사람의 의견에 좌우되지 않고 내 분수를 지킬 자신이 있는가?

| 네번째 |

될 수 있는 한 삶을 단순하게 살라

단순한 삶은 위대하다

한자어로 단순(單純)의 '단'(單) 자는 오직 하나를 의미한다. 그것은 다른 것을 의지하지 않는 독립성을 말하는 것으로 온전히 하나를 뜻한다. '순'(純) 자는 독특한 것을 뜻한다. 즉 색깔로 말하면 희면 희든지, 검으면 검든지 하여 한 가지 색만 내고, 두 가지 색이나 중간색을 내지 않는 것이다. 그러므로 단순이라는 것은 나눠짐이 없고 순전하여 섞인 것이 없는 것을 말한다.

옛 성현들은 단순하게 사는 것이 가장 지혜로운 삶이라고 생각하여 그렇게 행하고 가르쳤다. 청빈(淸貧)을 가르친 것이다. 청교도들도 자기들 앞에 빵과 물을 놓고 "하나님, 감사합니다. 빵도 주시고 물도 주시고 주님도 주시니"라며 감사기도를 드렸다. 모든 위대한 것은 단순한 것이다. 그런데 현대 사회는 어떠한가? 매우 복잡한 시대다. 단순함을 용납하지 않고, 다양한 소비문화가 발달되었다. 기업주들은 광고를 통하여 과소비를 부추기고 사람들은 덩달아 춤을 춘다. 그래서 자신의 시간과 물질과 정력을 낭비한다. 단순하게 사는 사람들을 이 시대는 용납하지 않는다. 바보나 쓸모없는 인간으로 취급한다.

그러나 가장 강하고 현명한 사람은 단순성을 이해하고 단순하게 사는 사람이다. 미국 최고의 사상가 헨리 데이빗 소로우는 "모든 진리는 늘 단순하다. 단순한 생활 가운데 진리가 있다. 우주의 법칙은 복잡한 것이 아니라 오히려 단순하며, 다만 우리 자신이 복잡하게 만들고 있을 뿐이다."라고 했다. 우리는 가장 문명이 발달된 시대에 살고 있다. 그런데 여유를 찾지 못하고 늘 바쁘다. 돈도 상당히 번다. 그럼에도 쪼들린다. 이상한 현상이 아닌가? 단순함을 배우지 못했기 때문이다.

현대인들은 돈을 우상시한다. 자기도 모르는 사이에 돈에 길들여져 있다. 그래서 순수한 마음을 잃어버렸고 비인간화되고 말았다. 정신분석학자 에리히 프롬(Erich Fromm)은 『소유냐 존재냐』라는 책에서 물질화된 사람은 소유형 인간이고, 인간답게 사는 사람은 존재형 인간이라고 하였다.

내가 가지고 있는 모든 소유를 생각해 보라. 집, 차, 물려받은 보석, 거래한 주식, 구입한 옷, 모아둔 돈을 생각해 보라. 너무 많으며 개중에는 불필요한 것도 상당히 많지 않은가? 필요와 불필요를 어떻게 구별할 수 있을까? 필요는 꼭 소용이 되는 것이고, 불필요는 있어도 좋지만 반드시 그럴 필요가 없는 순전히 욕망 때문에 소유한 것이다.

물은 필요한 것이다. 하지만 한 병에 500만 원 하는 포도주를 마시는 것은 불필요한 일이다. 시계는 값과는 관계없이 잘 맞으면 된다. 수천 만 원짜리 시계를 살 필요는 없는 것이다. 이처럼 욕망을 잘 다스려야 한다. 꼭 필요하고 중요한 것만 지니게 되면 시간과 물질과 정력을 낭비할 수가 없다.

"사람은 외모를 보거니와 나 여호와는 중심을 보느니라"(삼상 16:7)는 말씀은 하나님은 우리가 외적으로 소유한 것에 관심이 없으시다는 뜻이다. 하나님은 우리가 순전한 마음을 갖기 원하신다. 우리가 가지고 있는 불필요한 것들은 삶을 더 복잡하게 만들 뿐이다. 또한 정신을 혼미하게 하고 시간과 정력을 한없이 소비하게 만든다.

데이빗 토마스는 켄터키 후라이드 치킨의 원조다. 11세부터 식당에서 일했고 학교는 전혀 다녀보지 못했다. 29세 때 오하이오 주 콜럼부스에서 식당을 개업했는데 항상 적자였다. 그는 단순하고 독실한 기독교 신자로서 십계명을 엄수하고 순진하게 늘 기도하는 생활을 하였다. 사업이 너무 안 되어 길을 열어 달라고 밤낮 기도하고 있었다. 그는 모든 노력이 수포로 돌아가자 최후의 방법으로 지방 방송에 광고를 낼 생각으로 담당자를 찾아갔다. 그때 우연히 방송국 직원이 "당신 식당에서는 닭튀김이 제일 맛있더군요." 하는 말을 들었다. 그 소리는 마치 하나님의 음성과 같았다. 순간적으로 켄터키 후라이드 치킨의 아이디어가 샘처럼 솟아올랐다. "바로 이거다. 단순화! 단순하게 하라." 단순하게 하나님을 믿으며 살자는 것이 본래 자기의 인생관이었는데 그 생각과 사업 방법이 연결된 것이다. 그는 즉시 식당의 복잡한 메뉴를 몽땅 걷어치우고 닭 튀김 전문으로 돌려 큰 성공을 거두었다.

사업에서도 단순성을 지켜야 한다. 어떤 기업들은 사업이 좀 잘 된다 싶으면 문어발식으로 사업을 확장한다. 그러다 어느 날 갑자기 몰락하고 만다. 노벨상 수상자들은 단순성을 이해한 사람들이다. 독특한 한 분야만 집중적으로 파고들었다. 이것을 했다가 저것을 했다가 그랬다면 아무것도 성취하지 못했을 것이다.

단순성을 삶의 모든 영역에 적용하자

우선 단순성을 신앙생활에 적용하자. 단순한 하나님의 말씀을 믿고 순종하자. 매일 기도하기, 매일 성경 읽기, 주일 성수하기, 십의일조 드리기, 일 년에 한 명 전도하기 등은 단순한 규칙이다. 소원을 단순하게 하자. 따라서 기도도 단순하게 집중적으로 하자. 쓸데없는 욕망을 갖지 말자. 너무 많은 계획을 세우지 말자. 쓸데없는 데 시간과 돈을 사용하지 말자. 일을 많이 하기보다 중요한 일을 잘하자.

우리는 너무 많은 것을 가지고 있다. 정기적으로 가진 물품을 정리하여 남에게 주든지, 사회복지 시설에 기증하든지 하라. 천국으로 가는 우리의 짐은 가벼워야 한다. 관심을 갖는 분야가 너무 많기 때문에 천국에 집중할 수 없다. 선한 일에 집중할 수 없다. 그것이 우리의 큰 문제인 것이다.

예수님은 단순하게 사셨다. 바울도 그런 본을 보였다. 테레사 수녀의 유품은 옷 두 벌, 나무 십자가 한 개, 묵주 한 개, 성경 한 권이었다고 한다. 복잡한 사람의 마음에는 하나님과 천국이 보이지 않는다. 복잡한 사람은 배울 수가 없다. 마음이 가난한 사람, 마음이 청결한 사람만이 하나님을 보고 천국을 볼 수 있다. 복잡한 세계에 살면서 복잡성에 깊이 물들어 있음을 깨닫자. 단순한 삶으로 과감히 변화하자. 그것이 우리를 구원하는 방도다.

과감히 버리자

삶을 단순하게 하기 위해서는 과감히 버려야 한다. 바울이 위대한 인생을 살 수 있었던 비결은 버리는 기술을 배웠기 때문이다. 그는 자신이 가졌던 지식, 가문, 학벌, 지위 등을 배설물처럼 버렸다고 했다(빌 3:8). "뒤에 있는 것은 잊어버리고" 단호히 과거의 모든 것을 버렸다. 성공한 일도, 실패한 일도 버렸다. 버리는 기술은 참으로 위대한 인생 기술이다. 버리는 기술을 배워야 한다. 가을철에 볼 수 있는 나무의 단풍잎은 황홀하기 그지없다. 그런데 단풍이 들고 낙엽이 지는 현상은 나무가 겨울을 나기 위한 처절한 생존 투쟁이다. 겨울이 가까이 오면 일조량도 줄어들고 기온도 떨어지며 땅 밑의 수분도 적어진다. 그래서 무성했던 잎들을 과감히 버리는 일종의 구조 조정을 하는 것이다. 그런 후에 나무는 최소한의 영양분만 가지고 겨울을 난다. 우리도 나무처럼 버리는 지혜를 터득해야 한다.

현대에 사는 우리는 불필요한 것을 너무 많이 가지고 있다. 더 많은 것을 소유하려 하고 한없이 움켜쥐려고 한다. 우리 주위에는 너무나 많은 물건이 놓여 있다. 그 결과 자신의 소유물에 치여서 신음을 하고 있다. 나도 모르게 물질과 잘못된 욕망의 노예가 되었다. 이사를 할 때면 누구나 깨닫는 것이 불필요한 것을 너무 많이 가지고 있다는 것이다. 불필요한 물건은 평소에 과감히 버려야 한다. 현대를 사는 우리는 더하기보다 빼기를 잘 해야 한다. 이 세상 사물의 90% 이상이 쓰레기라는 말이 있다.

우리가 버려야 할 목록은 참으로 많다. 쓸데없는 욕심을 버려야 한다. 욕심이 잉태하면 죄를 낳는다고 했다. 사람을 멸망하게 하는 가장 큰 요인은 잘못된 욕망과 과도한 욕망이다. 욕망을 잘 다스리면 안전하고 행복하다. 잘못된 습관도 버려야 한다. 우리 속담에 "세 살 버릇 여든 간다."는 말이 있는데 이 말은 잘못된 습관은 여든이 되어도 고치기 어렵다는 뜻이다. 일 년에 자신의 악습 한 가지만 버려도 훌륭한 인격자가 될 수 있다고 한다. 불필요한 물건은 미련 없이 버려야 한다. 가질 당시에는 귀중하게 여겨지던 것들도 시일이 지나면 필요 없는 물건으로 변한다. 버리지 않으면 자리만 차지한다. 찬란했던 과거 경력도 버리고 체면도 버려야 한다. 그래야 나이가 들어서도 재취업을 할 수 있다.

그러면 어떻게 잘 버릴 수 있을까? 한 가지 좋은 기술은 보이지 않는 쓰레기통을 차고 다니는 것이다. 그래서 쓰레기가 생기자마자 그 통에다 던져 버리는 것이다. 조급할 때, 화가 날 때, 부부싸움을 하고 싶을 때, 낙심할 때, 자기연민에 빠질 때, 게으름 피우고 싶을 때, 나쁜 욕망이 일어날 때 즉시 그 정신적인 쓰레기를 통에 집어넣는 것이다. 그리고 싹 잊어버리는 것이다. 이것은 어느 정도의 연습이 필요하다. 훌륭한 운동선수는 경기 도중 이 기술을 잘 사용한다. 그는 경기 중에 실패했을 때 즉시 후회스러운 감정을 잊어버린다. 그래야 앞으로 남은 경기를 훌륭하게 해 나갈 수 있기 때문이다.

■ 학습을 위한 질문

1. 왜 단순하게 살아야 하는가?
2. 나는 정리정돈을 잘 하는가? 그렇지 못하다면 이에 대한 기술을 익혀라.
3. 나는 무엇을 과감히 버려야 하는가? 버려야 할 것을 아는 대로 기록하라.

Chapter 3

계획과 실행

| 첫번째 |

매사에 계획을 세워라

계획의 중요성

아무리 비전이 거창하고 목표를 분명히 정했다 할지라도 계획을 잘 세우지 못하면 모든 것이 공상 혹은 뜬구름이 되어 버린다. 비전을 설정할 때는 이상주의자가 되어야 하지만, 달성하는 과정에서는 현실주의자가 되어야 한다. 효과적으로 살아가기 위해서는 매사에 계획을 세워야 한다. 대충대충 살아가서는 안 되며 어떤 일이건 계획을 세우고 행동해야 한다. 계획을 잘 세우면 거창한 일도 잘 해낼 수 있다.

느헤미야는 계획하는 사람이었다. 그를 통해서 계획하는 방법을 배워보자. 그는 이방 땅에서 출세를 하여 임금의 술 따르는 관원, 즉 부총리급의 지위에 올랐다. 어느 날 자기 조국인 유다 땅의 성읍이 불탔다는 소식을 들었다. 그는 그 성을 중건할 마음을 갖고 있었고 마침내 아닥사스다 왕에게 자신의 계획을 이야기하여 그 일을 이루어 냈다. 느헤미야는 이 방대한 일을 시작하기 위하여 4개월 넘게 기도하였다. 그러자 하나님께서 아닥사스다 왕의 마음을 감동시키셔서 느헤미야의 계획을 실현할 수 있는 길을 열어 주셨다(느 2:1~9). 왕이 얼마나 시간이 걸리는지 물어보았을 때 느헤미야는 그 기한을 즉시 말할 수 있었다. 느헤미야는 일을 시작하기 전에도 계획했고, 진행되는 동안에도 계획했으며, 성벽이 완공되었을 때도 계속 계획하였기 때문이다. 철저한 계획을 세우고 목표를 달성한 것이다. 그 목표는 매우 달성하기 어려운 목표였다. 중요한 목표를 성취하기 위해서는 그 일의 모든 과정마다 계획을 세우고 실천해야 한다.

예수님은 '망대의 비유'와 '전쟁의 비유'를 통해 계획의 필요성을 교훈하셨다(눅 14:28~32). 예수님이 자라나신 지방에는 망대를 짓다가 완성하지 못한 채로 방치해 놓은 곳이 여럿 있었다. 건축비가 얼마나 들지 예산을 잘 세우지 않고 충분하게 투자하지 않은 것이 실패의 원인이었다. 공사의 주인은 이웃의 웃음거리가 되고 말았다. 예수님은 다음과 같은 이야기도 들려주셨다. 옛날 어느 곳에 한 임금이 살았는데 그만 이웃 나라와 전쟁을 하게 되었다. 수집된 정보에 의하면 이웃 나라의 군사는 2만 명이라고 했다. 자기 나라의 군사는 1만 명에 불과하였다. 그 임금은 신하들과 의논하였는데 전쟁을 하자는 파와 화친을 하자는 파로 나뉘었다. 임금은 고민하다가 화친하는 쪽으로 결정을 내렸고 나라가 몰락하는 것을 막을 수 있었다.

계획을 효과적으로 세우면 목표를 달성하게 되고, 시간과 물질과 노력을 최대한 절약하게 된다. 계획은 에너지와 활동을 잘 조절해 주어 효과를 높여 준다. 일의 성취감을 주고 화나는 일과 두려운 일을 방지하게 한다. 심리적인 부담을 덜게 함으로 스트레스를 예방하고 정신적으로 건강한 상태가 되게 한다. 여유 시간도 충분히 만들어 준다. 계획을 세우면 질서 있게 살아갈 수 있고 시행착오를 대폭 줄일 수 있다. 계획은 미래에 대한 불안을 없애 주며 경제적으로도 큰 효과를 준다. 또한 개인과 단체의 생존과 발전에 큰 영향을 준다.

예수님은 자기를 따르는 제자들에게 미래에 대하여 확실한 지침을 주었다. 그는 전체적인 큰 틀을 마음에 품고 세부 지침에 따라 하루하루를 계획한 대로 실천하였다. 철저한 계획가였기 때문에 시간과 정력을 낭비하지 않고 공생애 3년 동안 인류 구원이라는 사업을 달성할 수 있었다.

우리는 대체로 어려서부터 합리적으로 생각하는 훈련을 배우지 못했기 때문에 계획을 세우는 능력도 미약하다. 그리하여 전체적인 계획을 세워 방향을 정하고 진행 상황을 점검하는 사람들이 드물다. 계획을 세워서 하지 않고 즉흥적으로, 기분에 따라서 움직이는 경우가 허다하다 보니 시행착오도 많이 겪게 된다. 그러므로 매사에 계획하는 습성을 길러야 한다.

계획은 목적과 목표를 정하는 것에서 시작된다

어떤 일을 계획할 때는 구체적으로 그 일을 하고자 하는 목적부터 생각해야 한다. 다음과 같은 질문을 해 보라.

- 왜 이것이 중요한가?
- 왜 내가 이 일에 참여해야 하는가?
- 왜 나는 이 일을 일정한 기간 내에 달성해야 하는가?

• 왜 다른 것을 제쳐놓고 이것을 먼저 해야 하는가?

느헤미야는 자기를 따르는 자들에게 예루살렘 성벽을 재건해야 할 목적에 대해 말했다. "우리의 당한 곤경은 너희도 목도하는 바라 예루살렘이 황무하고 성문이 소화되었으니 자, 예루살렘 성을 중건하여 다시 수치를 받지 말자."(느 2:17) 목적을 분명히 규정하는 일은 사람들로 하여금 명분을 갖고 연합하도록 하는 동기를 준다. 예수님은 언제나 일이나 계획을 위해서가 아니라 명분이 있는 일이나 목적을 위해서 사람들을 불렀다. 그리고 사람들이 이 거룩한 목적에 합류한 뒤에만 임무를 부여하셨다. 예수님은 제자들이 될 가망이 있는 사람들에게 "나를 따라 오너라 내가 너희로 사람을 낚는 어부가 되게 하리라"(마 4:19)고 말씀함으로 공생애 사역을 시작하셨다. 그는 자신을 따르는 자에게 목적을 분명히 설명하였다. 그리고 목적이 어떻게 성취되었는가에 대해 몇 가지 상세한 이야기를 함께 나누면서 자신의 사역을 마쳤다. "그러므로 너희는 가서 모든 족속으로 제자를 삼아."(마 28:19)

강한 목적의식은 사람들로 하여금 적극적으로 참여하도록 동기를 부여한다. 만약 목적이 이해되지 않는다면 참여한 사람들은 그 일을 단지 형식적인 일이나 귀찮은 작업으로 간주할 것이다. 계획을 세워도 그 계획 속에 목적이 없으면 그 계획은 무용한 것이다. 회의를 할 때도 회원들에게 회의의 목적을 분명히 전달하는 것이 필요하다. 회의의 목적을 분명히 이해하지 못하면 회원들은 회의에 대해 실망하게 되고 시간 낭비로 여기게 될 것이다. 회의할 필요가 없다면 회의를 생략해도 좋다. 어떤 일을 시작할 때도 '왜 이 일을 꼭 해야 하는가?' 라는 질문을 스스로에게 함으로써 목적을 확인해야 한다.

다음으로는 구체적인 목표를 설정해야 한다. 왜 구체적인 목표를 정해야 하는가? 구체적인 목표가 없이는 어떤 행동을 해야 할지 분명하지 않고 성과를 평가할 방법이 없기 때문이다. 구체적인 목표란 측량할 수 있는 목표다. 무엇이 성취되어야 하고, 얼마만큼 성취되어야 하며, 언제 그것이 달성되어야 할 것인가를 정확하게 나타내 주는 것이다. 예루살렘의 성벽을 재건하기 전에, 아닥사스다 왕은 느헤미야에게 측량할 수 있는 목표에 대해 두 가지 중요한 질문을 던졌다. "그러면 네가 무엇을 원하느냐."(느 2:4) "네가 몇 날에 행할 길이며 어느 때에 돌아오겠느냐."(느 2:6) 이런 목표들은 측량할 수 있는 목표인 것이다.

계획의 과정

계획을 세울 때 다음의 과정을 좇는 것이 순리다.

- 계획할 때 충분한 시간을 가져야 한다. 신중하게 계획하지 않고 좋은 결과를 얻으려는 것은 무리한 일이다.
- 새로운 일을 계획할 때 모든 과정을 성령께서 인도해 주시기를 기도한다. 느헤미야는 훌륭한 계획자였다. 그는 기도하면서 일을 계획했다. 기도는 느헤미야로 하여금 왕의 도움을 받을 수 있게 했고, 목표와 우선순위를 잘 정하도록 이끌었다. 그리스도인에게는 기도가 최상의 준비다. 무슨 일을 계획하든지 우선 충분히 기도드리는 것을 철칙으로 삼아야 한다.
- 문제나 요구를 분명히 한다. 우리가 달성하고자 하거나 필요한 것의 범위를 정하지 않으면 안 된다. 무엇을 달성해야 하고, 어떤 문제들을 해결해야 하는가? 일에 착수할 충분한 가치가 있는가? 이런 것을

포괄적으로 검토해야 한다.

- 목표를 다시 확인한다. 우리의 요구를 만족시키기 위해 달성해야 할 목표는 무엇인가? 구체적인 목표의 성격에 따라 모든 행동이 정해진다.
- 실천 계획과 프로그램을 짠다. 목표를 수행하기 위해 필요한 각종 행동을 단계별로 작성해야 한다. 행동과 돈과 시간을 잘 조직하여 실천 계획을 짠다.
- 조정과 검토의 체계를 만든다. 목표를 제대로 달성해 가고 있는지를 점검하기 위한 평가 체계로, 중간 점검하는 날을 정해 체크한다.
- 프로그램에 따라 일을 추진해 나간다.
- 마감일에 최종 평가를 한다. 평가를 통해 교훈을 얻는다. 최선을 다했으면 그 결과에 만족한다. 그리고 하나님께 감사의 기도를 드린다.

계획을 잘 세우면 어떤 어려운 일이라도 달성할 수 있다

창세기 6장에는 노아가 하나님의 명령을 좇아 방주를 짓는 이야기가 나온다. 노아는 하나님의 명령에 무조건 순종하였다. 다행히 하나님께서는 노아에게 배의 모양과 크기를 명확하게 말씀해 주셨다(창 6:14~16). 설계도가 분명하게 나왔으니 이제 짓기만 하면 되었다. 하지만 이 엄청나게 큰 배를 어떻게 지어야 하나? 현대 과학자들에 의하면 이 방주는 2만 톤 급의 선박에 해당된다고 하니 이렇게 큰 배를 지어야 하는 노아는 걱정이 태산 같았을 것이다. 하지만 그는 좌절하지 않고 방주 건조에 대한 계획을 세밀하게 세운다.

그는 우선 8식구를 모두 불러 모은다. 하나님께서 방주를 지으라고 명령하셨다는 것을 전하고 그 규모를 상세히 설명한다. 배의 모형을 그린 설계도를 잘 보이는 곳에 붙여 놓는다. 그 다음 배를 제작하는 과정을 의논한다. 산에 가서 잣나무를 자르고 건조시키는 일, 충분히 건조시킨 나무를 톱으로 자르고 대패로 밀어 재목을 만드는 일, 역청을 만들고 못을 준비하는 일 등을 의논한다. 그런 뒤에 세 아들에게 각자의 임무를 부여한다. 노아의 아들들은 각자 자신이 맡은 일을 완수하기 위해 적당한 인부들을 선발하여 일을 시키고 감독한다. 노아의 아내와 며느리들은 인부들을 위한 식사 준비를 한다. 노아는 총감독으로서 방주가 만들어지는 과정을 점검하고 보완책을 지시한다. 천천히 서두르지 않고 계획 과정에 따라 방주 건조하는 일을 추진한다. 드디어 방주가 완성된다. 노아는 가족들과 함께 하나님께 감사의 기도를 드린다. 그리고 자기 가족과 공사에 참여한 인부들을 모아 축하파티를 연다.

이 이야기에서 우리는 아무리 거창한 목표라도 계획을 잘 세우면 능히 성취할 수 있다는 확신을 얻을 수 있다. 따라서 계획의 중요성을 깊이 이해하고 매사에 계획하는 습성을 길러야 한다. 계획성이 있는 사람들은 어느 분야에서든지 크게 성공할 수 있다. 그러나 계획성이 없는 사람들은 능력이 출중하고 시간이 많아도 성공할 수가 없다.

■ 학습을 위한 질문

1. 느헤미야에게서 계획하는 법을 배우라.
2. 계획의 유익한 점을 말해 보라.
3. 좋은 계획자가 되기 위해서는 어떻게 해야 하나?

가치 있는 행동을 선택하라

행함으로 계획이 온전하게 된다

야고보서는 '행함'에 대해 많이 강조한다. 특히 야고보서 2장에는 "행함으로 믿음이 온전케 되었느니라"(22절)는 뜻 깊은 말씀이 나온다. 계획에 대해서도 이와 같이 말할 수 있다. 아무리 계획을 잘 세워도 행함이 따르지 않으면 죽은 계획이다. 행함이 뒤따를 때 온전한 계획이 된다.

성경에는 생동감 넘치는 책들이 나온다. 예를 들면 구약의 여호수아서, 신약의 마가복음과 사도행전이 그렇다. 미국의 데오도어 루스벨트 대통령과 맥아더 장군이 제일 좋아한 성경이 여호수아서라고 한다. 그 책은 생동감이 넘치기 때문이란다. 마가복음은 행동하시는 예수님을 가장 잘 묘사한 책이다. 사도행전은 사도들이 성령의 능력을 받아 열심히 활동한 사실을 기록해 놓았다. 예수님이 바리새인들과 서기관들을 극도로 싫어하신 이유는 그들이 말씀을 행하기 위해 손발도 까딱하지 않는 위선자들이었기 때문이다.

김용택 시인의 〈그랬다지요〉라는 시가 있다.

이게 아닌데

이게 아닌데

사는 게 이게 아닌데

이러는 동안

어느새 봄이 와서 꽃은 피어나고

이게 아닌데 이게 아닌데

그러는 동안 봄이 가며

꽃이 집니다.

그러면서 사람들은 살았다지요.

그랬다지요.

늘 입버릇처럼 "이것을 해야 할 텐데, 저것을 해야 할 텐데."라고 중얼거리는 사람이 있다. 그러나 그런 사람일수록 실천하지 않는다. 아무리 좋은 뜻과 계획이 있어도 실천하지 않으면 아예 존재하지 않는 것과 같다.

이 세상의 모든 일은 두 가지로 형성된다. 하나는 무엇을 해야 할지를 결정하는 것이고, 다른 하나는 결정한 바를 실행하는 것이다. 계획은 잘하지만 작심삼일, 용두사미로 끝나는 경우가 얼마나 많은가? 사실 계획과 실천 사이에는 커다란 간격이 있다. 계획을 하지만 실천하지 못하는 무능력은 삶의 모든 면에서 부정적인 영향을 준다. 보편적으로 인간은 실천력이 매우 약하다. 머리만 크고 손과 발은 가냘픈 기형아와 비슷하다. 그러므로 행동하는 힘을 키우는 것은 인간의 최대 과제다. 교육, 윤리도덕, 종교의 최종 목적은 훌륭한 가치와 신조를 알게 하고 그것을 실천하는 힘을 길러 주는 것이다.

이 문제를 가장 간단히 해결하는 방법은 무엇이라도 우선 실행하는 것이다. 어떤 한 가지 목표를 선택하고 계획을 수립한 뒤 그것을 향하여 전진하는 것이다. 실행하면서 계획을 수정할 수도 있고 확장할 수도 있다. 혹은 더 나은 것을 위해 계획을 포기할 수도 있다. 그러나 우선 행동을 개시하는 것이 필요하다. 목표를 설정하고 계획하는 일은 쉽지 않지만, 그렇다고 결단하지 않는다면 계속 좌절감을 겪게 되고 아무것도 성취하지 못한 채 마음까지 혼란스러울 것이다. 가만히 있지 말고 조금씩 행동해 보라. 일을 잘 하는 사람은 늘 조금씩 조금씩 한다. 그런 사람은 '안 하는 듯이' '매우 쉽게' '가벼운 마음'으로 한다. 하나가 끝나면 다른 하나를, 다른 하나가 끝나면 또 다른 하나를 하면 된다. 사실상 어려운 것이 아니다.

가치 있는 행동을 하라

시간 관리는 한 개인의 태도, 철학, 지식, 기술과 긴밀하게 연관되어 있다. 시간 관리를 잘 한다는 것을 구체적으로 어떻게 알 수 있을까? 그것은 그가 얼마나 가치 있는 행동을 하느냐와 관련이 깊다. 시간 관리의 원리와 기술을 많이 안다고 하더라도 실생활에서 가치 있는 행동을 하지 못한다면 시간 관리를 잘 하는 것이 아니다. 시간 관리의 능력을 향상시키는 목적도 좀 더 효과적인 행동을 하기 위함이다.

그러면 효과적인 행동이란 무엇인가? 보편적으로 말해서 생산적인 활동을 하는 것이다. 그리고 시간을 낭비하거나 시행착오를 하지 않는 것이다. 그러나 시간 관리 측면에서 효과적인 행동이란 자신이 지향하고 있는 목표와 일치되는 행동을 하는 것이다. 아무리 좋아 보이는 행동이라도 목표와 관계가 없는 행동이라면 시간 낭비에 불과하다. 자신의 행동을 살펴보면 목표와 관계없이 하는 일이 엄청나게 많음을 알게 될 것이다. 그리고 개선해야 할 습관이 얼마나 많은지를 깨닫게 될 것이다.

효과적인 행동을 하기 위해서 아래의 6가지 질문을 던져 보라.

(1) 무엇을 하고 있는가? (명확한 목표)

(2) 왜 하고 있는가? (부속 목표, 동기 유발, 일의 가치)

(3) 누가 하고 있는가? (책임의 주체)

(4) 어디서 하고 있는가? (적합한 장소)

(5) 언제 하고 있는가? (합당한 시기)

(6) 어떻게 하고 있는가? (사용하는 방법, 자원)

목표를 달성하기 위한 여러 활동을 일목요연하게 정리하여 계획서를 만들어 보라. 이때 그 계획을 수행하는 책임을 맡은 사람들이 함께 계획에 참여해야 한다. 계획하는 일에 참여하게 되면 이들도 자신의 일처럼 여기게 된다. 즉 일의 소유권을 갖게 되는 것과 같다. 그리고 계획을 수행하기 위해 열심을 내게 된다.

그 다음엔 실시해야 할 여러 활동을 알맞은 순서로 배열하는 것이 필요하다. 해야 할 행동이 결정되었으면, 이후에는 각 활동이 적당한 시기에 수행되도록 순서를 배치하는 것이다. 좋은 활동이라도 그것을 수행하는 시기가 나쁘면 마치 부적당한 활동을 한 것과 같이 피해를 당할 수 있다.

효율적이고 효과적으로 계획을 달성하는 방법

계획을 잘 수행하기 위해 다음의 사항을 늘 염두에 두기 바란다.

- 너무 많은 계획을 세우지 않는다. 의욕이 많은 사람은 처음부터 과도한 계획을 세운다. 그러면 대부분 실패한다. 한 번 실패하면 의욕이 상실되어 다음에 도전하고 싶은 생각이 들지 않는다. 그러므로 실천 가능한 목표와 계획을 세운다.

- 목표와 상황에 따라 계획의 방식도 달리한다. 시기가 좋을 때에는 최대한 낙관적으로 계획을 세우고, 시기가 나쁠 때에는 최소한으로 계획한다. 그리고 미래가 현재와 같은 방식으로 진행된다면 현재의 자기 역량에 맞추어 계획을 세운다.

- 순리에 맞게 계획을 수행해 나간다. 계획은 유동성 있는 하나의 과정이다. 계획을 변경하는 것은 부끄러운 일이 아니다. 중점 목표는 항상 마음에 품고 있어야 하지만, 행동에는 융통성이 있어야 한다. 주위의 변화에 언제든지 대응할 수 있도록 부분적인 변경, 궤도 수정을 할 수 있어야 한다. 하지만 너무 자주 바꾸어서는 안 된다.

- 한 번에 한 걸음씩 끊임없이 전진한다. "천리 길도 한 걸음부터!"라는 속담이 있다. 목표를 바라볼 때 그 양과 크기에 압도당할 때가 있다. 그런데 목표를 작은 단위로 분할하면 마음의 부담을 줄일 수 있다. 기간, 물체, 거리는 얼마든지 분할하여 처리할 수 있는 것이 이 우주의 기본법칙이다. 그래서 작은 것을 잘 처리하면 큰 것도 잘 처

리할 수 있는 것이다. 한 번에 한 가지씩 하는 것이 기적을 이룬다.

• 진행 과정을 반드시 체크한다. 이것은 일관성을 유지하는 데 큰 도움이 된다.

• 하기 싫어도 꾸물거리지 말고 일단 시작하라. 그러면 차츰 일에 대한 열정이 붙는다.

• 운동선수와 군인의 실천력을 본받는다. 그들은 명령과 계획에 따라서 일사분란하게 행동한다.

■ **학습을 위한 질문**

1. 마가복음에서 '행동하는 예수님' 의 모습을 찾아보라.

2. 자신의 하루 일과를 살펴보면서 '가치 없는 행동' 의 목록을 적어 보라.

3. 계획을 효과적으로 성취하기 위해서 어떤 행동을 창안해야 할까?

 | 세번째 |

시간을 계획하라

시간 계획표의 필요성

우리가 기본적으로 알아야 할 사항은 시간은 한정되어 있다는 것, 시간은 짧지만 중요한 일을 하기에는 충분하다는 것, 시간표를 잘 짜면 시간을 만들 수 있다는 것이다. 시간의 묘한 성질 가운데 하나는 잘 조직하지 않으면 대부분 사라져 버려 제대로 사용할 수 없다는 것이다. "구슬이 서 말이라도 꿰어야 보배"라는 한국 속담과 같이 시간도 잘 꿰지 않으면 제대로 사용할 수 없다. 따라서 활용 가능한 모든 시간을 다 조직하도록 노력해야 한다. 많은 시간, 적은 시간, 근무 시간, 휴식 시간, 외출, 휴일, 여행 등 어떤 경우든지 시간을 조직하는 것이 좋다. 그렇지 않으면 대부분의 시간을 어영부영 보내고 만다.

목가적인 시대에는 시간표를 만들지 않아도 별 어려움 없이 지냈다. 해가 뜨면 일어나서 일하고 해가 지면 일을 마치면 되었다. 그러나 현대 사회는 복잡하게 구조화돼 있기 때문에 시간 계획표도 철저하게 짜야 하며 시간표를 중심으로 행동해야 한다. 그러나 주의할 것이 있다. 그것은 내가 짠 시간표가 나를 속박해서는 안 된다는 것이다. 일의 효과성을 높여 주고 여유를 창조해 주는 것이어야 한다. 시간표를 짜는 데 특별한 기술이 필요하게 된 것이다.

시간표 작성을 영어로 스케줄링(scheduling)이라고 하고 시간표를 스케줄(schedule)이라고 한다. 스케줄이라는 말을 우리말처럼 통용하고 있다. 스케줄은 많은 장점을 지니고 있다.

(1) 미래에 할 일의 개요를 보여 주며 우선적인 일을 먼저 하게 만든다.

(2) 한 달, 일주일, 하루 중에 해야 할 과제를 정돈해 주고, 시각화해 주며, 머릿속에 혼란스럽게 담겨 있는 과제들을 분명하게 정리해 준다.

(3) 해야 할 여러 가지 활동의 상호관계를 보여 주며 동시에 처리할 수 있는 일을 알려 준다.

(4) 일이 많을 경우 적당한 양으로 조정해 주며, 일이 적을 경우 적당한 과제를 부여해서 시간 활용의 균형을 잡아 준다.

(5) 스케줄대로 일을 완성했을 때 성취감과 자신감을 준다.

(6) 일에 대한 마음의 부담을 줄여 주고 스트레스를 완화시켜 준다.

(7) 여유 시간을 만들어 준다.

스케줄 짜는 것을 어렵다고 생각하는 사람이 있다. 그러나 때로는 메모만으로도 스케줄의 효과를 거둘 수 있다. '오늘 해야 할 일'을 메모하기만 해도 혼란스러운 하루가 되는 것을 방지할 수 있다. 즉 기록함으로써 활동의 윤곽이 잡히고 그것을 잊어버리지 않게 된다.

시간 계획의 요령

시간을 계획할 때 다음의 사항을 염두에 두고 하면 매우 효과적이다.

- 정해진 시간 내에 이루어야 할 활동 목록을 만들고 그것을 중요도에 따라 분류한다. 내가 하지 말아야 할 것과 남에게 위임할 것은 목록에서 과감히 삭제하고 자신에게 꼭 필요하고 실현 가능한 일만을 남겨 둔다. 즉 해야 하고 할 수 있는 일만 고른다.
- 모든 일의 마감 기한을 설정한다. 마감일이 없으면 시간 계획의 의미가 없다. 다만 모호한 소원에 불과할 것이다. 마감 기간이 애매하면 일을 추진할 때 긴장감이 없어지고 문제가 발생한다. "가능한 한 빨리"라는 애매한 표현을 써서는 안 된다. 각 활동마다 소요되는 시간의 양을 계산하여 현실성 있게 마감일을 잡는다. 대개 자신이 예측한 것보다 20% 이상 마감일을 늦춰 잡는 것이 현실적이다. 처음 하는 일이거나 어려운 일의 경우는 자신이 예측한 것보다 40% 이상 마감일을 늦춰 잡아야 할지 모른다. 마감일을 여유 있게 잡아야 하는 이유는 예기치 않은 일이나 방해물이 수시로 발생하기 때문이다. 이런 일에 대처하기 위해서 완충 지대를 설정해야 한다. 그리고 일단 설정한 마감일은 엄수한다.
- 사용 가능한 시간의 60%만 시간 계획의 대상으로 삼는다. 그 이유는 예상하지 않은 일이 새로 나타나기 때문이다. 그리고 일을 계획하고 준비하는 시간, 일을 마무리 짓는 시간 등 겉으로 나타나지 않

은 숨어 있는 시간이 상당히 있기 때문이다.

- 타이밍에 대한 예민한 감각을 가지고 시간표를 짜야 한다. 특정한 시기에 더 일의 효과를 낼 수 있으며 방해받지 않는 시간에 더 효율성을 높일 수 있다. 상황이 좋을 때와 좋지 않을 때를 예상하여 시간표를 짜는 것이 현명하다.

- 시간표 양식을 만들어 그 안에 활동을 기록한다. 자기 자신이 좋아하고 효과도 거둘 수 있는 시간표 양식을 만드는 것이 좋다.

- 유연성을 발휘하여 시간표를 짠다. 시간 계획표는 중요한 목표를 달성하기 위한 도구다. 목표를 자주 변경시켜서는 안 되지만 시간 계획표는 상황에 따라 융통성 있게 조정해야 한다. 예를 들면 좋은 컨디션일 경우에는 집중해서 일을 처리하고, 나쁠 경우에는 휴식 시간을 충분히 갖는 것이다. 그리고 평상시에 시간표를 너무 치밀하게 짜려는 유혹을 물리쳐야 한다. 중점주의를 지향하며 여유를 충분히 가져야 한다.

- 시간표를 미리 만든다. 그러면 시간도 절약하고 기회도 잘 포착할 수 있다. 또한 서두름을 예방할 수 있다.

스케줄 관리 도구

가장 보편적으로 사용하는 것은 달력과 수첩이다. 이 외에 컴퓨터, 카메라, 스마트폰, 팩스, 녹음기, 복사기, 전자칠판 등이 있다. 필요에 따라서 잘 사용하면 된다. 수첩 한 가지만 잘 활용해도 개인 비서를 두는 것과 같다. 인터넷을 잘 사용하면 똑똑한 개인 비서를 하나 더 채용하는 것과 같다. 인터넷 일정 관리 프로그램은 시간을 아끼기 위해 사용한다.

이런 도구를 잘 활용하려면 속도가 빠른 일정 관리 프로그램을 고르는 것이 좋다. 계획된 일을 미리 알려 주는 알람 기능은 실수를 줄이고 하루를 짜임새 있게 관리하는 데 도움을 준다.

■ 학습을 위한 질문

1. 시간 계획표를 짜면 무엇이 유용한가?

2. 시간표가 자신을 속박하는 도구가 되지 않도록 하려면 어떻게 시간표를 작성해야 하나?

3. 나에게 가장 유용한 스케줄 관리 도구는 무엇인가?

| 네번째 |

평가는 필수다

평가를 긍정적으로 생각해야 한다

어떤 일을 수행하는 데에는 대개 세 가지 과정이 있다. 첫째는 계획, 둘째는 실행, 셋째는 평가다. 그런데 사람들은 잘못을 지적받는 것처럼 여겨 평가를 싫어한다. 하지만 평가는 업무를 수행하는 과정에서 가장 중요한 도구다. 평가에 따라 수정, 보완 등 적절한 행동을 취할 수 있으며 계속될지도 모를 시행착오를 예방할 수 있기 때문이다. 또한 일의 생산성도 증가된다.

개인이나 회사나 교회에서 새해 계획을 세울 때 반드시 거쳐야 할 것이 평가 회의다. 그런데 대부분 이 과정을 간과한다. 그렇기 때문에 시행착오도 줄지 않고 참신한 계획도 세우지 못하는 것이다.

평가의 중요성을 깊이 고려해야 한다

우리에게는 자기가 한 일을 평가해 보는 버릇이 있다. 예를 들면 음식을 먹고 "그 음식 참 맛있다."라고 말한다든지 새 옷을 입어보고 "참 멋진 옷인데!"라고 말한다. 음악을 감상하거나 미술품을 감상할 때도 '훌륭하다' 라든지 '그저 그렇다' 라고 평가한다. 평가란 '가치를 측정한다' 는 말로 반성을 위한 행위요, 더 나은 미래로 나아가고자 시정 조치를 하기 위한 것이다.

하나님은 우리가 하는 일의 양보다 질에 더 큰 관심을 가지신다. "무슨 일을 하든지 마음을 다하여 주께 하듯 하고 사람에게 하듯 하지 말라"(골 3:23)고 바울은 권고하고 있다. 예수님도 지상에 계시는 동안에 자신의 능력을 최대한 활용하여 업무를 수행하셨다. 그래서 예수님의 행동을 살펴본 사람들은 "그가 다 잘하였도다"(막 7:37)라고 평가하였다.

예수님은 달란트 비유를 말씀하셨는데(마 25:14~30) 거기에는 두 가지 형태의 사람들이 묘사되어 있다. 즉, 업무 수행을 잘한 사람들과 잘하지 못한 사람들이다. 업무 수행을 잘한 사람들에 대해서는 주인이 "잘하였도다 착하고 충성된 종아"(마 25:23)라고 높이 평가했으나, 비생산적인 사람에게는 "악하고 게으른 종아"(마 25:26)라고 혹독하게 평가하였다. 하나님은 우리가 업무 수행을 잘하기 원하시기 때문에 우리는 평가 기준을 잘 세워 수시로 평가해야 한다.

어떤 자세로 평가해야 하나?

사람은 어떤 일을 훌륭히 달성했을 때는 기분이 좋고 그렇지 못할 때는 실망감에 사로잡히게 마련이다. 그러면 어떤 태도로 평가를 해야 하나? 첫째로 감정에 치우치지 말고 평상심을 유지해야 한다. 어떤 경우에도 평형감각을 가져야 한다. 둘째로 객관적인 사실에 따라 평가해야 한다. 불확실한 자료나 추측에 의해 평가하면 잘못되기 쉽다. 평소에 기록을 잘해 놓아야 평가할 때 유용하다. 셋째로 미래 지향적이어야 한다. 결과를 너무 소극적으로 보지 말아야 한다. 평가의 진정한 의미는 더 나은 미래 설계를 위한 교훈을 얻고자 하는 것이다. 그래서 다음의 질문을 하는 것이 유효하다. '어떤 일을 잘했는가?' '내가 진보하게 된 원인은 무엇인가?' '나에게 격려가 되는 사건은 무엇인가?'

수정이나 조정은 이와 같은 긍정적인 면을 강조함으로써 잘 이루어진다. 후회하기보다는 '다음에는 이렇게 하자.'라고 결심을 하는 것이 바람직하다. 그러면 실패도 성공으로 향하는 하나의 과정으로 여기게 될 것이다.

평가에는 여러 단계가 있다

어떤 사업이 상당한 기간에 걸쳐 시행되는 것이라면 평가도 여러 단계로 적용해야 한다. 최초의 평가는 사업 계획안을 거의 다 작성한 후 '과연 이것을 할 가치가 있는가?', '현실적인 목표를 설정했는가?'라고 평가하는 것이다. 중간 평가는 과제가 진행될 때 정기적으로 '이것이 올바른 방향으로 가고 있는가?', '계획대로 달성되어 가고 있는가?'를 평가하는 것이며, 최종 평가는 일을 달성한 후에 '과연 목표를 달성했는가?'라고 평가하는 것이다. 그러므로 평가는 어떤 일을 완성한 후에 최종적으로 실시하는 것만이 아니라 하나의 과정임을 이해해야 한다.

느헤미야 4장에서, 우리는 계획이 성취된 뒤가 아니라 진행 중에 있을 때 작업을 평가하는 느헤미야를 볼 수 있다. 조건이 변함에 따라서 작업 과정도 변경해야만 했다. 예를 들면 사람들이 힘든 작업으로 점점 사기가 떨어지기 시작했을 때, 그들의 대적은 그 성을 공격하려고 위협하였다. 이런 일이 발생하자 느헤미야는 즉시 계획을 수정하였다. 즉 사람들로 하여금 많은 휴식을 취하게 하는 동시에 그 성과 노동자들을 위한 방어를 더 잘 할 수 있도록 작업 계획과 임무를 다시 정비하였다(느 4:10~23). 만약 이런 상황에서 느헤미야가 본래의 계획대로 밀고 나갔다면 성벽을 완성하지 못했을 것이다. 일의 추진 과정에서 상황은 항상 변하기 때문에 진행 중에 있는 업무를 수시로 평가하고 행동을 수정해야 한다.

평가의 단계

평가에는 세 가지 단계가 있다. 첫째 단계는 평가 기준을 정하는 것이다. 좋은 목표와 계획 그리고 일정표는 그 자체가 훌륭한 평가 기준이 된다.

구체적인 과제의 성취 기준은 다음과 같이 정하는 것이 적절하다.

• 누가했는가? (참여한 사람)
• 무엇을 했는가? (총체적인 성취도)
• 어떤 방식으로 했는가? (일의 방법)
• 얼마나 많이 달성했는가? (일의 양)
• 지출된 비용은 얼마인가? (소비된 경비)
• 얼마나 오래 걸렸는가? (시작부터 완성까지 소요된 일수)

둘째 단계는 비교다. 비교를 하기 위해서는 최종 결과를 모으고 분류해야 한다. 결과들을 다음과 같이 분석하고 그 이유를 찾아야 한다.

- 기대 이상의 결과를 거둔 것은 무엇인가? 그 이유는?
- 기대에 미치지 못한 것은 무엇인가? 그 이유는?
- 기대한 만큼 결과를 거둔 것은 무엇인가?

이 과정에서 주의할 점은 무조건 목표 달성을 했다고 만족하지 말라는 것이다. 그 이유는 목표의 난이도와 상황의 유리함과 불리함, 그리고 참여한 사람의 일의 원숙도 등을 다각적으로 분석해 보고 판단해야 하기 때문이다.

셋째 단계는 시정이다. 잘못된 것이 발견되면 계획을 수정 혹은 변경해야 하며 해결할 문제가 있으면 해결하도록 해야 한다. 이것은 원칙적인 일이지만 제대로 지켜지지 않는다. 그 원인은 무엇인가? 적당히 처리해도 된다는 생각, 변화하기 싫다는 생각, 자존심이 손상된다는 생각 때문이다. 큰 과제일수록 도중에 그 계획을 변경시키기는 쉽지 않다. 그러나 그것이 장기적으로 끼칠 영향을 생각해 보고 결단해야 한다. 시정을 했으면 적당한 기일이 지난 후에 다시 확인해 보는 것이 현명하다.

스스로 평가할 수 있는 능력을 기르자

남이 평가해 주는 방법도 있지만 근본적인 것은 자기 스스로 하는 평가다. 설정한 목표의 실현 여부를 평가하고 빗나가는 점을 발견해야 한다. 상황의 변화, 자원의 공급 수준, 우선순위의 변동 및 환경에 따른 변화가 실패의 요인으로 발견될 것이다. 문제나 실패한 점이 발견되면 허심탄회하고 솔직하게 그리고 현실적으로 해결하도록 노력해야 한다. 문제가 발견되었는데도 그것을 무시하거나 위장한다든지, 또는 남에게 비난의 화살을 쏘아서는 안 된다. 실패에 대해 솔직하고 겸손해야 한다. 인간은 불완전한 존재라는 것을 인정하고 끊임없이 평가와 문제 해결을 하는 것이 좋다.

자동차 정비, 비행기 정비에는 철저함과 안전주의가 요구된다. 정비 작업도 일종의 평가라고 할 수 있다. 2012년 11월 15일에 일어난 공군 항공기 T-50B의 추락 사고는 정비사의 실수 때문인 것으로 드러났다. 사고 발생 3일 전에 정비를 했는데 항공기의 상승과 하강을 조종하는 피치 조종 계통을 정비하면서 이 장치에 꽂았던 차단선을 뽑지 않아 사고가 발생했다고 한다. 이 차단선을 뽑지 않은 것은 의사가 복부 수술을 한 뒤 실수로 수술 도구를 환자의 몸 안에 그대로 둔 채 절개 부위를 꿰맨 것과 같다고 한다. 정비 부실에 책임을 느낀 감독관은 숨진 조종사의 장례식에 참석했다가 심한 자책감을 느껴 며칠 후 스스로 목숨을 끊고 말았다. 악마는 사소한 데 숨어 있다. 평가의 중요성을 다시 깨닫기 바란다.

■ **학습을 위한 질문**

1. 평가의 진정한 목적은 무엇인가?

2. 왜 평가는 수시로 해야 하는가?

3. 평가 기준은 어떻게 정하는 것이 좋은가?

일과 휴식

| 첫번째 |

일의 소중함을 깨닫자

일의 가치

'일하다' 라는 말의 사전적 정의는 '보다 쓸모 있고 아름다워지도록 사물이나 생물을 변형시키거나 옮기고, 또 이러한 변형을 지배하는 법칙을 연구하고 수립하거나 적용하는 것' 이다. 인생의 모든 시간을 크게 삼등분하면 일하는 시간, 자는 시간, 개인 시간으로 나눌 수 있다. 일하는 시간은 일생의 3분의 1을 차지할 뿐 아니라 가장 양질의 시간이다. 그러므로 일하는 시간을 귀중히 여기고 잘 다스려야 한다. 억지로 일하거나 대충 시간만 보낸다면 값진 시간을 낭비하는 것이다.

일은 자기 자신의 모습을 비춰 주는 거울과 같다. 사람이 활기차게 일을 하면 그 사람의 육체와 정신도 틀림없이 건강할 것이다. 일은 그 사람이 과거에 어떤 길을 걸어왔는지를 말해 준다. 그것은 그 사람의 경력을 보면 알 수 있다. 또한 일은 미래의 진보와 발전을 예측할 근거를 마련해 준다. 자연스러운 활동인 일은 공기, 물, 음식과 같이 생존에 필요한 필수조건이다. 모든 것이 다 갖추어진 에덴동산에서도 아담과 하와는 일을 했다.

어느 날 예수님은 제자들이 이해할 수 없는 이상한 말씀을 하셨다. "나의 양식은 나를 보내신 이의 뜻을 행하며 그의 일을 온전히 이루는 이것이니라."(요 4:34) 예수님에게 일이란 하나님의 뜻을 이루는 것이고, 그의 양식 곧 힘의 원천, 기쁨의 원천이 된다는 뜻이다.

현대 사회에서 자기 일을 가지고 있다는 것은 더할 나위 없이 행복한 일이다. 성공한 사람들에게 "지금까지 살면서 가장 가치 있다고 생각되는 것이 무엇입니까?"라고 질문하면 대부분 "나는 보람 있는 일을 가졌고, 그것을 즐기며, 그 일을 통해서 다른 사람을 유익하게 하고 있습니다."라고 대답한다.

예수님 역시 자신의 일을 발견하고, 자신의 일을 충분히 즐기신 분이었다. 예수님은 하나님으로부터 받은 사명을 깊이 인식하였고 그 일을 기쁨으로 완성하였다. 그래서 "나를 보내신 이의 일을 우리가 하여야 하리라 밤이 오리니 그때는 아무도 일할 수 없느니라"(요 9:4) 하며 시간을 아껴 열심히 일했다.

오랫동안 사람들은 일을 불명예스러운 것 또는 신의 형벌로 간주해 왔다. "네가 얼굴에 땀이 흘러야 식물을 먹고"(창 3:19)라는 성경 말씀을 오해하였기 때문이다. 옛날에는 육체노동과 많은 정신노동까지 노예들이 했다. 로마에서는 문법학자와 수학자도 노예들이었다. 오래전 우리나라에서도 선비는 일하는 것을 기피했다. 조선시대까지만 해도 사농공상(士

農工商)의 제도가 존속해 있었다. 노예처럼 일하는 것, 즉 아무 자유도 없고 보람도 없는 일을 하는 것은 불행한 것으로 여겼다.

하지만 순수한 의미에서 일은 참으로 복된 것이다. 일이 지긋지긋하다면 그것은 일의 가치와 일하는 방법을 모르기 때문이다. 자기가 하는 일을 좋아하는 것보다 더 자연스러운 일이 어디 있겠는가? 일은 권태와 악덕과 빈곤을 몰아낸다. 일은 상상할 수 있는 모든 불행에 대한 구제책이다. 셀리는 "영혼의 기쁨은 일을 하는 데 있다."고 말했다. 일은 인간을 구원해 주지만 나태는 인간을 쓸데없는 후회와 위험한 공상, 질투, 증오의 희생물로 만든다.

거시적으로 보면 나라의 통치 기술 중 첫 번째 규칙은 어떤 희생을 치르더라도 국민이 계속 일을 하도록 하는 것이다. 일에 싫증내는 국민은 다스리기가 힘들지만, 일이 쓸모 있다고 믿고 그에 몰두하는 국민은 이미 행복한 국민이다. 로마가 멸망할 당시 일 년에 휴일이 176일이었다. 그들은 일하기를 싫어했다. 대신 목욕하기와 격투기 관람을 좋아했다. 그러다가 멸망했다. 행복한 인생이 되려면 일을 복으로 생각해야 한다.

일이 우리에게 주는 구체적인 유익은 무엇인가?

(1) 생계를 유지할 돈을 제공한다.

(2) 시간을 효율적으로 사용하게 한다.

(3) 권태와 잡념을 물리치게 한다.

(4) 자녀 교육과 노후 대책을 마련해 준다.

(5) 건강하게 한다.

(6) 스트레스를 예방해 준다.

(7) 몰입의 경험을 준다.

(8) 방탕에 빠지지 않게 한다.

(9) 자아실현의 기회를 준다.

(10) 사회적인 위치를 보여 준다.

(11) 사회적인 교제를 가능하게 한다.

(12) 휴식의 기쁨을 준다.

(13) 자신의 적성을 발견하게 한다.

(14) 국가를 유지시키고 발전하게 한다.

(15) 개인의 창조력을 높이고 인류의 문화와 문명의 발전에 이바지하
게 한다.

노후 대책은 젊어서 시작하는 것이 현명한데 가장 좋은 방법은 일생
동안 자기 일을 가지고 있는 것이다. 현재 우리 사회는 60세 전후로 은
퇴를 하지만 보통은 90세 가까이 산다. 만약 일이 없다면 은퇴 후의 30
년은 괴로운 삶이 될 것이다. 예전이나 지금이나 '일자리 창출'은 국가
가 지향하는 가장 큰 정책이다. 예수님도 일에 대하여 많은 교훈을 주셨
다. 일거리를 구하는 것과 일을 잘 마치는 것의 중요성을 비유를 들어 말
씀하셨다(마 20:1~16). 일이 있다는 것은 참으로 복된 것이다. 일의 가치
를 새롭게 인식해도 삶에 많은 변화가 일어난다.

일은 사명을 완수하는 수단이다

일(work)이란 물질적이고 사회적인 필요를 위해서 하는 모든 것을 말
한다. 노동(labor)이란 생계를 유지하기 위해 하는 것이고, 직업(job)은 돈
을 벌기 위해 하는 것이다. 일, 노동, 직업이 비슷한 뜻을 지니고 있지만
약간씩 차이가 있다. 위의 셋 중에서 제일 넓은 범주가 '일'이다.

창세기를 보면 하나님은 창조주로서 엿새 동안 창조 사역을 열심히 한 분으로 묘사되어 있다. 그리고 사람에게 이 땅의 모든 만물을 관리하도록 일을 주셨다(1:26~28). 또 아담에게는 에덴동산에서 농사를 짓도록 하셨다(2:15). 그런데 아담이 타락하여 일이 저주로 변했다. "땅은 너로 인하여 저주를 받고 너는 종신토록 수고하여야 그 소산을 먹으리라 … 네가 얼굴에 땀이 흘러야 식물을 먹고."(3:17, 19) 이 말씀은 일 자체가 저주라는 뜻이 아니다. 일이 생계의 수단으로 전락할 때 저주가 된다는 것이다.

일은 인간의 가장 자연스러운 행위다. 시편 기자는 "해가 돋으면 물러가서 그 굴혈에 눕고 사람은 나와서 노동하며 저녁까지 수고하는도다"(시 104:22~23)라고 말했다. 성경의 다른 부분에서도 일은 의무이며 일하는 것을 미덕으로 간주하고 있다. 느헤미야는 "백성이 마음 들여 역사했기"(느 4:6) 때문에 예루살렘 성벽이 신속히 재건되었다고 회상했다. 잠언 31장 10~31절은 '일을 열심히 하는 여인상'을 그리고 있다. 잠언은 실제적인 지혜에 대해 기록한 책인데, 제일 마지막 부분에서 '한 여인의 모습'을 묘사하고 있다. 그 여인은 스스로 여러 가지 일을 하고 있다. 그녀는 일하는 것을 자기의 기본 의무로 여기고 있다.

바울 사도는 데살로니가 교인들에게 "형제들아 권하노니 … 너희 손으로 일하기를 힘쓰라"(살전 4:10~11)고 했다. 당시 교인들 가운데 신앙생활에 몰두한다는 핑계로 일상생활을 게을리하는 사람이 있었는데 바울 사도는 그런 행동은 부도덕한 일이라고 그들에게 경고한 것이다.

잠언은 일하지 않는 사람에 대하여 다음과 같이 기록하고 있다. "게으른 자는 마음으로 원하여도 얻지 못하나 부지런한 자의 마음은 풍족함을 얻느니라."(13:4) "게으름이 사람으로 깊이 잠들게 하나니 해태한 사람은 주릴 것이니라."(19:15) "게으른 자의 정욕이 그를 죽이나니 이는 그 손으로 일하기를 싫어함이니라."(21:25) 성경의 또 다른 곳에서도 게으름과 태만에 대하여 부정적으로 말하고 있다. "게으른즉 서까래가 퇴락하고 손이 풀어진즉 집이 새느니라."(전 10:18)

하나님은 그의 자녀들에게 일하게 하셨다. 하나님은 부지런한 자에게 복을 내리시는 반면, 게으른 자에게는 복을 내리지 않으신다. 모든 사람이 의무라는 생각을 가지고 부지런히 일을 해야 덕스러운 것이다. 반면 일을 기피하거나 게으른 것은 악덕이다. 모든 일 가운데에서 가장 우선적인 것은 자기의 기본 책임이다. 사사기 9장 8~15절에 나오는 '네 가지 나무의 비유'는 자신의 기본 책임이 가장 중요함을 깨우치는 이야기다. 일을 신성하게 여기자. 일은 하나님께서 각 사람에게 주신 사명을 완수하는 수단이다.

그리스도인과 비그리스도인의 일하는 태도가 달라야 하는 점

그리스도인은 모든 면에서 비그리스도인과 달라야 한다. 그렇지 못하면 그들을 인도할 수 없다. 일하는 태도에서도 그리스도인은 확연히 달라야 한다. 달라야 할 점을 세 가지로 요약하면 다음과 같다.

첫째, 일을 선하게 여겨야 한다. 성경에서 일은 하나님의 창조 역사와 함께 시작된다. 하나님은 창조적인 예술가이시고 왕성하게 일하시는 분이다. 하나님의 일은 세상 창조로 끝나지 않고 역사를 통해 계속되고 있다. 하나님께서는 졸거나 주무시지 않고 그의 백성을 항상 보호하신다(시 121편). 예수님 역시 일하시는 분으로, 30세까지 목수로 살았다. 공적 생활을 하면서는 일의 가치에 대해 자주 말씀하셨다(요 9:4, 4:34, 5:17

등). 하나님과 예수님을 닮아 우리도 열심히 일해야 한다.

둘째, 일의 목적이 숭고해야 한다. 비그리스도인은 물질적인 보수를 우선으로 생각한다. 그래서 "월급이 얼마인가?" "그게 내게 유익이 있어?"라는 말을 우선적으로 한다. 즉 일의 공리적인 목적에 관심을 두는 것이다. 하지만 그리스도인은 하나님의 뜻을 이루기 위해 일을 한다. 창세기 2장 15절에는 "여호와 하나님이 그 사람을 이끌어 에덴동산에 두사 그것을 다스리며 지키게" 하셨다고 기록하고 있다. 일의 목적이 숭고하므로 억지로가 아니라 자발적이고 기쁨으로 일을 하게 된다.

셋째, 일을 우상시하지 말아야 한다. 많은 사람들이 일 중독증 환자다. 일은 선하지만 일에만 몰두하는 것은 악덕이다. 하나님께서 "너는 나 외에는 다른 신들을 네게 있게 말지니라"(출 20:3)고 하셨는데 일은 금지된 우상 가운데 하나가 될 수 있다. 일하기 좋다고 건강을 해치면서까지 일하고, 돈 버는 것이 좋다고 주일도 지키지 않고 일하는 것은 분명 해로운 일이다.

■ 학습을 위한 질문

1. 일하는 가치에 대해 말해 보라.

2. 일이 없다면 어떤 현상이 일어날까?

3. 그리스도인은 어떤 태도로 일해야 할까?

| 두번째 |

올바른 방법으로 일하자

최선을 다해 일하자

가치가 있는 일이라면 최선을 다해 일해야 마땅하다. 성경에는 일하는 방식에 대한 기록이 많이 나온다. "잘 하였도다 착하고 충성된 종아 네가 작은 일에 충성하였으매 내가 많은 것으로 네게 맡기리니 네 주인의 즐거움에 참예할지어다."(마 25:21)

하나님께서는 최선을 다해 천지를 창조하셨다. 그것을 어떻게 알 수 있는가? 창세기 1장 31절에 단서가 나온다. "하나님이 그 지으신 모든 것을 보시니 보시기에 참 좋았더라." 하나님은 성취감을 만끽하셨다. 창조 사역에 최선을 다하셨기 때문에 창조물을 바라보고 기뻐하신 것이다. 예수님도 30세까지 열심히 목수 일을 하셨다. 3년 동안의 공생애도 최선을 다해 사셨다. 야곱은 외삼촌 라반의 집에서 20년 동안 열심히 일해서 큰 부자가 되었다. 요셉은 어떤 일이 닥치든 힘을 다해 일함으로 자신의 앞날을 개척해 나갔다. 예수님의 '달란트 비유'에 나오는 5달란트, 2달란트 받은 자는 주인에게 인정받고 칭찬받은 훌륭한 일꾼이었다.

일을 잘하는 사람은 그만이 가진 독특한 이미지와 품위가 있다. 한마디로 매력이 있다. 그런데 인물은 훤칠하게 생겼으나 속빈 강정과 같은 사람도 적지 않다. 또한 인망은 있으나 일에는 서툰 사람도 많다. 성경은 일에 대한 의무감과 근면성을 미덕으로 간주하고 있다. 하나님께서 모세에게 십계명을 주실 때 "엿새 동안은 힘써 네 모든 일을 행할 것이나 제칠일은 … 아무 일도 하지 말라"(출 20:9~10)고 말씀하셨다. 솔로몬은 "무릇 네 손이 일을 당하는 대로 힘을 다하여 할지어다"(전 9:10)라고 했다. 근면성은 시대를 초월해서 인정받는 보편적인 미덕이다.

사람들은 선천적으로 게으른 성질을 가지고 있다. 힘껏 일하려고 하지 않는다. 그런 현상은 현대인들에게서 더욱 뚜렷이 보인다. 복잡하고 힘든 일은 컴퓨터나 기계가 해 주기 때문이다. 그럴수록 의도적으로 몸과 머리를 많이 써야 건강해지고 명석해진다. 근면은 몸과 마음을 건강하게 만든다. 슈바이처 박사는 "모든 병에 대한 가장 효과적인 예방은 부지런히 일하는 것"이라고 했다. 근육의 운동은 평화를 가져온다는 사실을 잊지 말자.

자연적인 법칙은 우리에게 이렇게 속삭인다. "항상 일을 하시오. 게으름을 피우지 마시오. 그러면 확실히 보상을 얻을 것이오." 근면은 비전과 목표를 달성하게 한다. 큰 꿈을 지닌 사람은 생각하는 사람, 계획하는 사람, 일하는 사람이 되어야 하고, 그런 이유로 인해 비전은 근면과 성실과 노력을 필요로 한다.

어떻게 해야 근면한 습관을 기를 수 있을까?

분명한 목표를 세우고 그 목표를 향해 열심히 일하면 근면한 성품을 기를 수 있다. 그렇게 하다 보면 게으름은 자연히 소멸된다. 몸이 허약해서 부지런히 움직일 수 없는 사람은 건강을 회복해야 한다. 자꾸만 일을 뒤로 미루는 습성이 있는 사람은 결단력과 의지력을 길러서 제때 일을 해야 한다. 리듬을 살려서 일하는 것도 좋은 방법이다. 일과 휴식이 조화를 이루어야 효과적이다. 리듬에 거역하지 말고, 리듬에 따라 일하라. 강물을 거슬러 노를 젓지 말라. 장기간 무리를 하면 반드시 몸과 마음이 상한다. 근면하되 현명할 것을 권한다.

위대한 사람들은 범인들이 상상할 수 없을 정도로 열심히 일했다. 비전도 근면과 잘 결합해야 성취할 수 있는 것이다. 비전 없는 행동은 방향 감각을 상실하기 쉽고, 열정적인 노력이 수반되지 않는 비전은 옅은 공기 속으로 쉽게 사라지기 마련이다. 그렇게 열심히 일한 자는 휴식을 취할 권리가 있다. 목표를 훌륭하게 달성했다면 일시적으로 적당히 게으름을 피워도 좋다.

즐겁게 일하자

전도서에서는 "자기 일에 즐거워하는 것보다 나은 것이 없나니 이는 그의 분복이라"(전 3:22)고 했다. 일할 때는 무리하는 것보다 즐기면서 하는 편이 좋다. 공부도 그렇다. 즐거운 마음으로, 가능하다면 보기 좋은 모습과 편안한 마음으로 일하는 것이 좋다. 일하는 기쁨은 누구에게나 열려 있다.

그런데 일을 즐겁게 하려면 어떤 태도로 해야 할까?

첫째, 자기가 좋아하는 일을 하는 것이다. 가장 행복한 사람은 일과 취미와 재능이 일치하는 사람이라고 한다. 좋아하는 일을 하면 일과 취미가 일치한다. 자기가 하고 싶고 좋아서 하는 일을 만나면 우선 즐겁고 신바람이 나서 얼굴 표정부터 밝아진다. 좋아서 하기 때문에 활력이 샘솟는다. 그 기운은 다른 사람에게 전파되고 그가 일하는 분위기도 밝아진다. 현대그룹의 창시자인 고 정주영 회장은 일을 매우 좋아하는 사람이었다. 그는 새벽이 빨리 오지 않는다고 안타깝게 여겼으며 매일 새벽 3시에 일어나 일을 하였다. 발명가 에디슨은 근 90세까지 건강하게 살았다. 그는 하루에 18시간씩 정열적으로 연구에 몰두했다. 그는 이렇게 말했다. "나는 일한 것이 아니다. 그것은 무한히 즐거운 오락이었다." 일을 의무로만 생각하면 머리가 굳어져서 창조성이 나오지 않는다. 정년 이후에는 정말 자기가 좋아하는 일을 하면서 살아야 한다.

둘째, 일에 몰두하는 것이다. 좋아하는 일, 잘하는 일을 할 때는 쉽게 몰두하게 된다. 전심전력, 모든 것을 잊고 일에 열중하면 삼매경(三昧境)을 경험하게 된다. 모든 것을 잊고 곡의 흐름에만 온 정신을 집중해서 연주하는 피아니스트나, 그 음악에 온 정신이 몰입해 있는 청중의 모습에서도 모든 시간과 공간이 멈춘 것 같은 삼매경을 볼 수 있다. 그러나 집중에도 한계가 있다. 그래서 집중 시간을 정해 두는 것이 필요하다. 90분, 60분, 혹은 30분도 좋다. 자신의 페이스에 맞추어 집중 시간을 정하는 것이 좋다. 일하는 시간과 휴식 시간의 간격을 잘 유지하도록 한다.

셋째, 일을 잘 완성하는 것이다. 작은 일이라도 탁월하게 완성하도록 하라. 일이 완성된 후의 기쁨은 이루 말할 수 없다. 『런던타임즈』에서 독자들을 상대로 '행복한 마음이란 무엇인지 정의해 보라'는 설문을 낸 적이 있다. 그 설문에 당선된 행복의 내용은 다음과 같았다. 첫 번째는 모래성을 막 완성하고 난 어린아이의 마음이요, 두 번째는 아기를 목욕시키고 난 어머니의 마음이요, 세 번째는 공예품을 완성하고 난 장인(匠人)의 마음이요, 네 번째는 어려운 수술을 성공하여 한 생명을 구해 낸 의사의 마음이라고 했다. 이 네 가지 사항의 공통점은 어떤 일을 훌륭하게 완성한 후의 성취감이었다는 것이다.

넷째, 이왕 해야 할 일이라면 즐겁게 하는 것이다. 나에게 닥친 일이 모두 즐거울 수만은 없다. 일을 억지로 한다면 능률도 오르지 않을 뿐 아니라 자칫 사고도 나기 쉽다. 해야 할 일이라면 남이 지시할 때까지 기다리지 말고 자발적으로 먼저 하는 것이 좋다. 일을 놀이로 바꾸라. 열심히 일하고 일에서 재미를 느끼라.

다섯째, 어려운 일에도 도전해야 한다. 사람은 쉬운 일, 지름길을 택하려는 경향이 있다. 그런데 힘든 일을 피하면 당장은 편하지만, 가면 갈수록 더욱 큰 불편과 손해를 초래할 수 있다. 일을 시작하기 전에 꿈같이 여겨지던 일을, 용기를 갖고 착수하여 완수하고 나면 가슴이 벅차오르는 감격을 맛볼 수 있다. 고난을 극복하고 정복했을 때 얻는 기쁨은 특별하다. 그리고 진정한 만족과 행복을 위해 약간의 불편은 받아들여야 한다. 즐거움을 나중으로 미루고 현재의 고통을 감수하는 연습을 해야 한다. 천신만고하여 높은 산에 올라간 사람은 산 밑을 바라보는 기쁨으로 산에 올라갈 때의 모든 수고를 잊을 수 있다. 오래 전에 에피쿠로스는 "어려움이 크면 클수록 그것을 극복한 후의 영광은 더욱 찬란한 법이다."라고 했다.

여섯째, 일을 성취한 뒤에 자기 자신에게 대접하는 것을 잊지 마라. 맛있는 음식을 먹는 것도 좋고, 산보를 하거나 여행을 가는 것도 좋다. 자기가 자기를 대접하는 기쁨은 독특한 기쁨이다.

일곱째, 다른 사람과 함께 일하는 기회를 많이 가져보라. 혼자 하는 운동은 지속하기 힘들다. 그러나 함께 운동하면 오래 지속할 수 있고 기쁨도 얻을 수 있다. 팀워크를 이루어 일을 하면 즐거움을 나눌 수 있고 효과도 더욱 높일 수 있다.

여덟째, 지식과 기술을 꾸준히 연마하라. 일을 미숙하게 하면 실수가 많고 결과도 신통치 못하다. 창의성을 발휘하여 전문적인 방식으로 수행한다면 즐거움도 증가될 것이다. 또한 일에 숙달되면 여유로운 마음을 가지고 즐길 수도 있을 것이다.

아홉째, 일에다 비전을 동여매라. 현재의 일을 자신의 비전과 밀착시키는 것이다. 머슴살이를 하던 야곱의 이야기를 통해 우리는 일을 꿈과 연결시키는 것이 얼마나 효과적인지를 잘 알 수 있다. "야곱이 라헬을 위하여 칠 년 동안 라반을 봉사하였으나 그를 연애하는 까닭에 칠 년을 수일 같이 여겼더라."(창 29:20) 야곱은 라헬을 아내로 맞고 싶은 꿈이 있었기 때문에 세월 가는 줄도 모르고 일에 몰두할 수 있었다.

일하는 것을 고역으로 생각하면 인생이 불행하다. 어떤 노동이라도 그것은 신성한 것이다. 일하는 자체에 기쁨이 있고 사는 보람도 있다. 돈을 벌기 위해 일한다는 생각보다 보람 있는 일을 했더니 돈이 주어지더라는 생각이 정당하다. 우리 그리스도인들은 하나님 나라의 확장을 위해서 일하는 하나님의 거룩한 동역자다. 내가 하는 모든 일을 통해 하나님께 영광 돌리고 있다고 생각하면 일이 어찌 즐겁지 않겠는가.

일을 탁월하게 하자

일을 잘하는 사람들에게는 다음과 같은 공통점이 있다.

(1) 왜 일을 해야 하는지 일에 대한 철학과 핵심 가치를 안다.

(2) 목표의식을 가지고 일을 추진한다. 그리고 모든 개개의 행동을 목표에 맞게 조직한다.

(3) 한 가지 일에 열중한다. 즉 집중력이 뛰어나다.

(4) 누구보다도 일찍 일을 시작한다. 출근도 일찍 하고, 일도 일찍 시작한다.

(5) 착수한 일은 반드시 마무리 짓는다.

(6) 자기 페이스를 살려 서두르지 않고 일한다.

(7) 남의 지시에 의존하지 않고 스스로 일을 찾아 즐겁게 한다.

(8) 자신의 장점과 단점을 잘 알아 장점을 살리고 단점을 경계하면서 일한다. 실수를 허용하지 않으려고 노력한다. 작은 일도 철저하게 처리한다.

(9) 돌발 사태나 위기를 만나도 당황하지 않고 침착하게 일한다.

(10) 공적인 일과 사적인 일을 명확히 구분하여 일한다.

(11) 익숙하게 할 수 있는 일이라도 거기에 만족하지 않고 늘 반성하고 점검하여 개선한다.

(12) 일할 때에 행동의 유연성을 잘 살린다. 일의 적정 속도를 지킨다. 그리고 포기해야 할 때는 빨리 포기한다.

(13) 일의 지침서(매뉴얼)를 잘 지키며 일한다.

(14) 일할 때 가장 효과적인 수단과 도구, 그리고 가급적 가장 좋은 환경을 구비하여 일한다.

(15) 기분에 좌우되지 않고 목표와 계획에 자신의 의지를 맞춘다.

(16) 시대 흐름을 빠르고 정확하게 파악한다. 즉 시대감각이 뛰어나다.

(17) 남의 시선, 칭찬, 비평에 좌우되지 않고 묵묵히 일을 추진한다.

(18) 자신의 능력에 크게 못 미치는 일은 섣불리 시도하지 않으며 남에게 위임할 수 있는 일은 남에게 맡긴다.

(19) 일의 목적과 방법이 정당하고 정직하여 윤리적으로 문제가 없다.

(20) 일을 통해서 하나님을 영화롭게 하고 있다는 믿음을 가지고 일한다.

■ 학습을 위한 질문

1. 나는 해야 할 일에 최선을 다하고 있는가?

2. 즐겁게 일하기 위한 방법을 세 가지만 골라보라.

3. 위에 기록된 '일 잘하는 사람들의 공통점'을 읽고 각 항목의 최고점을 5점, 최하점을 1점으로 하여 자신의 점수를 매겨 보라. 100점이 만점이다.

협동의 기술을 배우자

가정생활이나 직장생활, 그리고 교회생활을 할 때 서로 힘을 합쳐 일을 하면 소위 윈-윈(win-win)하는 효과를 거둘 수 있다. 잘 협동하는 사람은 승승장구하지만 그렇지 못한 사람은 매사에 어려움을 겪는다. 여기에서는 팀으로 일하는 기술, 일을 분담하는 기술, 협력을 이끌어 내는 기술에 대해 생각하고자 한다.

팀으로서 일하는 기술

팀이란 '공통의 목표를 향하여 상호 협력하는 둘 이상의 사람들' 이라고 정의할 수 있다. 팀은 개인적으로 일할 때보다 더 많은 일을 성취하도록 도움을 준다. 각자 하는 것보다 두 사람이 함께 일하는 것이 더 많은 일을 성취할 수 있다.

이러한 팀의 원리가 전도서에 명백히 기록되어 있다. "혼자보다는 둘이 더 낫다. 두 사람이 함께 일할 때에, 더 좋은 결과를 얻을 수 있기 때문이다. 그 가운데 하나가 넘어지면, 다른 한 사람이 자기의 동무를 일으켜 줄 수 있다. 그러나 혼자 가다가 넘어지면, 딱하게도, 일으켜 줄 사람이 없다. 또 둘이 누우면 따뜻하지만, 혼자라면 어찌 따뜻하겠는가? 혼자 싸우면 지지만, 둘이 힘을 합하면 적에게 맞설 수 있다. 세 겹 줄은 쉽게 끊어지지 않는다."(4:9~12, 새번역) 성경은 한 사람이 효과적인 팀의 구성원이 될 때 일의 양과 질이 모두 개선된다고 말한다.

예수님도 이 원리를 아시고 끊임없이 적용하셨다. 예수님은 열두 명을 한 팀으로 구성하여 자신이 승천하신 후에 지상에서 사역하도록 그들을 훈련시키셨다. 마가복음 6장 7~13절에는 예수님이 열두 제자를 두 사람씩 6개 팀으로 나누어 보내어 복음을 전파하고, 병든 자를 치료하고, 귀신들을 쫓아내도록 한 사실이 기록되어 있다. 그는 제자들에게 공통의 목표를 성취하기 위해 팀을 이루어서 일하도록 가르치셨다.

교회는 전체가 하나의 커다란 팀인 동시에 각 부서라는 작은 팀으로 조직되어 있다. 따라서 공동체에서는 팀워크 형태의 시스템을 유지하며 일하는 것이 효율적이다.

팀워크 형태의 시스템이란 어떤 것인가?

- 각자가 분명한 과제를 가지고 있다. 팀의 구성원들은 자기의 과제를 분명히 알고 있으며, 그 과제를 성취하기 위해 서로 이해하고 자발적으로 협동한다.
- 의사소통의 통로가 열려 있다. 분위기는 자유로우며, 허심탄회하게 서로의 견해를 교환할 수 있다. 좀 이상한 제언이라도 용납된다.

- 서로를 전적으로 믿는다. 이 신뢰감은 진실성, 약속을 지킴, 확실한 보장 여부에 달려 있다.
- 상호간에 도움을 준다. 구성원들은 상대방을 열심히 도와줄 마음의 준비가 되어 있다.
- 개별성도 존중한다. 어떤 과제는 개인적으로 해야 더 효과를 거둔다. 예를 들면 아이디어 창출과 같은 것이다.
- 각자의 역할을 분명히 한다. 그럴 때 과제와 필요한 수단을 정할 수 있다.
- 문제를 함께 해결한다. 구성원들의 가치관과 우선순위 감각이 서로 다르기 때문에 갈등이 일어날 소지가 많다. 하지만 이런 상이점이 존재한다는 것은 건강하다는 표지다. 우선 문제가 무엇인지 파악하고 창의적으로 해결해 가도록 노력한다. 상이점을 건설적이고 창의적인 형태로 변화시키는 기술이 있어야 한다.

위의 원칙을 가정, 교회, 직장에서 모두 활용하여 효과를 거두도록 한다.

일을 분담하는 기술

어느 조직이건 일을 잘 분담해야 한다. 어떤 사람은 너무 바쁜데 어떤 사람은 너무 한가하다면, 그 조직은 균형을 잃기 쉽고 사람들끼리 갈등하기도 쉽다. 그러므로 각자에게 적절한 업무가 배정되어야 한다. 일을 분담하는 기술 중의 하나가 위임이다. 위임은 자기 일의 일부를 맡기되 책임과 권한을 함께 주고 그의 활동에 늘 관심을 갖는 것이다. 상사는 자질구레한 일, 기술적인 일, 부하가 자기보다 더 잘할 수 있는 일을 과감히 위임해야 한다. 가정에서 남편이 아내에게 혹은 아내가 남편에게, 부모가 자녀에게 위임할 수 있는 일이 있다. 교회에서도 이 위임의 기술을 잘 활용해야 한다.

이집트에서 그의 백성을 인도해 낸 모세는 지식과 권위가 탁월한 지도자로서 튼튼한 건강도 소유하고 있었다. 그런데 광야에서 이스라엘을 인도할 때 그는 백성들 사이에서 일어나는 모든 문제를 자신이 해결해 주려고 고집하였다. 그래서 크고 작은 일 때문에 몹시 바빴고 성경에 기록된 대로 '아침부터 저녁까지' 쉴 틈이 없었다. 요즘으로 말하면 모세 혼자서 지방법원, 고등법원, 대법원의 일을 처리하고 아무에게도 위임하지 않은 것이다. 현명한 제사장이며 그의 장인인 이드로는 하찮은 일로 인해 지도자의 시간이 헛되이 사용되고 있는 것을 알게 되었다. 그는 현명한 상담역으로서 모세에게 말했다. "그대의 하는 것이 선하지 못하도다 그대와 그대와 함께 한 이 백성이 필연 기력이 쇠하리니 이 일이 그대에게 너무 중함이라 그대가 혼자 할 수 없으리라."(출 18:17~18)

우리는 모세가 장인에게 어떤 대답을 했는지 알지 못하나 아마 변명조로 이렇게 말했을 것 같다. "장인어른의 말씀이 절대로 옳습니다. 100% 동의합니다. 저는 밤을 새서 처리할 만큼 일이 과중합니다. 저도 위임하고 싶습니다. 그러나 장인에게만 말씀드리지만, 어떤 사람에게 일을 맡겨야 할지 고민입니다. 제 눈에는 모두 무능해 보이기 때문입니다."

이드로는 두 가지 방법을 제시하였다. 첫째 백성들에게 율법을 가르치고, 둘째 유능한 지도자를 선택해서 전권을 주고 작은 일과 평소의 일을 맡기라는 것이었다. 모세는 자신의 고집을 버리고 장인의 의견을 받아들였다. 그 결과 어떻게 되었을까? 모세는 과중한 업무로부터 해방되어 중요한 결정과 장기 계획에 집중할 수 있었다. 백성은 훈련을 받고 조직화

되어 강한 공동체를 이루고 능히 가나안에 진군할 수 있었다.

사도행전 6장 1~6절에는 열두 제자가 구호 사업을 하는 일에 너무 바빠서 말씀 전하는 일이 어려워지자, 7명의 집사를 뽑아 안수하고 그들에게 일을 맡긴 기록이 있다. 그래서 사도들은 중요한 일에 몰두할 수 있었다.

위임을 잘하면 조직체는 생기 있게 되고 개인의 능력도 자란다. 독불장군(獨不將軍)이란 어떤 일이든 혼자 제 생각대로만 처리하는 사람을 일컫는다. 공동체에서는 독불장군식으로 행동해서는 안 된다.

협력을 이끌어 내는 기술

주변에 나를 도와주는 사람이 있으면 큰 힘이 된다. 모세는 형 아론과 부하인 여호수아와 갈렙의 도움을 받아 가나안 땅에 갈 수 있었다. 조선조의 정조대왕은 정약용과 채제공 같은 훌륭한 신사의 도움으로 2년 내에 화성(수원성)을 건축할 수 있었다. 미국에서는 집을 지을 때 이웃과 의논하여 자기도 살기에 편하고 옆집에서 보기에도 좋은 집을 함께 설계한다고 한다. 심지어 자기 집 벽에 페인트칠을 할 때에도 옆집 사람들에게 어떤 빛깔이 좋은지 물어본다고 한다.

협력을 이끌어 내는 기술을 기른다면 일의 성취도를 높일 수 있고, 개인의 고립화와 이기주의를 막아 좋은 인간관계를 맺을 수 있다. 서로 도움을 주고받을 때는 당연히 친해진다. 일생을 같이 사는 부부라 할지라도 상대방에게 올바르게 도움을 요청해야 한다. 상대방이 알아서 해 주겠지 하고 생각하는 것은 잘못이다.

그렇다면 우리는 어떻게 다른 사람으로부터 협력을 이끌어 낼 수 있을까? 다음과 같이 행동해 보라.

- 상대방에게 늘 겸손한 태도로 대한다.
- 무엇을 도와 달라고 솔직하게 말한다. 부탁하는 이유를 상대방에게 잘 납득시킨다.
- 지극히 개인적인 일은 부탁하지 않는다.
- 언제나 신의를 지킨다. 말에 일관성이 있어야 하고, 약속 시간을 잘 지켜야 한다.
- 예절을 지킨다.
- 전화를 하거나 혹은 직접 만남으로써 정기적으로 접촉한다.
- 도움을 받은 후 적절한 방법으로 감사를 표시한다.

　최상의 도움은 하나님께로부터 온다. 그리스도인은 사람만 의지해서는 안 된다. 하나님을 향한 건전한 믿음을 키우고 그를 의지해야 한다. 하나님을 믿는 믿음을 갖게 되면 담대해지며, 그러한 믿음은 삶 전체에 긍정적인 영향을 미친다. 특히 한계 상황에 부딪쳤을 때, 인생의 궁극적 의미를 추구할 때, 사후 세계를 생각할 때 믿음의 힘은 절대적으로 작용한다.

■ 학습을 위한 질문

1. 팀워크의 효과는 무엇인가?
2. 나는 배우자나 자녀 혹은 다른 교인들에게 잘 위임하고 있는가?
3. 나는 다른 사람에게 분명하고도 효과적으로 협조를 요청할 수 있는가?

| 네번째 |

자신의 은사를 발전시켜라

누구에게나 독특한 재능이 있음을 알라

하나님은 인간에게 생명을 주실 때 각기 다른 천부적인 재능도 함께 주셨다. 그것을 이용하여 이 세상에서 쓸모 있고 행복하게 살라고 하신 것이다.

바울은 고린도 교회에 다음과 같이 편지했다. "은사는 여러 가지지만, 그것을 주시는 분은 같은 성령이십니다. 섬기는 일은 여러 가지지만, 섬김을 받으시는 분은 같은 주님이십니다. 일의 성과는 여러 가지지만, 모든 사람에게서 모든 일을 하시는 분은 같은 하나님이십니다. 각 사람에게 성령을 나타내 주시는 것은 공동 이익을 위한 것입니다. 어떤 사람에게는 성령을 통하여 지혜의 말씀을 주시고, 어떤 사람에게는 같은 성령을 따라 지식의 말씀을 주십니다. 어떤 사람에게는 같은 성령으로 믿음을 주시고, 어떤 사람에게는 같은 성령으로 병 고치는 은사를 주십니다. 어떤 사람에게는 기적을 행하는 능력을 주시고, 어떤 사람에게는 예언하는 은사를 주시고, 어떤 사람에게는 영을 분별하는 은사를 주십니다. 어떤 사람에게는 여러 가지 방언을 말하는 은사를 주시고, 어떤 사람에게는 그 방언을 통역하는 은사를 주십니다. 이 모든 일은 한 분이신 같은 성령이 하시며, 그는 원하시는 대로 각 사람에게 은사를 나누어 주십니다."(고전 12:4~11, 새번역)

교회가 부흥하는 원리는 매우 간단하다. 그것은 각자의 은사를 발견하고 적재적소에서 그 은사를 활용하여 봉사하는 것이다. 그리고 꾸준히 은사를 발전시키는 것이다. 세상의 모든 사람은 하나님께 독특한 은사를 선물로 받았다. 인간이 소유한 특별한 능력은 어떤 것이라도 하나님께서 주신 것이다. 위에 기록된 은사 외에도 은사는 매우 다양하다. 모든 전문 지식과 기술은 하나님이 주신 특별한 은사다. 우리는 이 모든 은사를 하나님을 위해 사용할 수 있다. 초대교회 성도들은 자신이 받은 은사를 활용하여 열심히 봉사했다. 각자 받은 은사를 교회 공동체 안에서 봉사하며 사용한다면 기적 같은 일들이 일어날 것이다.

많은 사람들이 자신에게 주어진 천부의 재능을 모르고 지낸다. 그 재능을 늦은 나이에 발견하기도 하고 전혀 발견하지 못한 채 세상을 떠나는 경우도 적지 않다. 미국의 한 농촌에 살던 모제 할머니는 79세에 뒤늦게 자신의 재능을 발견하고 그림을 공부하기 시작했다. 할머니는 81세에 미술 전람회에 입선하고 그 후 약 20년에 걸쳐 1,500점의 명화를 그렸다. 자신의 재능을 일찍 발견하고 그것을 갈고 닦는다면 누구나 그 분야에서 달인이 될 것이다.

인생을 뒤돌아보면 누구나 후회할 거리가 많다. 후회할 일은 크게 두 가지로 나뉘는데 하나는 할 수 있는 것을 하지 않은 것이고, 다른 하나는 하지 말아야 할 것을 한 것이다. 그런데 이 둘 중에서 더 심각한 것은 자신이 할 수 있는 것을 하지 않은 것이라고 한다. 후회 없는 삶을 살기 위해서는 일찍부터 자신의 재능을 발견하고 그것을 발전시켜서 그 방면에 대가가 되어야 한다.

전문가가 되자

일생은 결코 짧은 세월이 아니다. 자신의 꿈과 목표를 충분히 달성할 수 있는 시간이다. 그런데도 사람들은 왜 대부분 성공하지 못할까? 목표가 분명하지 않기 때문이다. 이것저것 시도해 보지만 어느 하나 눈에 띄게 성취하는 것이 없다. 한 가지를 정해서 꾸준히 10년을 파고든다면 가치 있는 일을 이루어 낼 수 있는데 말이다.

현대는 과거와 달리 전문화 시대다. 양이 아니라 질로 승부를 겨루는 세상이 된 것이다. 무엇이라도 뚜렷하게 한 가지를 잘해야 살아가기에 유리하다. 어느 한 가지를 유별나게 잘하면 많은 유익이 뒤따른다. 일단 자신감이 생기고, 이미지가 달라진다. 여러 사람에게 관심을 끌 수 있고, 많은 사람에게 좋은 영향을 줄 수 있다.

손님이 몰리는 음식점에 가 보면 왜 그 음식점이 번창하는지 원인을 알 수 있다. 음식 맛이 탁월하다든지, 종업원들이 친절하다든지, 위치가 좋다든지 등 타음식점과 다른 점을 쉽게 발견할 수 있다. 이 차별성이 일종의 전문성이라고 할 수 있다.

그리스도인은 일에서 탁월성을 추구해야 한다. 하나님을 위해서 하는 일이라면 탁월하게 잘해야 하기 때문이다. 따라서 하나님께서 주신 재능을 더욱 발전시켜야 할 책임이 있다. 재능을 발전시키지 않고 그대로 두면 "악하고 게으른 종"(마 25:26)이라는 책망을 면할 수 없을 것이다.

그렇다면 어떻게 해야 전문가가 될 수 있는가? 무엇보다도 한 가지 방면에 끊임없이 관심을 갖는 자세가 기본이다. 지속적으로 관심을 갖다 보면 자연스럽게 자료를 모으게 되고, 항상 생각하게 되고, 그 방면에 대해 더 공부하게 되어 자기도 모르는 사이 전문가로 발돋움하게 된다.

전문가가 되기 위한 구체적인 단계

첫째, 자신의 독특한 은사를 발견한다. 재능이나 소질은 교육에 의해 얻어지는 것이 아니라 선천적으로 타고 나는 것이다. 통계에 의하면 자신의 재능을 개발하고 그 재능과 부합하는 직업을 갖는 것이 성공의 지름길이라고 한다.

둘째, 한 가지 재능을 선택해서 꾸준히 연마한다. 다방면에 재주를 가진 사람도 많지만 우선은 한 가지 재능만 집중해서 발전시켜야 한다. "열두 가지 재주 가진 사람이 밥 굶는다."는 속담을 기억하라. 다방면에 놀라운 성공을 거두는 사람도 적지 않지만, 그런 사람들도 맨 처음에는 어느 한 가지에 먼저 집중하여 탁월하게 실력을 쌓았다는 점을 놓쳐서는 안 된다. 일류요, 프로가 된 사람은 장기적으로 열심히 연습하고 실력을 쌓은 사람이었음을 기억하자. 한 분야에 10년 이상 몰두해야 전문가 소리를 들을 수 있다. 전공을 위해 매일 연습해야 한다.

셋째, 자신의 재능을 활용할 수 있는 기회를 많이 갖는다. 전공과 일치하는 직장에서 일하는 것, 자신의 재능을 잘 활용할 조직에 참여하는 것이 좋다. 아무리 의지가 강하더라도 시스템으로 운영되지 않으면 그 재능을 계속 활용하기 어렵다. 음악을 전공한 그리스도인은 필히 교회의 찬양대에서 봉사해야 한다. 그래야 자기와 교회에 덕이 된다.

늘 배우고 익혀야 한다

어느 정도 노력하면 현 상태를 유지할 수 있다. 그리고 많이 노력하면 발전할 수 있다. 그러나 전혀 노력하지 않으면 퇴보하게 마련이다. 발전하기 위해서는 좀 지나칠 정도로 노력해야 한다. 배우고 익히는 것은 일생 동안 계속해야 하는 삶의 과정이다.

우리나라 사람들은 공부하기를 싫어하는 경향이 있다. 공부에 대해 편견을 가지고 있기 때문이다. 공부를 대학에 들어가기 위한 수단, 외국 유학에 통과해야 하는 수단, 취직에 합격하기 위한 수단, 혹은 판검사나 고위공무원이 되기 위한 수단으로만 생각하기 때문이다. 이런 태도로는 공부가 전혀 즐겁지 않다. 대부분의 사람이 대학을 졸업함과 동시에 손에서 책을 놓는다. 한국인의 독서량이 미국인이나 일본인에 비해 비교도되지 않을 만큼 미약한 것은 우려할 만한 일이 아닐 수 없다. 공부는 죽기 전까지 계속해야 하는 삶의 과정이다. 학교 정규교육 못지않게 계속교육, 성인교육도 중요하다.

그러면 왜 공부를 계속해야 하는가? 급변하는 시대에 적응하려면 새로운 지식과 기술이 필요하기 때문이다. 또 성인들이 변화되면 그 파급효과가 매우 크기 때문이다. 예를 들면 부모 교육을 받은 부모는 자녀들에게 지극히 좋은 영향을 끼친다. 관심 있는 분야를 택해 공부하면 많은 유익이 따를 것이다. "아는 것만큼 보인다."라는 말이 있다. 무식하면 인생과 환경이 제공하는 많은 혜택을 보지 못하고 기회를 활용할 수도 없다. 많이 알면 알수록 인생을 더 풍요롭게 살 수 있다.

그리스도인으로서 우리는 왜 끝없이 배우고 익혀야 할까? 가장 큰 이유는 하나님 나라의 유능한 도구가 되어야 하기 때문이다. 예수님이 가장 공들여 행하신 일은 '제자 훈련'이었다. 제자들과 함께 생활하시며 말씀과 인격으로 부단히 가르치셨다. 바울은 "우리가 다 하나님의 아들을 믿는 것과 아는 일에 하나가 되어 온전한 사람을 이루어 그리스도의 장성한 분량이 충만한 데까지 이르리니"(엡 4:13)라고 했고, "범사에 그(그리스도)에게까지 자랄지라"(엡 4:15)고 했다. 그리스도인은 예수님의 경지에 이를 만큼 끊임없이 학습하여야 한다.

늘 배우고 익히려면 나의 무지와 부족함을 겸손하게 인정해야 한다. 성공한 사람들의 공통점은 자신의 지식과 기술이 아직도 부족하다는 점을 늘 인정했다는 것이다. 그 덕분에 항상 더 나은 고지를 향해 정진할 수 있었다. 가장 지혜로운 자는 자신의 부족을 깨닫는 자라고 할 수 있다.

일에 관한 문제 해결 방안

(1) 힘들고 어려운 일을 어떻게 다스릴까?

- 문제에 대해 하나님께 지혜를 구하는 기도를 드려라. 매사에 기도가 우선이다.
- 크고 복잡한 일은 자신이 감당할 수 있을 정도로 작게 나누어라. 그래서 한 가지씩 처리해 나가라.
- 마감 기간을 길게 잡든지, 다른 사람의 도움을 받든지 하라. 때로는 전문가의 도움을 요청하라.

- 확신을 가지고 어려운 일에 직면하라.
- 무리하지 말고 일의 과정이 요구하는 순리에 따르라.
- 아무리 노력해도 일이 진척되지 않을 경우에는 일시 중단했다가 다시 시도해 보라. 기다림도 필요하다.

(2) 바쁜 것을 어떻게 다스릴까?

적당히 바쁜 것은 삶에 활력을 주기 때문에 바람직한 일이다. 그런데 숨 돌릴 틈도 없이 바쁘다면 삶의 균형을 잃고 모든 면에 악영향을 끼칠 것이다. 바쁘면 서두르게 되고, 그러다 보면 일을 그르칠 수 있다. 또한 생각할 여유를 갖지 못하므로 자주 시행착오를 겪을 것이다. 그러므로 바쁜 것을 잘 다스려야 한다.

- 잠시라도 멈춰서 왜 바쁜지를 생각해 보라. 혹시 쓸데없는 일에 바쁘지 않은지, 하지 않아도 될 일을 처리하느라고 바쁜지 생각해 보라.
- 어떤 경우든지 서두르지 말고 침착하게 한 가지씩 성취해 나가라.
- 아무리 바빠도 우선순위와 목표를 세우고 행동해 나가라.
- 다른 사람에게 위임할 수 있다면 그렇게 하라.
- 시간표를 너무 빡빡하게 짜지 마라. 마감 시간을 넉넉히 잡으라.
- 덜 중요한 일에 대해서는 과감히 거절하라.
- 미리미리 계획하고 준비하라. 이런 면에서 시간도 저축이 가능하다.
- 시간표에 계획할 시간, 휴식할 시간을 넣어라.
- 오늘 꼭 완성해야 할 중요한 일은 내일로 미루지 마라.

(3) 만약 그 일을 감당할 수 없을 경우에는 어떻게 해야 하는가?
- 지금의 일을 계속할 것인지, 전직을 할 것인지 심사숙고한다. 전직

할 경우에는 위험을 감수해야 하기 때문에 경솔하게 결정해서는 안 된다. 전직을 위한 시기나 단계를 구체적으로 생각한다.

- 현재 직장에 계속 남아 있으려면 지금 하고 있는 일의 양을 최대로 줄일 수 없는지 생각해 본다.
- 지금 하고 있는 일의 방식을 혁신할 수 없는지 생각해 본다.
- 직장과 가까운 곳으로 이사하여 시간과 정력의 소비를 줄이는 방법을 강구해 본다.
- 회사 내에서 덜 힘든 업무로 이동해 줄 것을 요청한다.
- 승진을 사양한다.
- 건강에 더 힘을 쓴다. 충분한 휴식, 취미 활동으로 활력을 되찾는다.

■ 학습을 위한 질문

1. 하나님께로부터 받은 나의 독특한 은사는 무엇인가? 세 가지만 말해 보라.

2. 내 은사가 필요한 교회 부서에서 봉사하고 있는가?

3. 발전을 위해서 어떤 지식을 습득하고 어떤 기술을 익히고 있는가?

 | 다섯번째 |

효과적으로 휴식하라

하나님께서는 우리의 행복을 위해 안식일을 제정하셨다

창세기는 하나님께서 일하셨을 뿐 아니라 안식도 취하셨다고 기록하고 있다. 하나님은 매일매일 창조하신 후에 하루를 안식하심으로 그 일을 마치셨다. 창조의 대단원의 막을 내리신 다음 하루 종일 안식하신 것이다.(창 2:1~3)

하나님은 모세에게 십계명을 주셨는데 그 중 네 번째 계명은 "안식일을 기억하여 거룩히 지키라"(출 20:8)는 것이다. 인간은 일하기 위해 부름을 받았지만 동시에 안식을 위해서도 부름받았다. 일과 안식은 동일하게 중요한 것이다. 이 안식일 계명은 실제적인 활동을 끝내고 평안히 안식하라는 하나님의 명령이다. 안식일은 휴식하며 동시에 거룩한 예배를 드리는 날이다. 예배도 하나의 안식 행위다. 하나님은 우리들이 일에 중독되기를 원하지 않으셨다. 또 탐욕으로부터 해방되기를 원하셨다.

이스라엘 사람들은 안식일을 생명처럼 귀중히 지켜왔다. 일주일에 하루를 안식일로 지켰을 뿐만 아니라 7년째 되는 해는 안식년, 50년째 되는 해는 희년으로 지키며 땅과 포도원도 쉬도록 하신 명령을 준행하였다 (레 25장). "그런즉 안식할 때가 하나님의 백성에게 남아 있도다 이미 그의 안식에 들어간 자는 하나님이 자기 일을 쉬심과 같이 자기 일을 쉬느니라 그러므로 우리가 저 안식에 들어가기를 힘쓸지니…."(히 4:9~11) 이스라엘 민족이 전 세계적으로 가장 위대한 민족이 된 것도 바로 독특한 휴식 문화 때문이라고 한다.

효과적으로 휴식하는 사람은 몸과 마음이 건강해지지 않을 수 없다. 휴식을 잘 관리하지 못하여 중한 병에 들기도 하고 일찍 죽기도 하는 사람들이 많은데, 교역자나 교인들도 다를 바가 없다. 이런 사람들은 지혜가 없는 사람이다. 휴식을 잘 관리하는 사람이 지혜로운 사람이다. 하나님께서는 우리의 최상의 복지를 위하여 안식일을 허락하셨다.

왜 사람들은 마음 놓고 안식하지 못할까? 일중독증 때문이다. 휴식을 죄악시하기 때문이다. 휴식을 해도 그것을 중요하게 생각하지 않고 일에 부속된 것으로 생각한다. 또 휴식이 주는 즐거움을 깨닫지 못한다. 이런 이유들로 온전히 안식하지 못하는 것이다.

시편 23편은 어느 경우에 읽어도 은혜가 되는 말씀이다. 그런데 2~3절에 우리에게 진정한 휴식을 주시는 분으로 하나님을 묘사하고 있다. "그는 나를 푸른 초장에 누이시며 쉴 만한 물 가으로 인도하시는도다 내 영혼을 소생시키시고 자기 이름을 위하여 의의 길로 인도하시는도다." 하나님은 우리를 쉬게 하시고 새로운 힘을 주시는 분임을 깨달아야 한다.

예수님도 안식의 중요성을 말씀하셨다. 그는 "수고하고 무거운 짐진 자들아 다 내게로 오라 내가 너희를 쉬게 하리라 나는 마음이 온유하고 겸손하니 나의 멍에를 메고 내게 배우라 그러면 너희 마음이 쉼을 얻으리니"(마 11:28~29)라고 하셨다. 예수님은 마르다를 향하여 "많은 일로 염려하고 근심한다"고 하시며 "좋은 편을 택하라"고 하셨다. 반대로 마리아는 잠시 동안이나마 일하는 강박감에서 벗어나 휴식을 취하였고 주님은 그녀를 칭찬하셨다.(눅 10:38~42)

안식에 대한 바람직한 태도

그러면 그리스도인은 안식에 대해 어떤 태도를 취해야 하는가?

첫째, 일과 함께 안식도 하나님의 창조질서의 하나로 존중한다. 그러므로 여가에 대한 이해와 의무에 소홀히 해서는 안 된다.

둘째, 일주일에 하루는 안식일로 지킨다. 하나님은 6일 동안 열심히 일하고 하루는 완전히 쉬라고 하셨다. 이것이 가장 적절한 주기다. 요즘 주 5일 근무제는 성경의 원리와 맞지 않는다. 그렇다면 우리 그리스도인들은 일주일을 어떻게 관리해야 할까? 5일 동안은 본업에 충실하고, 1일 동안은 배우는 일이나 봉사하는 일에 투자하고, 1일은 주일로 지키면 된다.

셋째, 일하는 것과 안식하는 것의 균형을 이룬다. 일하는 것과 안식하는 것도 중용의 원리를 따라야 한다. 중용이란 지나치게 많이 하는 것과 하지 않는 것 사이에서 중간을 유지하는 것이다. 그 절대 기준은 정하기 어렵지만 각자에 알맞은 기준선은 정할 수 있을 것이다. 우선 시간에 균형이 잡혀야 한다. 일과 휴식 중 어느 하나에 너무 몰두하면 그것은 우상이 되고 만다.

넷째, 수준 낮은 여가를 선택하지 말고 우수한 여가를 선택한다. 보기에 난잡한 것이나 도덕적으로 덕이 되지 않는 것은 피한다. 오직 선한 것을 선택해야 한다. "너희로 지극히 선한 것을 분별하며."(빌 1:10) 여가는 나와 다른 사람 모두를 유익하게 하는 것이어야 한다.

다섯째, 소극적인 휴식과 적극적인 휴식을 적절하게 섞어서 한다. 소극적인 휴식은 일을 멈추고서 쉬는 것이고, 적극적인 휴식은 본업에서 잠시 떠나 즐겨하는 일을 하는 것이다.

예수님은 어떻게 휴식 시간을 가지셨는가?

다음의 내용은 예수님이 얼마나 현명하게 휴식하셨는지를 잘 보여준다.

"사도들이 예수께 모여 자기들의 행한 것과 가르친 것을 낱낱이 고하니 이르시되 너희는 따로 한적한 곳에 와서 잠깐 쉬어라 하시니 이는 오고 가는 사람이 많아 음식 먹을 겨를도 없음이라 이에 배를 타고 따로 한적한 곳에 갈새."(막 6:30~32)

"예수께서 낮이면 성전에서 가르치시고 밤이면 나가 감람원이라 하는 산에서 쉬시니."(눅 21:37)

"예수께서 즉시 제자들을 재촉하사 자기가 무리를 보내는 동안에 배 타고 앞서 건너편 벳새다로 가게 하시고 무리를 작별하신 후에 기도하러 산으로 가시다 저물매 배는 바다 가운데 있고 예수는 홀로 뭍에 계시다가."(막 6:45~47)

예수님은 가치 있는 일에 몰두하며 일을 즐기시고 한편으로는 효과적으로 휴식을 취하셨다. 낮에는 열심히 일하고 밤에는 푹 쉬셨다. 때때로

낮에도 휴식을 취했다. 요한복음 4장에 보면 예수님은 제자들이 음식을 구하러 마을로 갔을 때 일부러 우물가에서 휴식을 즐기고 계셨다. 그때 마침 물 길러 온 사마리아 여인과 대화를 나누면서 피곤을 푸셨다.

그는 밤에 숙면을 취할 수 있었다. 그 이유는 낮에 많은 일을 하고, 늘 마음의 평화를 유지하셨기 때문이다. 그는 풍랑이 이는 배 안에서도 편히 쉬었다(마 4:35~41). 예수님은 기도 시간을 많이 가짐으로써 효과적으로 휴식하셨다. 기도야말로 놀라운 재충전의 시간이요, 양질의 휴식 시간이다.

■ 학습을 위한 질문

1. 안식의 가치는 무엇인가?

2. 어떻게 안식해야 하는가?

3. 예수님이 취하신 휴식 방법은 무엇인가?

효과적인 의사소통과 인간관계

| 첫번째 |

의사소통의 중요성

사람들은 활동하는 시간의 4분의 3을 의사소통하며 지낸다고 한다. 인간은 사회적인 동물이기에 의사소통을 하며 살아갈 수밖에 없다. 의사소통을 잘하면 인간관계가 원활하게 되고 시간도 잘 활용하게 되며 효과적인 삶을 살게 된다. 그러나 의사소통이 잘 되지 않으면 인간관계에서 많은 갈등과 문제가 일어나 힘든 삶을 살아가게 된다. 따라서 의사소통의 중요성을 깨닫고 의사소통 능력을 발전시켜야 한다.

성경에 나타난 의사소통의 중요성

창세기 11장 1~9절에 나오는 '바벨탑을 쌓는 이야기'는 개인과 공동체의 삶에서 의사소통이 얼마나 중요한지를 명백하게 보여 준다. 1절에 보면 "처음에 세상에는 언어가 하나뿐이어서 모두가 같은 말을 썼다."(새 번역)라고 기록하고 있다. 그들은 또 이렇게 말했다. "자, 도시를 세우고 그 안에 탑을 쌓고서 탑 꼭대기가 하늘에 닿게 하여, 우리의 이름을 날리 고 온 땅 위에 흩어지지 않게 하자."(4절, 새번역) 그들은 이런 계획을 세 울 때 훌륭한 의사소통의 요소를 구비하고 있었다.

하나님께서 사람들이 짓고 있는 도시와 탑을 보려고 내려오셨다. 그리 고 이렇게 말씀하셨다. "보아라, 만일 사람들이 같은 말을 쓰는 한 백성 으로서 이렇게 이런 일을 하기 시작하였으니, 이제 그들은 하고자 하는 것은 무엇이든지 하지 못할 일이 없을 것이다."(6절, 새번역) 하나님은 효 과적인 의사소통 구조가 사람들을 공통의 목표 아래 연합시키고 그 일을 위해 활동하도록 동기를 부여한다는 것을 인정하셨다. 훌륭한 의사소통 은 연합하고 동기를 부여하는 데 필수요소다. 또한 공동체가 무한히 발 전하도록 하는 필수조건이다. 하나님은 "자, 우리가 내려가서 그들이 거 기에서 하는 말을 뒤섞어서 그들이 서로 알아듣지 못하게 하자."(7절, 새 번역)고 말씀하셨다. 사람들의 계획을 좌절시키기 위해서는 의사소통을 혼란스럽게 해야 한다는 것을 알고 계셨다. 그들의 의사소통 전달 체계 가 혼란스럽게 되자 단결과 동기 부여가 사라지고 결국 그 계획은 중단 되었다.

이 바벨탑 이야기는 공동체 안에서 의사소통이 차지하는 비중이 얼마 나 큰지를 명백하게 보여 준다. 의사소통은 단체의 연합, 임무 수행, 작 업에 대한 동기 부여를 일으키는 열쇠이며 단체에서 일어나는 모든 갈등 과 문제를 해결해 주는 돌파구다. 그러나 의사소통이 단절되면 연합해서 하는 일은 중단되고 모든 계획은 실패로 돌아가게 된다.

뛰어난 의사소통 능력은 리더십에서도 필수요소다. 어떤 지도자라도 의사소통 능력이 약하면 리더십을 발휘할 수 없다. 모세는 이 점을 잘 깨달았다. 그래서 하나님께서 이스라엘 자손을 애굽에서 인도해 내라고 부르셨을 때 이렇게 대답했다. "주님, 죄송합니다. 저는 본래 말재주가 없는 사람입니다. 전에도 그랬고, 주님께서 이 종에게 말씀을 하고 계시는 지금도 그러합니다. 저는 입이 둔하고 혀가 무딘 사람입니다."(출 4:10, 새번역) 하나님께서 예레미야를 이스라엘 민족의 선지자로 부르셨을 때, 그도 "아닙니다. 주 나의 하나님, 저는 말을 잘 할 줄 모릅니다. 저는 아직 너무나 어립니다."(렘 1:6, 새번역)라고 말했다. 그런데 말을 잘 못한다는 자각은 우리들에게 일어나는 공통적인 현상이다.

예수님은 의사소통의 중요성을 알고 계셨으며, 자신과 제자들 사이에 이루어진 의사소통을 확인하기 위하여 열심히 노력하셨다. 몇 가지 비유를 말씀하신 후에 예수님은 제자들에게 "이 모든 것을 깨달았느냐"(마 13:51)라고 물으셨다.

바울도 의사소통의 중요성을 잘 알았다. 그는 고린도 교회 교인들이 방언을 한다는 구실로 혼란을 초래할 때에 다음과 같이 충고하였다. "형제자매 여러분, 내가 여러분에게로 가서 방언으로 말하고, 계시나 지식이나 예언이나 가르침을 전하는 방식으로 말하지 않는다면, 여러분에게 무슨 유익이 되겠습니까? 피리나 거문고와 같이 생명이 없는 악기도, 각각 음색이 다른 소리를 내지 않으면, 피리를 부는 것인지, 수금을 타는 것인지, 어떻게 알 수 있겠습니까? 또 나팔이 분명하지 않은 소리를 내면, 누가 전투를 준비하겠습니까? 이와 같이 여러분도 방언을 사용하기 때문에 분명한 말을 하지 않는다면, 그 말이 무슨 뜻인지 남이 어떻게 알겠습니까? 결국 여러분은 허공에다 대고 말하는 셈이 될 것입니다. 이 세상에는 수많은 종류의 말이 있습니다. 그러나 뜻이 없는 말은 하나도 없습니다. 내가 그 말의 뜻을 알지 못하면 나는 그 말을 하는 사람에게 딴 세상 사람이 되고, 그도 나에게 딴 세상 사람이 될 것입니다."(고전 14:6~11, 새번역)

좋은 의사소통의 유익

의사소통을 잘하지 못하면 꿈꾸는 일, 계획하는 일, 함께 배우는 일을 잘 해내지 못한다. 교회 역시 의사소통을 잘하지 못하면 제 역할을 수행하지 못하며 성장하지 못한다. 성경은 좋은 의사소통의 유익을 증거하고 있다. 좋은 의사소통은 어떤 유익을 가져올까?

첫째, 마음과 생각을 완전히 하나가 되게 한다. "다 같은 말을 하고 너희 가운데 분쟁이 없이 같은 마음과 같은 뜻으로 온전히 합하라."(고전 1:10)

둘째, 함께 모여서 더욱 친교하게 한다. "모이기를 폐하는 어떤 사람들의 습관과 같이 하지 말고 오직 권하여 그날이 가까움을 볼수록 더욱 그리하자."(히 10:25)

셋째, 기쁨을 당한 사람과 함께 기뻐해 주고 슬픔을 당한 자와 함께 슬퍼해 준다. "즐거워하는 자들로 함께 즐거워하고 우는 자들로 함께 울라."(롬 12:15)

넷째, 주 안에서 의견의 일치를 보게 한다. "주 안에서 같은 마음을 품으라."(빌 4:2)

다섯째, 함께 기도하기를 힘쓴다. "너희 기도에 나와 힘을 같이하여 나를 위하여 하나님께 빌어."(롬 15:30)

여섯째, 서로 협력하게 한다. "너희가 일심으로 서서 한 뜻으로 복음의

신앙을 위하여 협력하는 것과."(빌 1:27)

좋은 의사소통 능력은 하나 됨을 창조할 수 있도록 목적의 일치, 사회적 일치, 감정의 일치, 의지의 일치, 영적인 일치, 성취의 일치를 가져온다.

말에 관한 성경의 교훈

우리는 구약과 신약에서 말에 관한 많은 구절을 발견할 수 있다. 아래 구절들(새번역)을 통하여 말에 대한 통찰을 얻기 바란다.

- "내 아들아, 너는 내 지혜에 주의를 기울이고 내 명철에 너희 귀를 기울여서 분별력을 간직하고 네 입술로 지식을 굳게 지켜라."(잠 5:1~2)
- "말이 많으면 허물을 면하기 어려우나, 입을 조심하는 사람은 지혜가 있다."(잠 10:19)
- "어리석은 사람은 자신의 행실만이 옳다고 여기지만, 지혜로운 사람은 충고에 귀를 기울인다."(잠 12:15)
- "마음에 근심이 있으면 번민이 일지만, 좋은 말 한 마디로도 사람을 기쁘게 할 수 있다."(잠 12:25)
- "선한 말은 꿀 송이 같아서, 마음을 즐겁게 하여 주고 쑤시는 뼈를 낫게 하여 준다."(잠 16:24)
- "죽고 사는 것이 혀의 힘에 달렸으니, 혀를 잘 쓰는 사람은 그 열매를 먹는다."(잠 18:21)
- "입과 혀를 지킬 수 있는 사람은 역경 속에서도 자기의 목숨을 지킬 수 있다."(잠 21:23)
- "바른말을 해 주는 것이 참된 우정이다."(잠 24:26)

- "경우에 알맞은 말은 은쟁반에 담긴 금사과이다. 지혜로운 사람의 책망은 들을 줄 아는 사람의 귀에는 금귀고리요, 순금 목걸이이다." (잠 25:11~12)
- "네가 너를 칭찬하지 말고 남이 너를 칭찬하게 하여라. 칭찬은 남이 하여 주는 것이지, 자기의 입으로 하는 것이 아니다."(잠 27:2)
- "(현숙한 아내는) 입만 열면 지혜가 저절로 나오고, 혀만 움직이면 상냥한 교훈이 쏟아져 나온다."(잠 31:26)
- "자기 형제나 자매에게 얼간이라고 말하는 사람은 누구나 공의회에 불려갈 것이요, 또 바보라고 말하는 사람은 지옥 불 속에 던져질 것이다."(마 5:22)
- "너희는 '예' 할 때에는 '예' 라는 말만 하고, '아니오' 할 때에는 '아니오' 라는 말만 하여라. 이보다 지나치는 것은 악에서 나오는 것이다."(마 5:37)
- "너희가 심판을 받지 않으려거든 남을 심판하지 말아라. 너희가 남을 심판하는 그 심판으로 하나님께서 너희를 심판하실 것이요, 너희가 되질하여 주는 그 되로 너희에게 되어서 주실 것이다."(마 7:1~2)
- "마음에 가득 찬 것을 입으로 말하는 법이다. 선한 사람은 선한 것을 쌓아두었다가 선한 것을 내고, 악한 사람은 악한 것을 쌓아두었다가 악한 것을 낸다. 내가 너희에게 말한다. 사람들은 심판 날에 자기가 말한 온갖 쓸데없는 말을 해명해야 할 것이다. 너는 네가 한 말로 무죄 선고를 받기도 하고, 유죄 선고를 받기도 할 것이다."(마 12:34~36)
- "그러므로 여러분은 거짓을 버리고, 각각 자기 이웃과 더불어 참된 말을 하십시오. 우리는 서로 한 몸의 지체들입니다."(엡 4:25)

- "화를 내더라도 죄를 짓는 데까지 이르지 않도록 하십시오. 해가 지도록 노여움을 품고 있지 마십시오."(엡 4:26)
- "나쁜 말은 입 밖에 내지 말고, 덕을 세우는 데에 필요한 말이 있으면 적절한 때에 해서, 듣는 사람에게 은혜가 되게 하십시오."(엡 4:29)
- "그리고 말이든 행동이든 무엇을 하든지 모든 것을 주 예수의 이름으로 하고, 그분에게서 힘을 얻어서 하나님 아버지께 감사를 드리십시오."(골 3:17)
- "여러분의 말은 소금으로 맛을 내어 언제나 은혜가 넘쳐야 합니다. 여러분은 각 사람에게 어떻게 대답해야 마땅한지를 알아야 합니다."(골 4:6)
- "아무도 그대가 젊다고 해서 그대를 업신여기지 못하게 하십시오. 도리어 그대는 말과 행실과 사랑과 믿음과 순결에 있어서, 믿는 이들의 본이 되십시오."(딤전 4:12)
- "그대는 건전한 교훈에 맞는 말을 하십시오. … 책잡힐 데가 없는 건전한 말을 하십시오."(딛 2:1, 8)
- "사랑하는 형제자매 여러분, 여러분은 이것을 알아두십시오. 누구든지 듣기는 빨리 하고, 말하기는 더디 하고, 노하기도 더디 하십시오. 노하는 사람은 하나님의 의를 이루지 못하기 때문입니다."(약 1:19~20)
- "누가 스스로 경건하다고 생각하면서도, 혀를 다스리지 않고 자기 마음을 속이면, 이 사람의 신앙은 헛된 것입니다."(약 1:26)
- "우리는 다 실수를 많이 저지릅니다. 누구든지 말에 실수가 없는 사람은 온 몸을 다스릴 수 있는 온전한 사람입니다."(약 3:2)

■
■ 학습을 위한 질문

1. 성경에 나타난 의사소통의 중요성을 이야기해 보라.

2. 좋은 의사소통이 가져오는 유익과 잘못된 의사소통이 가져오는 해악을 말해 보라.

3. 위에 열거한 말에 대한 성경의 교훈 중 세 가지만 고르고 왜 그 구절을 택했는지 말해 보라.

| 두번째 |

의사소통의 원리

좋은 의사소통의 10가지 원리

(1) 목적이 분명한지 확인한다. 의사소통의 목적은 매우 다양하다. 예를 들면 지시와 훈계하기 위해, 감사와 불만을 표현하기 위해, 의견이나 제안 그리고 협력을 이끌어 내기 위해, 설득하기 위해, 계명이나 정보를 제공하기 위해, 열심을 유발하기 위해, 의심과 공포를 제거하기 위해, 수락과 거절을 표현하기 위해, 놀람과 경고를 나타내기 위해, 심지어 미궁으로 몰아가기 위해서나 숨기기 위해서 등 의사소통의 목적은 무수히 많다.

(2) 훌륭한 전달자가 되어야 한다. 그러기 위해서는 철저히 준비해야 하며 자신감이 넘쳐야 한다.

(3) 수신자가 이해할 수 있도록 메시지를 잘 전해야 한다. 수신자와 자기 자신을 알면 의사소통은 성공한다.

(4) 주의 깊게 들어야 한다. 하나님은 우리에게 두 귀와 입 하나를 주셨다. 말하는 것보다 듣는 것이 더 중요하다.

(5) 메시지의 내용을 단순하게 한다. 어렵게 말하는 것보다 쉽게 말하는 것이 더 어렵다.

(6) 쉬운 단어를 사용한다. 어려운 말은 쉽게 풀어 쓰고, 전문 용어나 외국어 사용은 자제한다.

(7) 각종 소음을 제거한다. 소음은 주의가 산만하여 집중력을 빼앗아가는 모든 장애물을 일컫는다.

(8) 상대방이 이해했는지 확인한다. 말로나 글로 전달했다고 상대방이 다 이해한 것은 아니다. 중요한 사항을 전할수록 상대가 이해하고 받아들였는지 잘 확인해야 한다.

(9) 가능하면 일 대 일로 대화하라. 이 방법이 제일 효과가 있다.

(10) 의사소통의 목표가 성취된 것을 확인할 때까지 핵심사항을 반복해서 전달한다.

예수님으로부터 소통의 방법을 배우자

예수님은 의사소통의 달인이셨다. 그는 뛰어난 소통 능력을 지니셨다. 위대한 사람치고 소통의 능력이 뛰어나지 않은 사람은 없다. 예수님의 의사 전달 방식은 어떠했는가?

첫째, 그는 수신자 중심의 의사 전달을 하였다. 수신자 중심의 소통이라 함은 수신자의 상황, 이해, 욕구를 인식하고 이에 응답하는 것을 말한다. 예수님이 이 방식을 사용한 예로는 니고데모와의 대화(요 3:1~21)와 사마리아 여인과의 대화(요 4:9~39)를 들 수 있다. 지성인이던 니고데모와는 영적 문제를 이야기하셨고, 하류층이던 사마리아 여인에게는 "물을 달라."는 실제적인 내용을 가지고 대화를 시작하셨다. 예수님께 감화를 받은 사마리아 여인이 동네에 가서 전도하여 많은 사람이 예수님을 믿게 된 것을 보면 예수님의 설득력과 감화력이 얼마나 컸는지 짐작할 수 있다.

둘째, 대인간의 의사소통 채널을 사용하였다. 중대한 변화를 가져오기를 원하면 이 방법을 쓰는 것이 효과적이다. 예수님은 오병이어의 이적을 베푸실 때처럼 많은 대중을 상대하기도 했지만, 대부분은 개인적인 접촉을 통해 의사를 전달하셨다. 즉 제자들과 함께 생활하면서 개인적인 지도 및 소그룹 지도의 방식을 취하셨다. 제자와 깊은 대화를 하며 활발한 상호작용을 하였다.

셋째, 말에 확신을 가졌다. 확신이 없으면 사람들이 믿으려 하지 않는다. "예수께서 이 말씀을 마치시매 무리들이 그 가르치심에 놀라니 이는 그 가르치시는 것이 권세 있는 자와 같고 저희 서기관들과 같지 아니함일러라"(마 7:28~29)고 복음서 기자는 쓰고 있다. 예수님은 말과 행위가 일치하여 권위가 있었다.

넷째, 매우 실제적인 주제를 가지고 이야기했다. 비현실적이고 추상적인 내용이 아니라 일상적인 경험이나 필요성에 근거한 이야기를 하였다. 씨 뿌리는 비유나 신랑을 맞으러 나간 10명의 처녀의 비유에서 이를 잘 볼 수 있다.

다섯째, 반복의 중요성을 인식하였다. 중요 개념을 수시로 반복하는 것은 큰 효과가 있다. 누가복음 15장에서는 양을 찾는 이야기, 은전을 찾는 이야기, 탕자 이야기를 통해서 인간이 회개하기를 바라는 하나님의 심정을 반복적으로 강조했다. 마태복음 13장에서는 천국에 관한 묘사를 7가지 비유를 통해 반복했다. 예수님은 하나님 나라를 묘사하기 위해 100회 이상 설명하였다. 반복을 하더라도 그 메시지에는 공감과 일관성이 있었다.

여섯째, 유머를 적당히 구사하였다. 유머는 대화에 여유와 재미를 주고 분위기를 새롭게 만들어 준다. 그리고 유머는 마음의 여유와 사물에 대한 통찰력에서 나온다. "들에 핀 백합화를 보라." "공중의 나는 새를 보라." "하루살이는 걸러내고 약대는 삼키는도다"(마 23:24)라는 표현이 이를 잘 나타내 준다.

일곱째, 사랑의 언어를 구사하였다. 예수님은 여러 사람에게 전달하는 메시지라도 한 사람에게 하듯 개별적이고 개인적인 공감을 일으키셨다. 청중이 '저 예수님은 내 친구다. 분명히 내 친구야.' 하는 생각을 할 만큼 사랑을 느끼게 해 주었다. 이는 예수님이 사람들을 존중하고 이해하고 사랑했기 때문에 가능했다.

이 외에도 예수님의 독특한 전달 방식을 찾을 수 있다. 그는 적합한 음성과 몸가짐을 체득했고 침묵을 적절하게 사용했다. 비유와 이야기 방식을 썼다. 질문의 명수였다. 임기응변에도 능했다. 또 언어가 단순해서 누구나 알아듣기 쉬웠고, 간단하면서도 깊은 내용을 말씀했다. 특별한 교육을 받지 않은 12명의 제자를 조직하고 훈련시킨 그는 탁월한 의사소통 능력을 지녔던 분이다.

의사소통의 수준을 체크하는 질문

각자의 의사소통 수준은 다르다. 자신의 의사소통 수준을 파악하는 것은 향상을 위한 좋은 디딤돌이 된다. 다음 질문에 답함으로 나의 의사소통 수준을 점검해 보자.

(1) 나는 내 태도와 감정을 상대방에게 적절하게 표현하는가?

(2) 나는 나와 상대방의 공통점과 차이점을 어느 정도 이해하는가?

(3) 나는 상대방의 의사소통 능력을 어느 정도 알고 있는가?

(4) 나는 대화할 때 다양한 의사소통 수단을 활용하는가?

(5) 나는 상대방이 확실히 이해하도록 반복하거나 강조하여 말하는가?

(6) 나는 내가 사용하는 용어나 제스처 또는 상징을 상대방이 이해하고 받아들일 수 있을 때만 사용하는가?

(7) 나는 대화의 속도를 상대방 수준에 맞추면서 진행하는가?

(8) 나는 나와 상대방의 의사소통 장애를 줄일 수 있는 방도를 알고 있는가?

■ 학습을 위한 질문

1. 좋은 의사소통을 하기 위한 원리는 무엇인가?

2. 예수님의 의사소통 방식을 설명해 보라.

3. 나 자신의 의사소통 능력은 어느 정도인가? 위의 여러 질문을 통해서 점검해 보라.

의사소통의 수준을 높이자

누구나 의사소통을 하며 살아가지만 올바로 의사소통하기는 참으로 어렵다. "말이 많으면 실언도 많다." "말 많은 집은 장맛도 쓰다." "가는 말이 고와야 오는 말이 곱다."라는 우리나라 속담은 말하기의 어려움을 나타내고 있다. 말하기뿐 아니라 듣는 것도, 읽는 것도, 쓰는 것도 모두 어렵다. 이런 것들이 어렵게 느껴지는 이유는 어릴 적부터 제대로 언어 훈련을 받지 못했기 때문이다. 또한 의사소통을 잘하는 재주는 타고나야 한다는 생각 때문에 의사소통이 더 어렵게 느껴진다. 그러나 의사소통은 배우지 않으면 습득할 수 없는 능력이다.

동양 문화권에서는 애매하고 함축적인 언어를 많이 쓰기 때문에 뜻이 잘 전달되지 않는다. 동양인들의 의사소통은 우회적이고 애매하며, 상대 방과의 관계를 고려하느라 할 말을 제대로 하지 못하는 단점이 있다. 반면 서양인들은 자기 의사를 말과 문자로 분명히 밝힌다. 동양 문화권에 속한 우리는 올바른 의사소통을 하기 위해 많은 노력을 기울여야 한다. 메시지를 전달할 때는 분명하게 잘 표현하고, 애매모호하고 추상적인 표현은 구체적이고 알아듣기 쉬운 용어로 고쳐야 한다.

의사소통의 훈련을 받지 않으면 어느 누구도 의사소통을 잘할 수 없다. 그러니 의사소통을 더 잘하기 위한 목표를 세우고 도전하기 바란다. 유명한 설교가 J 목사는 은퇴 후에도 왕성하게 설교 사역을 했는데, 하루는 한 젊은 목사가 그에게 요즘 무엇에 가장 관심을 갖느냐고 물었다. 그 은퇴 목사는 말하기를 "어떻게 하면 설교를 더 잘할 수 있을까 하고 늘 골똘히 생각합니다." 하고 대답하였단다. 이처럼 설교자는 자신의 메시지 전달 능력을 높이기 위해 부단히 배우고 익혀야 한다.

그러면 어떻게 의사소통의 수준을 높여 갈 수 있을까? 이곳에서는 주된 요점을 설명하기로 한다.

의사소통의 주체가 갖춰야 할 인격

우리 인격 전체가 의사소통의 도구다. 단순히 말만 잘하면 의사소통의 달인이라고 생각하기 쉬우나 소통의 기술보다 더 중요한 것이 인격이다. 효과적인 의사소통을 하는 사람은 고도의 신뢰성을 가진 사람이다. 흔히 무엇을 말하느냐보다 누가 말하느냐가 중요할 때가 많다. 수신자가 전달자에 대해 신념과 확신을 가지고 있다면 전달자는 고도의 신뢰성이 있는 것이다.

최근에 우리 교회에서 1일 부흥회를 연 적이 있다. 2회에 걸쳐 시행했는데 강사는 시골에서 온 여 전도사였다. 나는 그 강사에 대해 전혀 알지 못했다. 하지만 그를 추천한 후배 교역자를 신뢰하였기에 그 강사를 선정했고, 집회의 결과는 매우 좋았다. 예수께서 의사소통의 달인이 된 것은 여러 요인이 있겠지만 그 중에서도 그의 언행일치하는 인격이 가장 큰 요인이었다. 이에 비해 서기관과 바리새인들은 언행이 불일치했으므로 백성들로부터 신뢰를 받지 못했다.

사람들은 많은 지식과 경륜이 있는 자의 말을 신뢰한다. 이때 중요한 것은 말하는 기술이 출중해야 신뢰성을 얻을 수 있다는 것이다. 말의 내용에 일관성이 없으면 수신자는 전달자를 정직하다고 느끼지 않는다. 거짓된 태도, 과장, 거짓말을 하는 전달자는 신뢰를 받을 수 없다. 아무리 미사어구를 써서 말한다고 해도 수신자는 그 메시지를 받아들이지 않는다. 또 부정적으로만 말하는 사람, 말할 때 너무 심각한 표정을 짓는 사람도 비효과적이다. 신뢰받는 인격은 하루아침에 형성되는 것이 아니고 오랜 시일과 많은 노력이 요구되는 일이다.

경청의 기술을 높이자

많은 학자들이 각기 커뮤니케이션의 이론에 대해 주장하지만 가장 기본적인 형태는 다음의 네 가지 요소다.

- 정보원(Source) : 정보를 전달하는 사람
- 내용(Message) : 전달하고자 하는 내용
- 수단(Channel) : 전달하는 방법
- 청취자 혹은 수용자(Receive) : 듣는 사람

만약 내가 보험회사 직원들에게 판매 기법을 강의한다면 정보원은 나 자신이고, 내용은 판매 기법이 되며, 수단은 음성과 시각 자료를 사용하는 것이고, 청취자는 강의를 듣는 보험회사 직원들이다. 이 네 가지 요소 가운데 가장 중요한 것이 청취자다. 그래서 청취자의 욕구, 수준, 그리고 그의 현재 상태를 이해하는 것이 의사소통에서 제일 중요하다. 청취자를 이해하지 못하면 '소 귀에 경 읽기' 식의 강의로 끝나기 쉽다.

듣는 것(hearing)과 경청(listening)은 다르다. 전자는 귀에 들리는 소리를 듣는 자연적 현상이고, 후자는 내용을 귀담아 듣는 의지적 행동이다. 우리는 모두 남의 이야기에 귀를 잘 기울인다고 생각하는 경향이 있다. 그러나 사실 우리는 모두 서투른 청취자들이다. 예수님의 제자들도 예수님의 말씀을 잘 알아듣지 못하여 엉뚱한 대답을 하기도 했다(막 8:13~21). 또한 사람들은 말하기에 비해서 듣기를 별로 좋아하지 않는다. 잘 듣지 않으면 인간 사이에 오해를 불러일으키기 쉽다. 따라서 경청의 기술을 습득하면 대화 기술에 혁명적인 변화를 가져올 수 있으며, 인간관계를 획기적으로 변화시킬 수 있다.

필자는 법원에서 여러 해 동안 이혼 상담을 하고 있다. 사람들이 이혼하는 원인 중의 하나는 배우자의 말을 귀담아 듣지 않는다는 것이다. 상대의 말을 듣지 않고 자신의 주장만 내세운다. 만약 상대의 말을 잘 듣는 태도를 취한다면 이혼이 많이 줄어들 것이다. 인내심을 가지고 상대의 말을 끝까지 들어야 한다. 훌륭한 경청자는 하루 사이에 되는 것이 아니다. 좋은 경청자가 되기 위해 아래 사항을 연습하면 좋다.

(1) 온몸으로 경청하라. 시선을 집중하고 머리를 끄덕이거나 손짓을 하고 미소를 띠우며 관심이 있다는 것을 나타내라. 상대방이 이야기할 때는 시계를 보거나 하품을 하지 말아야 한다.

(2) 언어로 표현되지 않는 내면의 의미를 파악하도록 노력하라. 아마

이 부분이 경청에서 제일 어려운 부분일 것이다. 노인이 "빨리 죽어야지."라고 말하는 것은 죽고 싶다는 뜻이 아니라 좀 괴롭다는 뜻이다.

(3) 상대방이 말하는 중간에 판단하지 말고 끝까지 잘 들어야 한다.

(4) 흥미 있게 듣고 있음을 나타내는 짤막한 질문을 하여 상대방이 계속해서 말할 수 있도록 한다. "그래?" "암, 그렇지." "정말?" 등의 단어를 사용한다.

(5) 상대방의 말을 알아듣지 못하면 질문을 하라. 청취자들의 공통적인 약점은 질문하기를 싫어한다는 것이다.

(6) 마음을 열어 놓고 편견 없이 들어라. 어떤 사람을 대하든지 이 원칙을 지켜라. 미국의 링컨 대통령은 이 원칙을 잘 지켰다.

(7) 이야기하고 있는 상대방의 말이 미숙하거나 자기의 견해와 다르다고 할지라도 지성인답게 끝까지 들어주어야 한다. 상대방은 자신이 옳다고 생각하는 바를 말하고 있기 때문이다.

대화의 기술을 높이자

대화하기는 의사소통에서 가장 쉬운 방편이다. 왜냐하면 얼굴을 마주보고 이야기할 뿐만 아니라 말하는 사람의 목소리와 몸짓이 표현을 돕기 때문이다. 또한 말이 잘못 전달되었을 경우 쉽게 수정할 수 있는 이점이 있다.

대화의 기본 요소는 쌍방통행이다. 즉 주고받는 관계가 원활히 이루어져야 한다. 그러나 실제로는 독백이나 일방통행식의 전달이 얼마나 많은가? 우리 사회는 대화가 심각할 정도로 부족하다. 이로 인해 각 계층 간에 오해와 갈등이 생긴다. 대화의 수준 또한 매우 미약하다. 가정이나 교회에서도 이런 현상은 비일비재하다. 자신과 공동체를 더 발전시키고 행복하려면 따뜻하고 의미 있는 대화를 할 줄 알아야 한다. 아래 열거한 내용을 읽고 대화의 기술을 향상시켜 나가기 바란다.

(1) 대화에 필요한 충분한 시간을 마련하라. 서로 이해하고 함께 기쁨과 슬픔을 나누며 정을 돈독하게 하기 위해서는 충분한 시간이 필요하다. 텔레비전을 시청하거나 다른 잡다한 일에 시간을 너무 소비하지 말고 가족 간 대화의 시간을 늘려라. 텔레비전, 인터넷, 핸드폰, 스마트폰 등은 사람들 사이의 대화 시간을 빼앗는 주범이다.

(2) 상대방이 말하는 것을 주의 깊게 들어라. 경청은 대화의 기본이다. 스마트폰을 조작하면서 듣는 것은 안 듣겠다는 표시와 마찬가지다. 듣는 사람이 경청하지 않으면 말하는 사람의 생각도 산만해져서 말하고자 하는 초점을 잊어버리기 일쑤다.

(3) 대화의 내용에 깊이가 있어야 한다. 대화를 할 때 자기의 신변 이야기나 가족 문제에 주제가 국한되어서는 안 된다.

(4) 상대방의 다른 점을 용납해야 한다. 인간은 각자 다르기 때문에 신비로움과 다양성을 가지고 있다. 서로간의 차이를 인식하고 그것을 즐기는 것이 대화의 기술이다. 상대방이 아무리 생뚱맞은 이야기를 한다고 해도 일단은 받아들이는 관용이 필요하다.

(5) 각 대상에 알맞은 주제와 말씨를 사용해야 한다. 즉 상대방의 수준에 맞추어서 대화를 해야 한다. 어린이, 청년, 장년, 노년, 남자, 여자를 대할 때 각각 대화의 주제를 바꿔 보라. 현학적이고 함축적인 말은 자제하고, 쉽고 평소에 잘 쓰는 언어를 사용하라.

(6) 흥미 있고 관심 있는 태도를 나타내라. 그래야 대화가 활발히 진행

될 수 있다. 사실만이 아니라 감정도 서로 교환해야 한다. 대화하면서 한눈팔거나 딴 일을 해서는 안 된다.

(7) 좋은 질문을 하라. 들을 때도 말할 때도 상대방의 주의를 집중시키고 공감대를 형성하려면 일방적으로 듣거나 말하기보다는 질문하고 대답하는 쌍방 의사소통 기술을 활용하는 것이 좋다.

(8) 상대방으로 하여금 자연스럽고 편하고 푸근한 분위기를 느끼도록 한다. 특히 처음 대하는 사람과 대화할 때는 자연스러운 분위기를 느끼게 해 주는 것이 필요하다. 그러기 위해서는 인간미와 유머가 있어야 한다.

(9) 기쁜 감정을 잘 표현해 보라. 그리고 좋은 유머를 사용하라. 가족을 격려하고 기쁘게 하는 대화를 하라. 친구와 대화할 시간을 마련하라. 그들을 초대하고 또한 그들로부터 초대를 받아라. 늘 대화의 수준을 높이는 데 관심을 갖고 대화거리를 찾아라.

글쓰기 기술을 높이자

말은 잘하는데 글은 잘 못 쓰는 사람이 많다. 설교는 유창하게 잘 하는데 글쓰기 기술이 미약한 목회자도 상당히 많다. 언어는 크게 '말 언어'와 '글 언어'로 구분된다. 우리는 대화, 전화 등으로 의사소통을 할 뿐 아니라 편지, 보고서, 메모, 신문, 잡지 등의 글을 매개로 하여 의사를 전달한다. 글을 잘 쓴다는 것은 하나의 예술이다. 글로 분명하게 의사를 전달하는 능력을 개발하자. 내 생각을 효과적으로 알리고 개인 생활이나 일터에서 목표로 한 것을 얻도록 도와줄 것이다.

많은 사람들이 글쓰기를 두려워한다. 그 주된 원인은 글 쓰는 훈련을 제대로 받지 않았기 때문이다. 글을 잘 쓰기 위해서 예부터 내려오는 규칙이 있다. 많이 읽고 많이 생각하고 많이 써 보는 것이다. 아래에 좋은 글을 쓰기 위한 비결을 제시한다.

⑴ 글쓰기를 좋아해야 한다. 쓰기 싫더라도 글을 쓰기 위해 시간을 내야 한다. 짧은 글 하나를 완성하고 성취감을 느껴 보라. 전문적인 작가는 매일 2시간 이상 글을 쓴다고 한다.

⑵ 글 쓰는 목적을 분명히 알아야 한다. 누가복음 1장 4절은 누가복음을 쓴 목적을 분명히 밝히고 있으며, 요한복음 20장 31절에는 요한복음을 쓴 목적이 기록되어 있다.

⑶ 독자 중심이 되어야 한다. 말을 할 때와 마찬가지로 글을 쓸 때도 독자 중심이 되어야 한다. 독자 한 사람을 생각하여 그 사람이 읽는다고 생각하고 글을 써라.

⑷ 문장이 간결해야 한다. 찰스 콜튼이란 작가는 "가장 훌륭한 필자는 독자에게 많은 정보를 제공하고 시간을 가장 덜 빼앗는 사람이다."라고 했다. 이 말은 마음에 새겨 둘 만한 명언이다. 문장이 간결하면 할수록 독자에게 더 정확하고 의미 있는 글이 될 것이다.

⑸ 표현이 명료해야 한다. 무조건 간결성만 강조하면 중요한 요소를 생략하기 쉽다. 그러면 애매한 글이 되고 만다. 설명이 필요한 부분은 충분히 납득이 가도록 설명해야 한다. 독자는 필자가 쓰고 있는 내용에 대해 필자만큼 알지 못한다. 말하는 것처럼 글 쓰는 연습을 해 보라. 조금만 더 노력하면 할 수 있다. 물이 흘러가는 것처럼 자연스러워야 한다.

⑹ 흥미와 호기심을 불러일으키는 내용이어야 한다. 그래야 독자가 읽을 마음이 생긴다. 흥미 있는 주제를 다루는 것도 좋지만 한 사

건을 다른 각도에서 해석하는 것도 흥미를 유발할 수 있다. 사람들은 인물에 대해 이야기할 때 흥미를 가지며, 자기의 욕구에 맞는 글을 읽을 때 공감한다. 평소에 좋은 화제와 정보를 모으는 일을 꾸준히 한다.

(7) 내용이 건설적이고 교육적이어야 한다. 아무리 흥미가 있어도 내용이 없으면 공허하다. 글을 읽은 후 여운이 남을 뿐 아니라 내용이 실용적이어야 한다. 즉 흥미와 내용이 병행해야 한다.

(8) 글쓰기를 많이 연습해야 한다. 글쓰기에 대한 원리를 알아도 많이 연습하지 않으면 글쓰기 역량이 자라지 않는다. 연습은 다른 사람의 글을 자주 읽고, 어떤 주제에 대해 깊이 생각하며, 실제로 직접 써 보는 것이다. 신문이나 잡지에 투고해 보는 것도 좋은 방법이다.

(9) 글쓰기 공부를 해야 한다. 글쓰기에 관한 책을 읽으며 강좌나 글쓰기 모임에 참석하는 것이 바람직하다. 필자는 한 달에 한 번 모이는 '북 코칭 모임'에 참석하여 많은 도움을 얻고 있다.

■ **학습을 위한 질문**

1. 전달자가 갖추어야 할 인격은 무엇인가?
2. 나는 좋은 경청자인가? 만약 그렇지 않다면 어떤 점을 시정해야 하는가?
3. 대화를 더 잘하고 글을 더 잘 쓰기 위해 구체적으로 어떤 노력을 해야 하는가?

| 네번째 |

함께 사는 기술을 배우자

인간관계를 잘 맺고 살아가는 것이 삶의 기본 기술임에도 불구하고 많은 사람들이 인간관계를 맺는 데 서투르다. 그 중에서도 '함께 살아가는 기술'이 미약하여 가정에서 많은 갈등과 문제가 발생하고 있다. 하나님과 사람의 관계보다 사람과 사람 사이의 관계가 더 어렵다. 우리나라 이혼율이 높은 원인 가운데 하나도 함께 사는 기술이 미약하기 때문이다.

인간관계의 중요성

아름다운 인간관계처럼 인간을 행복하게 만드는 것은 없다. 하나님께서는 "사람의 독처하는 것이 좋지 못하니 내가 그를 위하여 돕는 배필을 지으리라"(창 2:18)고 하시면서 여자를 남자에게로 데리고 오셨다. 그리고 남자와 여자가 함께 살도록 결혼 제도를 만드셨다. 이처럼 인간은 관계를 맺고 사는 존재다. 인간관계를 잘 맺는 것이 왜 중요한가?

첫째, 서로 돕고 협조를 받을 수 있다. 현대는 생존 경쟁이 심한 곳이다. 그래서 개인의 힘만으로는 살아갈 수 없다.

둘째, 서로 약점을 보완할 수 있다. 아무리 뛰어난 사람이라도 부족한 점이 많다. 그래서 다른 사람의 능력, 재능, 생각을 잘 활용해야 원만하게 살아갈 수 있다.

셋째, 감정을 서로 교류할 수 있다. 기쁠 때 함께 기뻐해 주고 슬플 때 함께 위로해 주는 삶을 살 때 용기 있게 살아갈 수 있다.

넷째, 인간관계 속에서 정보 교류가 이루어진다. 현대 사회에서는 정보를 먼저 얻는 사람이 성공하게 되어 있다. 인맥이 넓고 인간관계가 원만하면 정보를 얻을 수 있는 기회도 남보다 빠르기 때문에 경쟁사회에서 앞서갈 수 있다. 인간관계 기술을 배우는 것은 일생 동안 꾸준히 노력해야 할 중요한 과제다.

다섯째, 인간관계를 잘 맺으면 고독을 물리칠 수 있다. 나이가 들수록 제일 견디기 힘든 것이 고독이라고 한다. 원만한 인간관계를 맺으면 고독감을 예방할 수 있다.

여섯째, 인간관계를 잘 맺으면 인격과 신앙이 성숙해진다. 원만한 결혼생활, 원만한 성도의 교제를 통해 서로의 인격과 신앙이 성숙해지는 것을 볼 수 있다.

다른 사람과의 만남을 소중히 생각하라

인생의 모든 사건에는 의미가 있다. 쓸데없이 일어나는 사건이나 만

남은 없다. 사소한 만남도 소중히 여기자. 만나는 모든 사람이 중요하다고 생각하라. 불교에서는 한 번 옷깃만 스쳐도 인연이라고 주장한다. 사실 누구를 만난다는 것은 무한한 시간과 무한한 공간이 합쳐지는 점에서 이루어지는 신기한 사건이다.

인생은 만남이라고 할 수 있다. 독일 작가 한스 카로사(Hans Carossa)는 "인생이란 시간의 흐름 속에서 순간순간의 만남을 의미한다. 그러나 그 시간은 두 번 다시 반복되지 않으며, 이 유일한 인생은 우리 인간에게서 단 하나뿐인 것"이라고 말했다. 인생의 최대 행복은 좋은 사람을 만나는 것이다. 우리는 부모, 형제, 배우자를 만난다. 친구를 만나고 적도 만난다. 목사도, 스승도, 은인도 만난다. 좋은 부모를 만나는 것은 우리의 의지대로 되지 않지만 좋은 친구, 좋은 배우자, 좋은 목사, 좋은 스승을 만나는 것은 우리의 의지로 가능한 일이다. 어쨌든 좋은 만남을 위해서 더 많이 노력해야 한다.

친구와의 만남에 신경을 써야 한다. "친구 따라 강남 간다."라는 말이 있다. 친구는 삶에서 매우 중요한 부분을 차지한다. 좋은 친구를 고를 수 있다. 반대로 좋지 않은 친구가 걸릴 수도 있다. 사람은 친구의 영향을 대단히 많이 받는다. 친구 덕에 성공한 사람도 아주 많다. 하지만 악한 친구 때문에 망한 자도 부지기수다. "빗자루는 마루 밑을 청소하지만, 그 빗자루는 더러워지고 만다."라는 말은 성인일지라도 악인과 접하게 되면 자기도 모르게 악해진다는 뜻이다. 그러므로 친구와의 사귐에 주의하지 않으면 안 된다. 범죄로 인도한 사람 대부분이 그의 친구였다는 사실을 기억하자.

배우자와의 만남은 가장 중요하다. 인생을 행복하게 지내기 위한 최대의 조건은 '배우자를 잘 선택하는 것'이다. 물론 결혼 후에도 가정을 잘 운영해야 하지만, 그것보다 더 우선적인 것은 좋은 배우자를 선택하는 것이다.

목사, 스승 혹은 은인과의 만남에 대해 생각해 보라. 훌륭한 목사, 위대한 스승과의 만남은 삶의 방향을 완전히 바꾸어 줄 것이다. 인생의 길은 끝없는 미로다. 길을 가르쳐 줄 누군가가 필요하다. 인생의 길에서 목사와 스승의 존재는 늘 소중하다. 위대한 목사와 스승을 모시고 있는 사람은 대단히 행복한 사람이다.

우연히 만난 사람이 생에 적지 않은 영향을 끼치는 때가 많다. 그러므로 누구에게나 친절하고 예의를 갖추는 몸가짐이 필요하다. 자기의 후원자가 될 수 있는 사람들을 많이 만나는 일은 인생에 큰 자산이 된다.

인간관계를 맺는 데 장애가 되는 요인

원숙한 인간관계는 성공하는 데 필요불가결한 요소다. 그런데 많은 사람이 원숙한 인간관계를 맺지 못한다. 왜 그럴까?

첫째는 상대방을 이해하는 힘이 부족하기 때문이다. 모든 인간에게는 공통된 점, 부분적으로만 공통된 점, 그 사람에게만 있는 유일무이한 점이 모두 포함되어 있다. 인간이 서로 다르다는 점을 깊이 인식하지 못하기 때문에 인간관계가 원만하지 못한 것이다. 결혼생활에서도 남자와 여자의 다른 점을 이해하지 못하면 부부간에 화목하게 지내기 힘들다.

둘째는 의사소통을 효과적으로 하지 못하기 때문이다. 의사소통도 배우고 익혀야 하는 기술임에도 사람들은 이것이 저절로 되는 줄 안다. 의사소통은 매우 복잡한 기술이며, 의사소통의 가장 중요한 기술은 경청이다. 이것부터 제대로 되지 않으니 대화가 될 리 있겠는가.

164

셋째는 과도한 이기심 때문이다. 상대방을 배려하지 않고 자기 욕망만 채우고자 한다면 인간관계가 이루어질 수 없다. 이기심을 다스리고 상대방에게 관심과 사랑을 표현할 때 인간관계가 발전할 수 있다.

자신의 성공과 행복을 가로막는 것이 서투른 인간관계 때문은 아닌지 깊이 생각해 보기 바란다. 자수성가(自手成家)라는 말은 모순이다. 남의 도움을 받아야 산다. 다른 사람으로부터 효과적으로 도움을 얻는다면 승승장구하는 인생을 보낼 수 있다.

인간관계의 원형은 친구다

다른 사람과의 친밀한 정도는 각기 다르다. 동네에서 그냥 인사하는 사람, 식사를 함께 하는 사람, 경조사에 초대할 만큼 밀접한 사람, 부모나 부부나 자녀와 같은 혈연관계의 사람, 생명까지라도 아낌없이 줄 수 있는 친구 등 친밀한 정도에도 차이가 있다. 하지만 인간관계의 원형은 '친구'다. 즉 친구 같은 아버지, 친구 같은 어머니, 친구 같은 스승, 친구 같은 남편, 친구 같은 아내, 친구 같은 아들 딸, 친구 같은 목사가 가장 바람직한 인간관계다. 인간관계에 능숙한 사람은 처음 보는 사람도 10년지기 친구처럼 대한다.

『논어』에 "친구가 먼 곳에서 나를 찾아왔으니 이 어찌 기쁜 일이 아닌가."라는 말이 있다. 우정의 기쁨을 안다면 친구를 사귀고 우정을 돈독히 하는 데 많은 관심을 기울일 것이다. 앨버트 아인슈타인(Albert Einstein)은 여행할 때마다 항상 3등 열차를 이용하였다. 그의 조수가 이상히 여겨 이유를 물었더니 이렇게 대답했다고 한다. "나는 3등 열차 타기를 좋아하네. 3등 열차에서는 친구들을 많이 발견할 수 있으니까. 그들은 곧 나와 친해지고, 또 멀리 떠나 버릴 수도 있네. 내가 이런 소탈하고 친근한 분위기를 마다하고 2등 열차를 이용한다면 그만큼 많은 친구들을 잃어버리지 않겠나. 내가 3등 열차의 단골손님이 된 이유는 바로 이것이라네."

우정을 지속하는 방법을 안다면 자연히 인간관계를 원만하게 유지하는 방법도 알게 될 것이다. 우정을 지속하는 데 도움이 될 원리를 제시한다.

- 황금률(마 7:12, 눅 6:38)을 따른다. 즉 상대방에게 먼저 관심과 친절을 베푸는 것이다. 이 계명 하나만 잘 실천하여도 인간관계는 크게 향상될 것이다.
- 은근하게 정을 나눈다. 나의 개성이 너무 강하면 상대방이 회피하게 된다.
- 편안함을 준다. 매일 쓰는 모자나 매일 신는 구두와 같이 상대방에게 편안한 느낌을 주어야 한다.
- 작은 일에 관심을 가진다. 사람들은 작은 일에 신경 써 주는 것에 매우 감격한다. "애들은 잘 있어?" "건강에 주의해!" "요즘도 테니스를 하니?" 등 하찮아 보이는 것이 우정을 지속하게 만든다.
- 서로의 차이를 존중한다. 성격 차이, 취미 차이, 종교 차이 등을 존중해 준다.
- 도움을 주고받을 기회를 자주 가진다. 도움을 청하는 것이 나쁜 것이 아니다.
- 함께 경험할 기회를 많이 갖는다. 같이 대화, 식사, 목욕, 여행 등을 하면 그만큼 친해진다.
- 늘 미소 짓고 명랑하게 움직인다. 상식적으로 생각해도 늘 찌푸린

얼굴을 하는 사람을 좋아할 리 없는 것이다.

- 예의범절을 잘 지킨다. 친할수록 예의를 지켜야 우정이 오래간다.
- 상대방을 인정하고 칭찬하고 격려하는 기술을 배워 이를 적절히 활용한다.
- 늘 새로운 모습을 보여 준다. 옷, 태도, 말씨에서 개성을 살리도록 한다.
- 지속적으로 우정을 유지한다. 그러기 위해서는 정기적으로 만나 대화하며 슬픔과 기쁨을 나누어야 한다. 오래 묵을수록 포도주 맛이 좋듯이 사람도 오래 사귈수록 정이 깊어진다.

일주일 동안에도 교회에서 몇 번씩 만나는 교인들을 생각해 보라. 아무리 친한 친척이나 형제라도 그렇게 자주 만나기는 어려울 것이다. 우리는 하나님을 영적 아버지로 모시고 사는 형제자매다. 이 세상에서 가장 친숙한 관계를 맺고 사는 사람들이다. 이를 의식하고서 더 활발히 교제함으로 각자의 삶을 풍성하게 해야 한다.

20여 년 전 교회를 개척하려는 한 후배 목사를 도와준 적이 있다. 그 후배 목사는 성실하게 목회를 하였고 교회는 크게 성장하였다. 이 후배 목사 내외는 지금껏 부모 섬기는 것 이상으로 우리 부부에게 정성을 다한다. 그들의 환대를 받을 때마다 우리 부부는 참 행복하다. 좋은 인간관계는 무엇에도 비교할 수 없이 즐거운 것이다. 인간관계를 향상시키는 법칙을 실천해서 인간관계를 향상시키도록 하라. 고독감이 물러가고 삶이 풍요로워짐을 깨닫게 될 것이다.

남자와 여자의 다른 점

학자들의 연구에 따르면 남자와 여자의 다른 점이 무려 2,500가지나 된다고 한다. 남자와 여자의 차이점만 잘 이해해도 결혼생활과 사회생활이 한결 수월할 것이다.

(1) 판단 기준 : 남자는 '옳다, 그르다' 로 판단을 하는 반면 여자는 '좋다, 나쁘다' 로 판단하는 경향이 많다. 여자가 남자보다 훨씬 더 감정적이다. 그러므로 가정의 중요한 결정은 서로 의논해서 결정하는 것이 좋고, 결정할 수 없으면 전문가를 찾아 도움을 구하는 것이 지혜롭다.

(2) 기억력 : 남자의 기억력은 여자에 비해 비교적 약하며, 남자는 필요한 것만을 기억한다. 하지만 여자의 기억력은 남자보다 훨씬 좋아 부부싸움을 할 때 신혼 초에 섭섭했던 것을 자주 들추어낸다. 인간은 불완전한 존재이므로 중요하지 않은 일은 자꾸 들추어낼 필요가 없다. 과거로부터 자유로워져야 한다.

(3) 일처리 : 남자는 한 번에 한 가지씩 처리하려는 경향이 강하고, 여자에게는 여러 가지를 동시에 처리할 수 있는 능력이 있다. 여자는 멀티 플레이어다. 또 여자는 일을 치밀하고 꼼꼼하게 처리한다.

(4) 직관력 : 남자는 위기를 감지하는 능력이 둔한 데 반해 여자는 위기감각 능력이 탁월하다. 그러므로 남자는 위기를 당할 때 여자의 말을 잘 듣는 것이 필요하다.

(5) 미래에 대한 준비 : 남자는 '현재 여기' 만 생각하기 쉽다. 돈이 있으면 써 버리는 경향이 강하다. 하지만 여자는 미래를 대비하는 능력이 남자보다 뛰어나서 저축을 잘 한다.

⑹ 좋은 남편과 좋은 아내의 조건 : 통계에 따르면 좋은 남편은 일 년에 두 번 아내에게 옷을 사 주는 사람이라고 하고, 좋은 아내는 남편의 용돈을 두둑이 주는 사람이라고 한다. 이것은 현실적으로 수행하기 어려운 점도 있다. 하지만 말로만 사랑을 표현하지 말고 구체적으로 사랑을 표현하는 것이 바람직하다. 예를 들면 결혼기념일, 생일, 휴가, 휴일을 서로 잘 챙기는 것이 좋다.

⑺ 장단점 관리 : 남자에게도 장단점이 있고, 여자에게도 장단점이 있다. 인간은 어차피 불완전한 존재다. 평소에 서로에 대해 칭찬하고 고맙다는 말을 많이 하라. 하나님은 서로가 돕고 사랑하고 힘을 합해서 살아가도록 지어 주셨다.

■ 학습을 위한 질문

1. 좋은 친구들을 가지고 있는가? 없다면 그 원인이 무엇인지 생각해 보라.

2. 나는 자녀들 앞에게 배우자를 칭찬하는가?

3. 남자와 여자의 다른 점은 무엇인가?

그리스도인의 교제

그리스도인의 교제의 아름다움

신약성경에서 '교제' 라는 말의 원어는 '코이노니아' 로, '나눔' 이라는 뜻이다. 그러므로 친교의 기본적인 뜻은 서로 나누는 것이다.

그리스도인의 교제에는 두 가지 차원이 있는데 하나는 하나님과 삶을 나누는 수직적인 관계이고, 다른 하나는 성도간에 삶을 나누는 수평적인 관계다. 어떤 그리스도인이 '외롭다', '삶이 권태롭다' 라고 말하면 그는 틀림없이 성도들과 잘 교제하지 못하는 사람이다. 하나님 그리고 성도들과 활발하게 교제한다면 외로움이나 권태가 삶 속에 침투할 수가 없다.

그리스도인들은 예수 그리스도의 은혜 안에서 하나님을 영적 아버지로 모시고 동고동락하는 형제자매다. 시편 133편 1~3절은 형제간의 우애와 연합을 아름답게 묘사하고 있다. "형제가 연합하여 동거함이 어찌 그리 선하고 아름다운고 머리에 있는 보배로운 기름이 수염 곧 아론의 수염에 흘러서 그 옷깃까지 내림 같고 헐몬의 이슬이 시온의 산들에 내림 같도다 거기서 여호와께서 복을 명하셨나니 곧 영생이로다." 이 구절은 예수 그리스도 안에서 성도들이 함께 교제하며 즐거워하는 교회의 모습을 보여 주고 있다.

첫째, 형제의 아름다운 교제의 중요성을 표현하고 있다. "형제가 연합하여 동거함이 어찌 그리 선하고 아름다운고." 여기서의 형제는 혈통의 관계를 가진 형제가 아니라 모든 이스라엘 백성을 총칭한다. 다윗은 모든 백성이 하나가 되는 것이 중요하다고 말한다. 이것은 우리로 하여금 하나님의 자녀로서 하나 되는 것의 중요성을 깨닫게 한다. 성도들은 피차 화목과 사랑을 늘 유지해야 한다.

둘째, 형제간의 교제를 보면서 두 가지를 느끼고 있다. 하나는 아론이 대제사장에 임명되었으며 향기로운 기름이 그의 머리 위에 부어져서 긴 수염을 타고 흐른 것이다. 또 하나는 헐몬 산의 이슬이다. 성도들이 오직 하나님으로부터 오는 위로와 복을 소유할 때 비로소 진정한 연합이 가능함을 암시하고 있다. 성도들의 교제가 잘 이루어질 때 하나님께서 복을 내리셔서 서로에게 유익이 되도록 기쁨과 영생을 허락하시는 것이다.

하나님은 생명의 말씀 안에서 자신을 나타내 보이심으로 인간과 교제를 시작하셨다. 예수님은 하나님과 사람, 사람과 사람 가운데 교제를 시작하신 분이다. 예수님이 세상에 사실 때 그는 사랑으로 모든 사람을 감화시켜 즉시 친교를 맺었다. 이런 친교 속에서 예수님의 제자들은 영적인 훈련을 받았던 것이다.

그리스도인의 교제가 세상 사람들의 교제와 다른 점

그리스도인의 교제는 세상 사람들의 교제와는 다르다. 요한 사도는 요한1서 1장에서 그리스도인의 교제에 대해 다음과 같이 강조하고 있다.

첫째, 그리스도인의 교제는 생명의 교제다(2절). 왜냐하면 생명의 말씀이신 예수 그리스도 안에서 친교가 중점적으로 행해지기 때문이다.

둘째, 그리스도인의 교제는 사랑의.교제다(3절). 그 이유는 그리스도의 사랑으로 말미암아 우리와 예수 그리스도, 우리와 이웃의 관계가 밀착되기 때문이다. 주님은 요한복음 17장 20~21절에서 아버지와 아들의 완전한 연합이 그리스도인들의 개인적인 관계에서도 나타나서 이것으로 아버지께서 아들을 보내심을 세상이 믿게 해 달라고 기도하였다.

셋째, 그리스도인의 교제는 빛의 교제다(7절). 왜냐하면 하나님이 관계하시는 한 어둠 혹은 감추어진 더러움은 존재할 수 없기 때문이다.

물질, 음식, 생활을 나누는 것은 신약성경에서 흔한 일이었다(행 2:44~47, 고전 1:9, 10:16). 초대교회 성도들은 수고를 나누고(고후 8:23, 빌 1:7), 고통을 나누었다(빌 3:10, 벧전 4:13, 5:1). 그들은 각자의 문제를 공유하고 함께 기도했다(약 5:13~16). 분명히 그리스도인의 교제는 모든 면에서 삶을 나누는 것을 포함한다. 그러므로 교제는 그리스도인의 삶의 일부가 아니라 삶 그 자체인 것이다.

그리스도인의 교제를 향상시키는 원리

(1) 구조적인 면
친교를 위한 이상적인 형태의 구조를 만드는 것이 중요하다.

첫째, 공동의 목적과 목표가 있어야 한다. 교제를 하는 이상적인 모습은 하나가 되는 것이다. 그러기 위해서는 공동의 목적과 목표를 이해하고 이를 위해 서로 노력해야 한다. 그리스도인은 함께 모이고, 함께 예배드리며, 서로 돕고, 함께 봉사하는 공동의 목표를 가져야 한다.

둘째, 소집단으로 활동해야 한다. 소집단으로 모일 때 친교가 더욱 활발해지며 소집단 속에서 더욱 안도감을 느낀다. 예수님은 소그룹의 중요성을 알고 이를 잘 활용하셨다. 예수님이 제자들을 훈련하신 것을 보면 잘 알 수 있다.

(2) 내면적인 면

첫째, 사랑을 발전시켜야 한다. 친교를 더욱 친밀하게 만드는 것은 사랑이다. 여기서의 사랑이라 함은 각 사람의 개성과 약함을 있는 그대로 인정하는 포용력을 일컫는다. 이 사랑은 용납과 용서가 특징이다. 교회는 천사나 성자 같은 사람들이 모인 곳이 아니라 불완전한 사람들이 모인 곳이다. 그래서 인내, 자비, 용서, 자제가 필요하다. 사랑으로 피차 용납해야 한다.

둘째, 믿음을 증진시켜야 한다. 믿음은 어떤 역경이나 악한 일도 성령께서 하나님의 영광과 이익을 위해 사용하실 수 있다고 믿는 것이다. 이런 믿음을 가지면 자기 자신에 대해 정직하며 자기의 부족을 인정하게 된다. 이로써 자신의 책임을 잘 감당할 때 다른 사람들에게 신뢰감을 얻게 된다.

셋째, 효과적인 의사소통의 방법을 발전시켜야 한다. 사람의 감정과 생각은 각기 다르므로 상대방을 잘 이해해야 하며 효과적으로 의사를 전달해야 한다. 그리스도인은 창조적인 언어를 개발해야 한다. 상대방의 마음의 문을 여는 데 필요한 도구인 유머를 적절하게 사용하는 것도 좋다. "내 마음에서 좋은 말이 넘쳐 왕에 대하여 지은 것을 말하리니 내 혀는 필객의 붓과 같도다."(시 45:1) 유머는 회화의 양념이며 생활의 소금이다.

■
■
■ **학습을 위한 질문**

1. 교회생활을 하면서 다른 성도들로부터 형제자매와 같은 따뜻한 우애를 느끼고 있는가?
2. 그리스도인의 교제가 세상 사람들의 교제와 뚜렷하게 다른 점은 무엇이라고 생각하는가?
3. 그리스도인의 교제를 방해하는 요소는 무엇인가?

일상생활의 향상

| 첫번째 |

새벽이 하루의 중심이 되게 하라

만나의 이적

이스라엘 백성은 40년간 광야생활을 하면서 여러 가지 이적을 체험했다. 하나님은 밤에는 불기둥으로, 낮에는 구름기둥으로 인도하셨으며 40년간 그들의 신발은 해지지 않았고 옷도 떨어지지 않았다. 변변치 않은 무기조차 지니지 않은 그들이 주위 민족과 싸워서 승리했다.

그들은 광야에서 하나님의 백성으로 훈련받았는데 가장 중요한 가르침은 하나님만 철저히 의지하고 그 힘으로 살라는 것이었다. 그들은 광야에서 곡식을 구할 수 없었다. 기적이 아니면 모두 굶어죽을 상황이었다. 그런 곳에서 하나님께서는 매일 새벽 만나를 내려 주셨다. "만나는 깟씨와 같고 모양은 진주와 같은 것이라 백성이 두루 다니며 그것을 거두어 맷돌에 갈기도 하며 절구에 찧기도 하고 가마에 삶기도 하여 과자를 만들었으니 그 맛이 기름 섞은 과자맛 같았더라 밤에 이슬이 진에 내릴 때에 만나도 같이 내렸더라."(민 11:7~9) 이스라엘 백성들은 40년 동안 이것을 먹고 건강하였으며 병들지 않았다. 완전식품이었던 것이다.

만나는 차가운 새벽이슬과 더불어 지상에 내려졌고, 해가 떠오르는 아침녘에 사라졌다. 만나는 날마다 거두되 새벽에 거두어야 했다. 게으른 자는 만나를 거둘 수 없었다. 모름지기 일찍 일어나는 사람에게 기회가 주어지는 법이다. 하나님은 제6일에는 이틀 치 양식을 한꺼번에 주셔서 이틀 분을 거두도록 하셨다. 제7일은 안식일로 지켜야 했기 때문이다. 엿새 일하고 하루 쉬는 것이 가장 이상적인 삶의 리듬이다. 하릴없이 빈둥거리는 것도 볼썽사나운 일이요, 휴일도 없이 계속 일하는 것도 애석한 일이다.

오늘도 만나의 기적은 일어나고 있다. 누구에게 일어날까? 첫째, 하나님의 말씀을 믿는 사람에게 일어난다. "주님께서 모세에게 말씀하셨다. 너희가 먹을 것을 하늘에서 비처럼 내려 줄 터이니, 백성이 날마다 나가서 그날 그날 먹을 만큼 거두어들이게 하여라. 이렇게 하여 그들이 나의 지시를 따르는지, 따르지 않는지 시험하여 보겠다."(출 16:4, 새번역) 둘째, 매일 일찍 일어나는 사람에게 기적이 일어난다. 성경에 "동틀녘에 하나님이 도와주신다."(시 46:5, 새번역)라는 말씀이 기록되어 있다. 이스라엘 백성은 하나님께서 가장 좋아하시는 시간이 새벽이라고 믿었다. 그래서 그들은 새벽에 하나님 만나기를 좋아했다.

왜 새벽 시간을 좋아했을까? 새벽의 찬란한 빛이 밤의 두려움과 악몽을 몰아내듯이, 하나님께서 가정, 직장, 사업, 인생의 어둠과 난관을 종식시키고 새로운 역사를 나타내신다고 믿었다. 성경에 보면 홍해가 갈라지고 여리고 성이 함락되는 등의 기적이 새벽에 여러 차례 일어났다. 새벽은 하나님께서 왕성하게 활동하시는 시간이다.

예수님의 모범

예수님은 새벽 시간을 어떻게 보내셨을까? 마가복음 1장 35~39절은 예수님의 일과를 요약해서 보여 주고 있다. 그는 매일 새벽에 조용히 일어나셨다. 제자들은 세상모르게 코를 골며 자고 있었다. 그는 옷을 입고 살며시 잠자리에서 빠져나왔다. 수백 미터를 걸어가 기도하기 좋은 곳을 찾았다. 때로는 큰 나무 밑, 때로는 바위 옆을 기도 장소로 정했다. 간밤에 이슬이 내려 땅이 촉촉이 젖어 있었다. 그는 땅에 무릎을 꿇고 하나님께 간절히 기도를 드렸다. 모든 일에 우선하여 하나님을 만났고, 기도 없이는 아무 일도 할 수 없다고 생각하셨다. 기도를 통해서 새로운 능력과 지혜를 얻고, 생각과 뜻을 가다듬어 하루를 새롭게 출발했던 것이다. 그는 새벽을 하루의 중심으로 삼고 활동하였다. 예수님은 날마다 분주한 일과를 보냈고 저녁이 되면 어김없이 피곤하여 단잠을 이룰 수 있었다. 그리고 새벽이면 정해진 시각에 기분 좋게 일어났다. 그는 하루를 어떻게 출발해야 하는지 잘 알고 그대로 실천했던 것이다.

늦게 자고 늦게 일어나는 습관은 현대 문명이 가져온 해악이다. 그래서 인간에게 병이 많아졌다. 일찍 자고 일찍 일어나는 습관을 기른다면 삶에 많은 변화가 올 것이다. 더욱이 예수님처럼 일찍 일어나서 기도하는 시간을 갖는다면 삶에 큰 발전을 이룰 것이다. 새벽을 하루의 기준점으로 삼기 바란다. 이 시간을 기준으로 일과표를 짠다면 만사가 순조롭게 진행될 것이다.

새벽은 황금을 가져오는 시간이다

새벽을 정복한다면 하루를 정복할 수 있고, 그것이 연장되어 일생을 정복할 수 있다. 새벽 4시에 일어나 1시간 정도 새벽 제단을 쌓고, 아침 식사 전에 2시간 정도만 집중적으로 일한다면 그는 틀림없이 지도자가 될 수 있을 것이다.

새벽을 다스리는 것은 성경의 교훈이기도 하다. 하나님이 사용하시는 사람은 새벽을 정복하는 부지런한 사람이다. "주의 권능의 날에 주의 백성이 거룩한 옷을 입고 즐거이 헌신하니 새벽 이슬 같은 주의 청년들이 주께 나오는도다."(시 110:3) 새벽은 하루 중 가장 거룩한 순간이다. 새벽은 정신이 맑고 기쁨이 샘솟는 시간이다. 새벽은 천천히 그리고 조용히 온다. 그리고 하루를 살아갈 마음 자세를 차분히 가다듬어 준다.

새벽 시간을 활용하면 우리에게 어떤 실용적인 이익이 있을까?

- 하루를 여유 있게 시작할 수 있다. 그래서 일에 쫓기지 않는다.
- 그날 계획한 것을 그날에 거의 마칠 수 있다.
- 집중할 수 있는 알짜 시간을 얻을 수 있다.
- 저녁에 단잠을 잘 수 있다.
- 삶에 질서가 생기고 규칙적인 인생이 된다.
- 좋은 아이디어를 많이 얻을 수 있다.
- 부지런한 습성이 몸에 배고 게으름이 사라진다.
- 나를 향하신 하나님의 거룩한 뜻을 이룰 수 있다.

현대를 살아가는 그리스도인은 새벽 시간을 잘 활용해야 한다. 현대는 너무 복잡하고 분주해서 방해받지 않을 수 있는 시간이 새벽뿐이기 때문이다. 새벽 제단을 충실히 쌓는다면 삶의 모든 영역이 형통할 것이다. 이것은 많은 그리스도인들의 체험을 통해 확증된 사실이다.

그렇다면 어떻게 해야 새벽형 그리스도인이 될 수 있는가? 우선 강인한 의지를 가져야 한다. 그리고 일어나는 시각을 하루 일과의 기준으로 정하고 생활 계획표를 작성하는 것이다. 일찍 잠자리에 들어야 일찍 일어날 수 있다. 또 새벽 시간을 활용해서 얻은 성과를 시시때때로 상기하는 것도 큰 격려가 된다. 필자는 목회를 시작할 때부터 새벽 인생으로 변했다. 지금도 새벽 3시에 일어나며 오후 9시면 잠자리에 든다. 지난 30여 년 간 새벽 시간은 나에게 많은 복을 가져다주었다. 이 글도 새벽에 쓰고 있는 것이다.

위인들의 새벽 시간 활용

전 세계적으로 큰 부자들은 대부분 다른 사람들보다 적어도 3시간 전에 일어나서 활동한다고 한다. 새벽이 황금을 가져오는 시간임을 입증하는 사례다. 위대한 영성가들도 모두 새벽에 일어났다. 마르틴 루터와 존 웨슬리는 새벽 4시에 일어나서 매일 2시간 이상 기도하였다고 한다. 새벽은 기도와 명상을 하기에 가장 적합한 시간이다.

건국대학교 부총장이었던 유태영 박사는 극빈한 가정에서 태어나 고학으로 대학을 졸업하고 입지적인 사람이 되었는데 그는 자신이 성공할 수 있었던 비결이 새벽기도 때문이었다고 말한다.

"매일 새벽 4시 30분이면 자리에서 일어나 교회에 나가는 것이 오래된 내 생활 규칙이다. 누군가가 왜 그렇게 새벽에 교회에 가느냐고 묻는다면 달리 할 말이 없다. 다만 새벽기도를 드리면 마음이 편하고 감사하며 행복할 따름이다. 은혜로운 기도생활의 복을 놓치기가 아까워서 새벽에 교회에 나간다는 것이 바른 대답일 것이다. 기도생활을 계속하다 보면 자신의 가치에 대해 새롭게 인식하게 된다. 그래서 초등학교 5학년 무렵 크게 감동감화를 받은 뒤로 새벽기도를 거른 적이 거의 없다. 비가 오나 눈이 오나 폭풍우가 몰아쳐도 교회에 갔다. 고학 시절에는 구두닦이를 하면서도, 신문을 팔면서도 교회에 갔다. 나는 하나님을 참 많이 만났다. 헤아릴 수 없이 많이 만났다. 기도 시간은 하나님과 교통하는 시간이다. 조용히 하나님을 향해 죄를 회개하며 깊은 기도를 드릴 때 하나님이 함께하심을 분명히 느낄 수 있다. 그 느낌은 항상 내게 어떤 커다란 품속에 안긴 것처럼 포근한 느낌을 주었다. 열심히 기도할 때 생각하지 못할 일들도 많이 해 왔다. 덴마크 국왕의 초청으로 덴마크에 유학하고, 벤구리온대학에서 교수생활을 한 것도 하나님의 은총이 아니면 상상하기 힘든 일이었다. 믿음이 있으면 항상 마음에 평화가 깃든다. 두려움 없이 항상 기쁨 속에서 생활할 수 있고, 세상의 물욕을 극복할 수 있게 된다. 그것은 영적 구원에 그치지 않고 세상의 모든 문제를 극복하거나 해결할 수 있는 열쇠가 된다."

■
■

■ 학습을 위한 질문

1. 매일 어떤 형태로든지 새벽기도회를 하고 있는가?

2. 새벽은 기적이 일어나는 시간이라는 것을 믿는가?

3. 아침 일과 전 1시간 이상 일하는 습관을 기를 수 있는가?

| 두번째 |

위대한 하루를 창조하라

어떤 태도로 하루를 맞이해야 하나?

그리스도인은 다음과 같은 자세로 하루를 맞이해야 한다.

첫째, 오늘은 하나님의 선물이다. "이날은 여호와의 정하신 것이라 이 날에 우리가 즐거워하고 기뻐하리로다."(시 118:24) 오늘은 하나님이 나를 위해 마련하시고 선물로 주신 날이다. 그러니 이 날을 감사하고 감격하고 기뻐해야 한다. 만약 대통령이 나에게 "오늘 1,000만 원을 선물로 줄 터이니 잘 써 보시오."라며 봉투를 건네준다면 얼마나 감격스러울까? 그 돈을 정말로 잘 쓰려고 결심할 것이 아닌가? 대통령이 아니라 창조주 하나님께서 이 날을 우리에게 선물로 주셨다는 것을 기억하라. 그래서 하루라는 새날을 맞이할 때마다 감사하고 기뻐하며 어떻게 이 하루를 쓸 것인지 잘 생각해야 한다.

둘째, 오늘은 내가 태어난 날이다. "너는 내 아들이라 오늘날 내가 너를 낳았도다."(시 2:7) 우리는 날마다 새롭게 태어나는 것이기에 매일을 자신의 생일처럼 느끼며 살아야 한다. 바울은 "겉사람은 후패하나 우리의 속은 날로 새롭도다"(고후 4:16)라고 했다. 하루가 지나면 새로워지고 하루가 지나면 또다시 새로워진다는 말은, 오늘이라는 이 하루는 내가 새롭게 태어나고 내 속사람이 또 한 번 성장하는 귀중한 날이라는 뜻이다.

예수님은 "오늘도 내일도 그 다음 날도 나는 내 길을 가겠다."라고 말씀하셨다. 하루하루를 몹시 귀중하게 생각하셨고 그 하루 동안 가야 할 길을 유감없이 가고자 노력하셨다. 공생애 3년 동안 매일매일을 지극히 귀하게 사셨다. 우리도 두려움 없이 귀중한 오늘을 살자. 미지의 하루지만 시편 기자는 주께서 날마다 우리의 짐을 져 주신다고 하였다.(시 68:19)

셋째, 오늘은 내 마지막 날이다. 그리스도인은 늘 종말의식을 지니고 살아야 한다. 바울은 그렇게 살았다. 그는 에베소에서 고별설교 하기를 "보십시오. 이제 나는 성령에 매여서, 예루살렘으로 가는 길입니다. 거기서 무슨 일이 내게 닥칠지 나는 모릅니다. 다만 내가 아는 것은 성령이 내게 일러주시는 것뿐인데, 어느 도시에서든지 투옥과 환난이 나를 기다리고 있다는 것입니다. 그러나 내가 나의 달려갈 길을 다 달리고 주 예수께 받은 사명, 곧 하나님의 은혜의 복음을 증언하는 일을 다하기만 하면 나는 내 목숨이 조금도 아깝지 않습니다."(행 20:22~24, 새번역)라고 했다. 우리의 앞날은 주님의 손에 있지만(시 31:15), 오늘이 내 마지막 날이라는 인식을 가지고 살면 오늘의 가치를 몇 배 높일 수 있다.

하루는 일생의 축소판이다

인간이 80세까지 산다면 약 3만 날을 사는 셈이다. 하루는 일생의 축소판이다. 충실한 하루하루는 충실한 일생을 만든다. 위대한 하루를 만들려고 노력해야 한다. 그러려면 출발이 좋아야 한다. 앞에서 설명한 것처럼 새벽 인생이 되어야 하루를 차분히 시작할 수 있다.

많은 사람들이 아침에 눈을 뜨자마자 무엇에 홀린 듯 분주하게 옷을 입고 움직인다. 바쁜 사람에게는 언제 하루가 지나갔는지, 그리고 언제 일주일이 지나갔는지 모를 정도로 시간이 빨리 지나간다. 이들에게 줄 충고는 생각할 여유를 가지고 왜 바쁜지를 살펴보라는 것이다. 이와는 반대로 시간이 멈춰 버린 세상에서 고통과 슬픔에 허우적거리면서 '죽고 싶다' 말하며 살아가는 사람들도 있다. 자신이 할 수 있는 것은 아무것도 없고 세월이 가도 현재의 상황을 변화시킬 수 없다고 자조한다. 이들은 삶의 주도권을 찾아야 한다. 아무리 험난한 시대라도 세월에 끌려가는 삶이 아니라 자신이 세월을 주도하는 삶을 만들어야 한다. 가치 있는 하루가 되기 위해서는 가치 있는 목표를 세워야 한다. 중점 목표가 없으면 하루는 바쁘게 지나갈 뿐이다.

헤밍웨이의 노벨문학상 수상작 『노인과 바다』에는 산티아고에 사는 한 노인이 등장한다. 그는 고기를 잡아 근근이 살아가는 가난한 어부였다. 그 노인은 혼자 먼 바다까지 나갔고, 그의 낚시에 거대한 돛새치 한 마리가 걸렸다. 사흘간의 사투 끝에 노인은 대어를 낚아 배 뒤에 매달고 희망에 찬 마음으로 항구로 돌아가고 있었다. 상어 떼가 몰려들자 이를 물리치기 위해 노인은 사투를 벌였다. 노인이 가까스로 항구에 접근했을 때 거대한 돛새치는 상어 떼에게 뜯겨 앙상한 뼈만 남아 있었다. 노인은 지친 몸을 이끌고 가까스로 언덕 위에 있는 오두막집에 가서 정신없이 잠이 들었다. 노인이 잠든 사이 소년은 상처투성이인 노인의 손을 둘러보고 눈물을 흘렸다.

이 소설이 주는 메시지는 삶이 힘들더라도 숭고한 용기와 인내를 가지고 극복해야 한다는 것이다. 오늘 하루 무슨 일이 일어날지 모르지만 목표를 정하고 그것을 달성하기 위해 최선을 다한다면 오늘 위대한 하루가 될 것이다.

매일은 자기가 창조하기 나름이다

창세기 5장에는 짧지만 감명 깊은 구절이 나온다. "에녹은 육십 오세에 므두셀라를 낳았고 므두셀라를 낳은 후 삼백 년을 하나님과 동행하며 자녀를 낳았으며 그가 삼백 육십 오세를 향수하였더라 에녹이 하나님과 동행하더니 하나님이 그를 데려가시므로 세상에 있지 아니하였더라"(21~24절). 여기서 에녹의 위대한 일상을 볼 수 있다. 그는 생업에 종사하고 자녀를 키우며 하나님을 섬겼다. 그는 매일매일 자기에게 주어진 삶에 충실했다. 하나님께서도 인정하신 위대한 삶을 산 것이다.

성경에는 '무덤덤하게 살라'라든지 '괴롭게 살라'라는 말씀이 없다. 오히려 힘차고 발랄하게 살 것을 권고한다.

"(주님은) 피곤한 자에게는 능력을 주시며 무능한 자에게는 힘을 더하시나니 소년이라도 피곤하며 곤비하며 장정이라도 넘어지며 자빠지되 오직 여호와를 앙망하는 자는 새 힘을 얻으리니 독수리의 날개치며 올라감 같을 것이요 달음박질하여도 곤비치 아니하겠고 걸어가도 피곤치 아니하리로다."(사 40:29~31)

그렇다면 그리스도인은 어떻게 하루를 창조해야 할까?

- 눈을 뜨면 먼저 감사의 기도를 드린다. 그리고 매일이 하나님의 귀한 선물임을 확신한다. '또 하루의 생명 연장' 이라는 엄청난 은혜에 대해 즐거워하고 감사해야 하다.
- 아무리 바빠도 성경 한 장 이상을 천천히 읽고 묵상한다. 육의 양식을 먹기 전에 영의 양식을 먹어야 한다.
- 오늘도 하나님께서 함께해 주신다는 확신을 갖는다. "이 날은 여호와의 정하신 것이라."(시 118:24)라는 말씀은 '이 날은 여호와께서 행하시는 날' 이라는 뜻이다. 하나님의 은혜 안에 있는 하루는 틀림없이 승리의 날이다.
- 하나님의 도우심으로 오늘 해야 할 일을 다 성취할 수 있다는 믿음을 갖는다. 일을 한 가지씩 해 나가면 마음이 집중되고 염려를 잊게 된다. 지금 당장 해야 할 일만 하면 된다. 성공은 벽돌쌓기와 같이 한 번에 하나씩 쌓아가는 것이다.
- 가정이나 일터에서 남을 배려하고 선행할 기회를 많이 갖는다. 그러면 기쁨이 배가될 것이다.
- 자신의 힘으로 통제할 수 없는 일에 대해서는 하나님께 맡기고 늘 평상심을 가지고 살아간다.
- 잠자리에 들 때 하루를 지켜 주시고 인도해 주신 하나님께 감사의 기도를 드린다.

좋은 일과표를 짜는 방법

하루를 잘 활용하려면 시간을 잘 조직해야 한다. 시간을 잘 조직하면 시간의 주인이 되어 모든 일을 능동적으로 해 나갈 수 있다. 하루를 계획하는 것은 전날 일을 놓기 바로 직전에 한다. 좋은 일과표를 작성하기 위해서는 다음의 사항을 고려하는 것이 좋다.

- 자신에게 가장 적합한 하루 모형을 만든다. 자신의 체력과 둘러싸고 있는 모든 환경을 고려해서 만들어야 한다. 무리하지 않고도 많은 일을 잘할 수 있도록 효과적인 일과표를 만들어 보라.
- 오늘 우선 할 일이 무엇인지 결정한다. 일단 오늘 꼭 해야 할 일을 기록하고, 일의 중요도에 따라 순위별로 정리하거나 삭제한다. 일에 욕심이 많은 사람은 일의 양을 줄이거나 일의 영역을 제한하여 꼭 필요한 일만 선택한다. 꼭 성취해야 할 일을 5가지로 요약하면, 그 것이 오늘의 주요 목표가 된다.
- 시간대에 맞춰 일을 잘 배치한다. 오전 시간에는 중요한 일, 어려운 일, 머리 쓰는 일을 배정하고 오후 시간에는 반복적인 일, 몸을 움직이는 일, 신경을 덜 쓰는 일을 배정하면 효과적이다. 계획한 일은 가능한 오늘 안에 모두 완성하도록 시간표를 짠다.
- 전체와 부분이 잘 조화되도록 시간표를 작성한다. 한 가지 일에 너무 많은 시간을 투여한다든지, 활동의 흐름이 부자연스럽다든지, 일하느라 가족과 함께하는 시간을 소홀히 한다면 전체적으로 균형이 깨질 뿐만 아니라 힘도 더 든다.
- 생각하는 시간, 휴식하는 시간, 운동하는 시간 등을 충분히 확보한다.
- 시간표에 '아무것도 계획되지 않은 시간'을 남겨 둔다. 이는 예기치 않은 일이 발생할 경우나 새로운 계획을 위한 시간이다.
- 점심시간은 느긋하게 보내도록 시간을 운영한다. 점심시간에 충분한 휴식을 취해야 오후 시간을 효율적으로 보낼 수 있다.

• 저녁식사 후에 곧바로 일기를 쓴다. 취침 직전에 일기를 쓰려면 정신이 혼미해져서 잘 쓸 수 없다.

하루를 순조롭게 운영한다

일과표에 따라 하루를 진행하되 행동의 속도는 상황에 맞게 적절히 조정하는 것이 현명하다.

모든 일에는 리듬이 있다. 하루 일과도 일과 휴식이 잘 조화될 때 기분이 좋고 일의 성과도 높일 수 있다. 시간과 마음에 여유를 가지면 원하는 대로 행동 속도를 조절하기 쉽다. 이런 면에서 새벽에 일어나는 것이 유리하다.

보통 하루의 흐름을 관찰해 보면 일과 시작 전까지는 매우 바쁘다가 오전 10시쯤 되면 느긋해지고 점심시간은 더 여유 있다. 일과를 마치고 집으로 돌아오면 또 여유가 생긴다. 이 긴장과 이완의 리듬을 적절히 유지하면 일도 잘 되고, 심신의 건강도 지킬 수 있다.

일을 할 때는 목표를 향해 집중적으로 하되 적당한 간격을 두고 쉬기도 해야 한다. 단 시간이 남는다고 너무 오래 쉬면 효율이 떨어지므로 주의해야 한다. 에너지가 충만할 때는 계획한 것보다 조금 더 욕심을 내서 일하는 것이 필요하다. 그러나 몸이 고달플 때는 일을 좀 천천히 하든지 쉬어야 한다.

사람을 만나서 대화할 일이 생기면 시간을 충분히 확보해 두는 것이 좋다. 이런 경우에는 시간을 돈으로 환산해서는 안 된다. 시간의 경제적 원리를 가족과 함께하는 시간에 적용한다면 가정이 파탄나기 쉽다.

■
■
■ 학습을 위한 질문

   1. 나는 새로운 하루를 기쁨과 감격과 감사함으로 맞고 있는가?

   2. 나는 하루 일과표를 작성하여 이에 따라 하루를 진행하는가?

   3. 나는 적당한 리듬과 긴장을 가지고 하루를 운영하고 있는가?

| 세번째 |

한 주간을 생산적으로 운영하라

주간 단위로 사는 것이 가장 효율적인 생활 리듬 방식

하나님께서는 "안식일을 기억하여 거룩히 지키라 엿새 동안은 힘써 네 모든 일을 행할 것이나"(출 20:8~9)라고 하셨다. 6일 일하고 하루 쉬는 것이 삶에서 가장 효과적인 주기임을 말씀하신 것이다. 일주일도 하루와 마찬가지로 중요한 시간 단위다. 일주일을 성공적으로 사는 인생은 반드시 성공한다. 일주일의 조직과 운영에 리듬을 살리면 모든 목표와 욕구가 제자리를 잡는다. 일주일을 어떻게 관리하느냐에 업무, 가족, 여가, 친구와의 교제, 자기 발전, 신앙생활의 결실이 달려 있다고 해도 과언이 아니다.

모든 시간 계획표의 주축이 되는 것이 주간 계획표다. 월간 계획표는 기간이 길어 변동 사항이 많고, 일일 계획표는 기간이 짧아 갑작스러운 변화가 일어나면 대처하기 힘들다. 이에 반해 주간 계획표는 기간이 길지도 짧지도 않아 가장 현실적으로 시간을 계획할 수 있다. 주간 계획표를 잘 짜면 시간 배분이 원활히 이루어져 여유롭게 시간을 활용할 수 있고 일주일 동안 리듬감 있게 살아갈 수 있다.

사회는 한 주간 단위로 움직인다. 원래 일주일이라는 리듬은 우주의 리듬에서 왔다. 이 일주일 리듬은 생물학적 리듬에도 부합된다. 그래서 일주일 리듬에 따라 치료를 진행하는 경우가 무척 많다. 일주일 리듬은 문화적 리듬이라고도 할 수 있다. 신문이나 방송 프로그램은 한 주간의 리듬을 유지하고 있다. 그리고 전 세계적으로 관공서나 학교 등이 보편적으로 5~6일 일하고 7일째 되는 날은 쉬고 있다.

한 주간 시간표를 짜는 요령

주간 계획표를 짜기 위해서는 우선 30분 단위로 구분된 일주일 시간표 양식을 구비해야 한다. 그리고 다음의 세 단계를 거쳐서 주간 계획표를 작성한다.

첫째, 이 주간에 무엇을 해야 하는지 죽 나열한다. 해야 할 과제를 아래와 같이 분류하면 편리하다.

• 고정 목표다. 의지와는 관계없이 꼭 해야 할 일이다. 연간 계획표와 월간 계획표를 살펴보면 이번 주의 중요 프로그램이나 행사가 무엇인지 분명히 알 수 있다. 이것들은 우선적으로 배치한다.

• 기본 업무다. 자기가 처리해야 할 기본 책임과 주요한 과제를 적는다. 마감 기한이 있는 특정 과제도 여기에 포함시킨다.

- 지속적으로 해야 할 과제다. 시급하지는 않지만 장기 목표를 달성하기 위해 잊어서는 안 될 사항이다. 건강 관리, 가정 관리, 자기 개발과 같은 것이다.

둘째, 언제 그 일을 할지 요일을 결정한다. 요일과 시간대가 이미 결정된 사항들도 있다. 고정 목표는 대개 이루어야 할 시기가 정해져 있다. 그것들을 시간표에 먼저 기록한다. 그런데 요일을 배정하다 보면 어떤 요일에 일이 몰리는 경우가 있다. 이럴 경우에는 일의 일부를 다른 요일로 보내서 시간을 조정한다. 이 기술을 익히면 자기 페이스에 맞추어 여유 있게 시간을 관리해 나갈 수 있다. 중요한 일은 월요일, 화요일, 수요일 등 주간의 앞부분에 배정하는 것이 좋다.

셋째, 어느 시간대에 몇 시간 동안 해야 하느냐를 결정한다. 고정 목표일 경우에는 시간 분량이 정해져 있을 경우가 많다. 매활동에 시간을 예측하여 배당하는 것이 필요하다. 활동과 활동 사이에는 충분한 여백을 두는 것이 좋고, '계획되지 않은 시간'이라는 공백을 남겨 두면 돌발 상황이 일어났을 때 여유 있게 대처할 수 있다.

주간 계획표를 잘 짜면 너무 바쁘거나 너무 한가한 현상이 발생하지 않는다. 그리고 주어진 일주일을 최대로 알차게 쓸 수 있다. 오래 전 일이다. 어느 육군사단의 정모 소령이 내 시간 관리 강의를 듣고 주간 계획표 작성법을 익혔다. 그 양식을 활용해서 실천했더니 놀랍게 시간 여유가 생기더라는 것이다. 전에는 늘 바빠서 서둘렀는데 그 계획표를 활용하니 할 일을 다 하고도 시간이 남아서 옆의 동료들이 놀라더라고 말했다. 주간 계획표는 이처럼 매우 큰 효과를 가져온다.

일주일을 효율적으로 운영하려면

주간 계획표는 현실적으로 짜야 하고, 효율적으로 운영해야만 효과를 거둘 수 있다. 다음의 지침을 잘 살펴보고 그대로 행하도록 하라.

- 일정한 시간에 일하고 일정한 시간에 마치도록 한다. 정해진 근무시간을 지나치게 연장하지 않도록 한다.
- 일어나는 시간, 취침하는 시간을 일정하게 지킨다.
- 수요일과 금요일에는 일을 약간 일찍 끝마친다.
- 주일에는 일에서 완전히 손을 떼고 예배와 교회 봉사에 몰두한다. 그렇게 하면 주일이 주는 재충전의 효과를 체득할 수 있다.
- 월요일 전략을 잘 짜야 한다. 출발이 좋아야 한 주간이 순조롭다. 월요일에는 쉽게 피곤해지기 쉬우므로 일과 후에는 가급적 개인 약속을 잡지 않는 것이 현명하다.
- 금요일 오후에는 더욱 조심해야 한다. 피로가 쌓여 있고 다음날이 주말이라는 느슨한 생각에 사고가 발생하기 쉽다.
- 업무량이 많을 경우에는 날마다 늦게까지 일하지 말고 하루는 늦게까지, 하루는 일찍 끝내는 식의 리듬을 유지하는 것이 좋다.

■ **학습을 위한 질문**

1. 왜 주간 계획표가 모든 시간 계획의 주축이 될까?
2. 주간 시간표를 짜는 요령은 무엇인가?
3. 어떻게 해야 한 주간을 효과적으로 운영할 수 있는가?

| 네번째 |

자투리 시간을 100% 활용하라

사소한 것을 소중히 여기자

인간의 삶은 사소한 일로 구성되어 있다. 작은 것은 큰 것의 씨앗이라고 할 수 있다. 하나의 작은 생각, 사소한 말이나 행동이 때로 엄청나게 큰 사건의 근원이 된다. "티끌 모아 태산", "천 리 길도 한 걸음부터", "페니를 아끼면 달러가 굴러 들어온다."는 속담과 명언은 작은 것의 효율성을 잘 보여 준다.

예수님은 그 누구보다 '작은 것'의 귀중함을 강조하셨다. 예를 들면 "이 소자 중 하나에게 냉수 한 그릇"(마 10:42)을 주라고 한 말씀이나 "겨자씨 한 알만한 믿음"(눅 17:6)이나 "작은 일에 충성"(마 25:21)하라는 등의 말씀을 하셨다.

또 '오병이어의 기적'을 베푸신 뒤에는 "남은 조각을 거두고 버리는 것이 없게 하라"(요 6:12)고 하셨다. 남은 조각이 12광주리나 되었다니, 최초의 보리떡 5개와 물고기 2마리와 비교하면 얼마나 많은 분량으로 늘어났는가? 작은 것이 모이면 큰 것이 된다. 이것은 물질, 노력, 선행, 시간 등 삶 전 영역에 적용되는 보편적인 진리다.

예수님은 작은 시간을 귀중히 여겨 그것을 잘 활용하셨다. 그 예를 요한복음 4장에서 볼 수 있다. 그는 제자들과 함께 갈릴리로 가시던 중 사마리아를 통과하게 되었다. 수가라에 있는 야곱의 우물가에서 휴식하게 되었을 때, 제자들은 먹을 것을 사러 동네로 들어갔다. 그 사이에 예수님은 무료하게 시간을 보내지 않고 물을 길러 온 사마리아 여인을 전도하셨다. 사마리아 여인 한 사람을 전도한 것이 계기가 되어 그 동네의 많은 사람이 예수님을 믿게 되었다.

시간을 잘 사용하는 사람과 그러지 못한 사람의 뚜렷한 차이는 전자는 짧은 시간이라도 선용하는 데 반해, 후자는 짧은 시간뿐 아니라 긴 시간도 공허하게 흘려보낸다는 것이다. 그런데 자투리 시간은 하루에도 수십 차례 생긴다. 이것을 잘 활용하면 큰 유익을 얻을 수 있다.

선교사의 원조인 영국인 윌리엄 캐리는 구두 수선공으로 일하면서 아내와 두 자녀를 부양했다. 그는 26살부터 순전히 자투리 시간만을 활용하여 7년 동안 히브리어와 헬라어 등 5개 국어를 공부했다. 그리고 32살 때 영국인 최초로 인도 선교사로 가서 헌신했고, 인도의 여러 방언을 성경으로 번역하기도 했다. 조지 뮬러도 자투리 시간을 잘 활용했는데, 그는 매일 면도하면서 기도할 정도였다. 이들은 짧은 시간을 소홀히 여겨서는 안 된다는 사실을 실제 삶을 통해서 보여 주었다.

존 어스킨은 열네 살 때 피아노를 배웠다. 하루는 피아노 선생님이 그에게 물었다. "일주일에 몇 번이나 피아노를 연습하니? 한 번 연습할 때 어느 정도 하지?" 존이 대답했다. "하루에 한 번, 한 시간 이상 연습하려고 노력해요." 그러자 선생님이 말했다. "하루에 한 시간을 일부러 만들려고 하지 마라. 어른이 되면 하루에 한 시간씩 연습하기가 더 어렵거든. 차라리 시간이 날 때마다 몇 분이라도 연습하는 게 좋단다. 학교 가기 전에 5분, 점심 먹은 다음 10분, 잠자리에 들기 전 15분, 이렇게 틈나는 대로 연주해 봐라. 자투리 시간을 이용하면 오래지 않아 음악은 네 일부가될 것이다." 선생님의 조언대로 실천한 존 어스킨은 뛰어난 피아니스트가 되어 뉴욕 필하모닉 오케스트라와 협연했다. 그는 줄리아드음악학교장을 지냈으며 작가로도 왕성하게 활동했다. 컬럼비아대학에서 문학을 가르치는 동안에는 출퇴근 시간에 틈틈이 글을 써서 45권이 넘는 책을 펴내기도 했다.

작은 시간을 결코 우습게 생각하지 말아야 한다. 1분도 잘 활용할 수 있다. 5분은 날마다 활용도가 매우 높다. 15분은 더욱 높다. 만약 15분의 자투리 시간을 날마다 활용한다면 다음과 같은 의외의 결과를 맞게 될 것이다.

1년 동안에 책을 한 권 쓸 수 있고, 조그만 정원을 가꿀 수 있으며, 악기 하나를 배울 수 있고, 외국어 회화를 중급 정도의 실력으로 올릴 수 있다. 3년을 계속하면 어떤 일의 전문가가 될 수 있다. 40년간 계속하면 1,000권의 책을 읽을 수 있으며, 그것은 대학을 5번 다닌 결과가 된다. 지금보다 하루 1시간을 더 활용한다면 10년 후에는 전혀 다른 위치에 있을 것이다. 그런데 누구나 지금보다 하루에 최소한 2시간을 더 활용할 수 있다고 한다.

자투리 시간을 활용하는 아이디어

(1) 성경책을 가장 잘 보이는 장소에 두고 짬이 날 적마다 읽는다.

(2) 만날 약속을 할 경우에는 서점으로 장소를 정한다.

(3) 장거리 여행을 할 경우에는 읽을 책과 간단히 처리할 수 있는 일거리를 준비해 간다.

(4) 공식 모임이나 회의가 있을 때 약속 시간보다 30분 정도 일찍 간다. 그 시간에 책을 읽을 수 있고 휴식을 취할 수도 있다.

(5) 혼자 목욕을 하면서 소리 내어 노래를 부른다.

(6) 용변을 보면서 오늘 해야 할 중요한 일들을 생각해 본다.

(7) 운전대 옆에 포스트잇과 필기도구를 준비해 두었다가 좋은 아이디어가 떠오를 때마다 기록한다.

(8) 전철이나 버스에서 앉아서 갈 때는 컨디션에 따라 책이나 신문을 읽거나 짧은 잠을 자서 피로를 푼다.

(9) 일과 일 사이의 짬을 이용하여 명상, 계단 오르기, 복도 걷기, 스트레칭 등을 한다.

(10) 점심식사 후 혼자 조용한 곳을 걸으며 명상을 한다.

(11) 집에 있을 때 무료하다는 생각이 들면 바닥을 청소하거나 가구나 서재를 정돈한다.

(12) 짬이 생기는 때에 좋아하는 악기를 연습한다.

(13) 10분의 시간이 생기면 대화나 연설 연습을 한다.

(14) 5분의 시간이 생기면 전화 2통을 할 수 있다.

(15) 자동차 시동을 걸고 출발 직전에 약 1분 정도 기도를 한다.

(16) 심한 정체 시에는 차 안에서 가지고 온 책을 읽는다.

(17) 가만히 앉아 있을 때에는 독서하고 서 있을 때는 새로운 생각을 한다.

■ 학습을 위한 질문

1. 나는 계획된 일이 갑자기 취소되었을 때(공항에 나갔는데 안개가 끼어서 3시간 연발할 경우, 대학생이 휴강을 맞이할 경우, 회의가 연기될 경우 등) 그 시간을 대신 이용할 방안을 가지고 있는가?
2. 자투리 시간 5분 동안에 내가 무엇을 할 수 있는지 알고 있는가?
3. 전철, 버스, 기차, 비행기 등을 탈 때 그 안에서 시간을 어떻게 활용할 것인가?

| 다섯번째 |

생각하며 살라

　많은 사람들이 생각하지 않고 지낸다. 이런 경향을 부추기는 것은 텔레비전, 스마트폰, 인터넷 및 자동화된 각종 문명의 도구다. 이런 것에 의존하다 보니 생각할 필요가 없게 되고 멍텅구리가 되어 간다. 프랑스의 철학자 데카르트는 "나는 생각한다. 고로 나는 존재한다."라는 유명한 말을 했다. 산다는 것과 생각한다는 것을 따로 떼어 논할 수 없다. 하지만 어떤 생각을 하느냐가 문제다. 인간은 하루 5만 내지 10만 가지의 생각을 한다고 한다. 그러나 대부분 어제와 똑같은 생각을 하고 적극적으로 생각하기보다는 부정적으로 생각하는 경우가 더 많다.

　훌륭하고 보람 있는 인간이 되려면 올바로 생각하는 훈련을 해야 한다. 생각하는 힘이 성장해야 발전할 수 있다. 바울은 "내가 어렸을 때에는 말하는 것이 어린아이와 같고 깨닫는 것이 어린아이와 같고 생각하는 것이 어린아이와 같다가 장성한 사람이 되어서는 어린아이의 일을 버렸노라"(고전 13:11)고 말했다. 성숙한 사람이 되려면 반드시 생각도 성숙해져야 한다.

생각은 그 사람을 대표한다

지금부터 3,000년 전에 살았던 솔로몬 왕은 이런 말을 했다. "무릇 그 마음의 생각이 어떠하면 그의 사람됨도 그러하니."(잠 23:7, 새번역) "어리석은 사람은 생각 없이 살다가 죽는다.", "곤고한 날에는 생각하라."(전 7:14) 그리고 바울은 "각 사람에게 말하노니 마땅히 생각할 그 이상의 생각을 품지 말고 오직 하나님께서 각 사람에게 나눠주신 믿음의 분량대로 지혜롭게 생각하라"(롬 12:3)고 했다.

사람이 품은 생각은 그 사람이 어떤 사람인지를 나타낸다. 할 수 있다고 생각하는 사람은 적극적인 사람이고, 할 수 없다고 생각하는 사람은 소극적인 사람이다. 위대한 생각을 하는 사람은 위인이고, 시시한 생각을 하는 사람은 소인이다. 생각이 뛰어난 사람은 지혜로운 사람이고, 생각이 모자란 사람은 어리석은 사람이다. 그리고 지금 무엇을 생각하고 있느냐가 앞으로 어떤 인물이 될 것인가를 결정한다. 가장 많이 생각하는 방향대로 미래가 흘러갈 것이다.

생각하는 힘은 하나님이 주신 최고의 선물이다. 위인은 이 생각의 힘을 최대로 활용한 사람이다. 유태민족만큼 세계적인 인재를 많이 배출한 민족도 없을 것이다. 그들은 어떻게 그런 위대한 민족이 되었을까? 그들은 생각하며 일하고, 일하면서 생각하는 것이 습관이 되었다고 한다. 개인이건 국가이건 경쟁력의 차이는 '생각하는 힘' 에 달려 있다.

생각하는 것은 즐거운 일이다

공상을 하든, 계획표를 짜든, 수학 문제를 풀든 생각하는 것은 즐거운 일이다. 생각하는 힘이 미약한 것은 생각하는 즐거움을 모르기 때문이다. 공부를 잘 하려면 사고력을 높여야 한다. 어떤 사람들은 어려움이 닥치면 쉽게 포기하고 복잡한 사항에 직면하면 생각하기조차 싫어한다. 생각하는 즐거움은 생각하는 습관에서 비롯된다. 기타를 잘 쳐야 기타 연주를 즐길 수 있고, 기타 연주를 즐길 때라야 기타 실력도 는다. 마찬가지로 생각하는 즐거움을 알아야 생각하는 습관이 생기고, 생각하는 습관이 생겨야 더 큰 생각의 즐거움을 느낄 수 있다.

생각하는 즐거움을 얻기 위해서는 여유를 갖고 생각하는 습관을 길러야 한다. 너무 바쁘면 생각할 여유를 얻지 못한다. 생각하는 즐거움을 얻기 위해서는 과거와는 다른 발상을 해야 한다. 생각이 굳어진 상태를 고정관념, 독선, 교만이라고 부른다. 생각이 굳어지지 않도록 늘 유연하게 생각하는 습관을 길러야 한다.

생각을 잘하면 실수와 시간 낭비를 최소로 줄일 수 있다

심사숙고를 하면 더 나은 편을 선택할 수 있어서 실수와 시간 낭비를 줄일 수 있다. 우리는 상식적, 논리적으로 생각하는 훈련을 해야 한다. 예술가나 과학자에게는 창의적으로 생각하는 습관이 더 필요하겠지만, 생활인에게는 논리적으로 생각하는 습관이 우선이다.

잘못된 생각은 반드시 잘못된 행동으로 이어진다. 이런 말이 있다. "일을 올바로 하는 것보다 올바른 일을 하는 것이 중요하다." 아무리 도둑질을 잘한다고 해도 그 행위는 칭찬받지 못한다. 도둑질 자체가 잘못된 일이기 때문이다.

잘못된 일을 하고 있음에도 그런 생활방식이 최선이라고 믿으면 악순환만 거듭될 뿐이다. 만족이나 균형 잡힌 생활은 합리적이고 상식적인 생각에서 비롯되는 것이다.

자신이 상식적으로 생각하는 사람인지 아닌지 검토하려면 다음 사항에 OX로 체크해 보라.

- 휴식은 시간 낭비다. [   ]
- 가족들에게는 좀 거칠게 대해도 괜찮다. [   ]
- 어떤 일이라도 완벽하게 처리해야 한다. [   ]
- 내가 좋아하는 사람은 좋은 사람이고, 내가 싫어하는 사람은 나쁜 사람이다. [   ]
- 무엇이든지 열심히 하면 이루어진다. [   ]
- 돈이 많을수록 더 행복해진다. [   ]
- 골치 아픈 일은 피하는 것이 상책이다. [   ]
- 다른 사람에게 거친 말을 한 다음에 "나는 뒤끝이 없는 사람이야!"라고 말한다. [   ]
- 될 수 있는 한 실수를 범해서는 안 된다. [   ]
- 다른 사람에게 싫은 소리를 해서는 안 된다. [   ]

위의 사항에 '그렇다'는 대답이 많으면 합리적으로 생각하는 능력이 부족한 사람이다. '그렇다'가 많을수록 고정관념에 사로잡혀 사는 사람이라고 할 수 있다.

매일 생각할 시간을 마련하라

세계적으로 좋은 영향을 미친 위대한 사람들은 모두 상당한 시간을 혼자서 사색하고 명상하며, 내면의 소리에 귀를 기울이면서 보낸 사람들이다. 역사학자 아놀드 토인비는 세계를 움직인 세 사람을 모세, 예수, 바울이라고 소개하면서 그들의 영향력의 원천은 고독한 시간을 많이 가졌기 때문이라고 했다. 모세는 시나이 산에서, 예수는 광야에서, 바울은 아라비아 사막에서 오랫동안 혼자 지내면서 하나님과 교제하고 깊은 명상의 시간을 가졌다.

이 진실은 정치계에서도 똑같이 적용된다. 링컨, 처칠, 루즈벨트와 같은 사람들은 혼자 시간을 보내면서 많은 유익을 얻었다고 고백했다. 좋은 대학들은 교수들이 사색하고 연구할 시간을 많이 갖도록 최소한의 강의만을 맡기고 있다. 하루에 최소한 30분은 고요히 생각하는 시간으로 정해 놓아라. 그때에는 이런저런 걱정하지 말고 그저 내면의 소리에 귀를 기울여라. 가장 생산적인 시간이 될 것이다.

구체적으로 생각하는 습관을 기르자

우리나라 사람들은 구체적으로 생각하는 훈련이 덜 되어 있다. 낯선 곳에서 길을 물어보면 구체적으로 가르쳐 주는 사람이 드물어서 애를 먹는 수가 종종 있다. 특히 숫자감각에 약하다. 대충대충, 대강대강, 어림잡아 수치를 계산한다. 평소에 구체적으로 생각하는 훈련을 하지 못했기 때문이다. 서구 사람들은 비록 나이가 어릴지라도 남들 앞에서 구체적으로 자기표현을 한다. 법적으로 소송을 할 때에는 구체적인 증거물이 없으면 승소할 수 없다. 기록을 남길 때에는 육하원칙에 의거해 기록해야 나중에 참고가 된다. 목표를 정할 때에도 최종 결과를 수치로 알 수 있도록 명확하게 정해야 한다. 평소에 구체적이고 치밀하게 생각하는 훈련을 하는 것이 바람직하다.

긍정적으로 생각하는 습관을 기르자

긍정적으로 생각하기, 낙관적인 태도 취하기, 마음의 여유 잃지 않기 등은 인생길을 걸어가는 우리에게 늘 필요한 자세다. 미래는 그 사람이 평소에 어떤 생각을 하고, 어떤 이미지를 떠올리며, 어떤 말을 하고, 어떤 행동을 하느냐에 따라 결정된다. 간절히 원하던 일, 많이 노력한 일이 이루어지지 않았을 경우에는 어떤 태도를 취하는 것이 바람직할까? 좋은 쪽으로 생각하는 것이 가장 바람직하다. 이런 사람에게는 불운도 비켜간다. 매사를 긍정적으로 생각하면 멋진 인생을 살게 된다.

그리스도인은 로마서 8장 28절 말씀을 생활화하면 늘 긍정적인 삶을 살게 될 것이다. "우리가 알거니와 하나님을 사랑하는 자 곧 그 뜻대로 부르심을 입은 자들에게는 모든 것이 합력하여 선을 이루느니라."(롬 8:28) 어떠한 상황에서도 온전한 믿음만 가지면 하나님께서 가장 적절한 때에 다 이루어 주신다. 이런 믿음이 없는 것을 염려해야 하고 그 외의 것은 염려할 필요가 없다.

생각의 수준을 향상시켜라

몇 마디 대화를 해 보면 그 사람의 생각하는 수준을 알 수가 있다. 생각 수준이 높아지지 않고는 삶이 바뀌지 않는다. 어릴 때 품었던 한 가지 고정적인 생각이 일생 동안 머리에 박혀서 앞길을 가로막는 일이 적지 않다. 회개란 잘못된 생각을 온전히 바꾸는 것이다. 하나님은 "불의한 자는 그의 생각을 버리고 여호와께로 돌아오라 그리하면 그가 긍휼히 여기시리라"(사 55:7)고 말씀하셨다. 잘못된 생각을 고치고 올바른 생각을 하도록 노력하라. 그 구체적인 방안을 제시하면 다음과 같다.

- 설교를 잘 듣고, 성경을 부단히 읽고 명상한다. 자기도 모르게 하나님의 생각을 닮아 갈 것이다.
- 독서와 여행, 대화 등을 통해서 견문을 넓힌다.
- 토론을 통하여 질문을 하고 질문에 답한다.
- 효과적으로 글쓰기를 한다.
- 매일 생각하면서 살아간다.

■ **학습을 위한 질문**

1. 생각하는 것이 얼마나 중요한지를 깊이 느낀 적이 있는가?
2. 구체적으로 생각하는 습관이 형성되어 있는가?
3. 생각의 수준을 높이려면 어떤 노력을 해야 하는가?

습관을 변화시켜라

| 첫번째 |

작은 변화를 일으켜라

    사람은 변화하려는 성향을 가진 동시에 변화를 거부하려는 성향도 갖고 있다. 특히 나이가 들수록, 어떤 일에 익숙해질수록 기존 틀을 유지하려고 하며 좀처럼 변화하려고 하지 않는다. 오랜 타성으로 인해 변화하기를 싫어하기 때문이다.

    그러나 발전하려면 변화해야만 한다. 미래의 참 모습은 변화임을 알아야 한다. 변화는 기회이고 성장할 수 있는 계기가 된다. 또 삶에 활력을 준다. 변화 중에서도 자기 자신을 변화시키는 것이 가장 필요하고도 위대한 일이다. 하지만 매우 어려운 일이기도 하다. 하지만 올바른 방식을 따른다면 그렇게 어렵지도 않다.

    어떻게 하면 변화의 충격을 줄일 수 있는가? 조금씩 변하면서 점진적으로 변하는 것이다.

작은 변화, 큰 결과

삼성그룹이 세계적인 기업으로 도약할 수 있었던 비결은 철저한 직원 교육 때문이다. 필자도 삼성 CEO 교육과 직원 교육에 여러 차례 참여했는데 삼성그룹은 직원 교육에 막대한 투자를 한다. 많은 비용을 들여 교육하지만 교육받는 직원들에게 처음부터 엄청난 변화를 요구하지 않는다. 대신 아주 작은 것, 쉬운 것부터 시작하기를 권한다. 한 가지 교육 과정이 끝나면 교육 담당관은 직원들에게 각자 바꿀 것 세 가지를 적어 내라고 한다.

예를 들면 "나는 칫솔질을 하루 세 번 하겠다.", "한 달에 책 두 권을 읽겠다."와 같이 누구나 할 수 있는 것들이다. 이렇게 해서 소위 '나비효과'를 기대하는 것이다. '나비효과'란 카오스 이론 중의 하나로, 중국 북경에서 나비가 펄럭이면 미국 뉴욕에서 태풍이 일어난다는 이론이다. 삼성그룹은 이렇게 작은 변화를 전체 직원들에게 요구하여 점진적으로 큰 변화를 이루어 나갔다.

처음부터 과욕을 부리면 얼마 안 가서 중단하고야 만다. 높은 산에 올라가는 사람은 처음부터 아주 답답하리만치 천천히 걷는다. 작은 변화가 큰 결과를 가져온다는 이 간단한 원리를 삶에 적용해 보기 바란다.

얼마 전 KBS 라디오에서 탈북자들을 상담한 적이 있다. 탈북자들은 남한이라는 새로운 사회에 적응하는 데 어려움을 겪는다. 새로운 환경에 적응하려니 힘들 수밖에 없다. 그 방송에 출연한 50세의 한 탈북자 남자가 나에게 이런 질문을 했다. "선생님이 시간 관리 전문가라면서요? 그런데 시간 관리라는 말 자체가 생소해서 실감이 나질 않아요. 시간 관리가 뭡니까?" 나는 이렇게 대답했다. "시간 관리란 시간을 효율적으로 사용하는 방법입니다. 그런데 시간 관리를 잘하려면 사소한 행동부터 바꿔 가야 합니다. 당장 내일부터 30분만 일찍 일어나 보십시오. 그러면 시간 에 쫓기지 않고 하루를 여유 있게 보낼 것입니다. 그리고 하루 동안 해야 할 일의 목록을 종이에 적어 보십시오. 또한 오늘 해야 할 일은 오늘 모 두 마치도록 노력하십시오."라고 조언했다.

바꿀 수 있는 행동에는 어떤 것들이 있나?

시간 관리의 원리와 기술은 대단히 많다. 그것들을 습득하기 위해서 는 많은 시간이 소요되므로 쉽게 실천할 수 있는 것부터 해 보는 것이 순 리다. 쉽게 실천할 수 있는 것으로 다음의 예를 살펴보라.

- 일찍 깨어나고, 눈을 뜨면 바로 일어난다.
- 일정한 시각에 하루 세 끼의 식사를 한다.
- 책상 위에는 아무것도 놓아 두지 않는다.
- 마감 시간을 정해 놓고 일을 한다.
- 한 번에 한 가지 일에만 전념한다.
- 휴식 시간에는 딴 생각하지 않고 푹 쉰다.
- 해야 할 일은 지금 바로 시작한다.
- 5분의 시간이라도 그것을 활용할 방도를 생각한다.
- 잊기 쉬운 것은 수첩이나 메모 도구에 즉시 기록한다.
- 쇼핑하기 전에 구입할 물건의 목록을 적어서 간다.
- 약속한 시간보다 15분 일찍 약속 장소에 도착한다.
- 외출했다가 돌아오면 옷은 옷장에 걸어 두고 양말은 세탁기에 넣 는다.

- 사물의 좋은 면을 보도록 한다.
- 피곤이 쌓이기 전에 휴식을 취한다.
- 과제가 생기면 상당히 일찍부터 차근차근 준비한다.

위에 열거한 습관은 약간의 의지만 가지면 누구나 실천할 수 있는 것들이다. 하지만 몸에 배어 있지 않으면 쉽게 실천하지 못한다. 그 이유는 지금까지 길들여진 습관의 힘이 너무 강하기 때문이다. 비록 오랜 습관의 힘이 강할지라도 단단한 의지를 가지고 한 가지씩 개선해 나가길 바란다.

올바른 방식으로 꾸준히 해 나가면 반드시 발전한다

필자는 올해 6kg의 체중을 줄이는 데 성공했다. 여러 해 동안 다이어트를 시도했지만 매번 실패했다. 이번에 선택한 방법은 비교적 간단했다. 매끼 밥을 두 수저 덜어 내고, 매일 1시간 이상 걸은 것이다. 그렇게 꾸준히 하니 수개월 만에 나도 모르게 체중이 감량되었다.

최근 글쓰기 모임에서 만난 한 목사가 자기의 경험담을 말해 주었다. 자신은 탁구를 잘 치지 못했는데 지난 일 년 간 매일 코치를 받아 연습했다고 했다. 그런데 최근 탁구를 잘 치는 두 명의 동료 목사와 각각 탁구 시합을 했는데 모두 자기가 이겼다고 했다. 그는 자기도 모르게 실력이 향상된 것을 보고 놀랐다고 말했다.

시간 관리에서도 똑같은 방식이 적용된다. 처음부터 욕심을 부리지 말고 한 가지를 꾸준히 실천함으로 성과를 얻는 것이 좋다. 이런 작은 성취가 큰 발전의 촉진제가 된다. 작심 삼일이 되지 않기 위해서는 의지를 강화하는 것도 필요하지만 실행한 것을 날마다 기록해 나가는 작업이 필요하다.

■ 학습을 위한 질문

1. 새로운 변화가 필요한 줄 알면서도 변하려고 하지 않는 이유는 무엇인가?

2. 위에 열거한 '작은 행동' 가운데 실천해 보고 싶은 것 세 가지를 고른다면 어떤 것을 택하겠는가?

3. 과거에 꾸준히 실천해서 효과를 거둔 일이 있는가? 공부나 운동이나 예술 등에서 성과를 거둔 일을 생각해 보라.

미리미리 하기

나는 시간 관리에 관한 강의를 할 때마다 교육생들에게 "미리미리, 일찌감치!"라는 구호를 세 번 복창시켜 이 말만은 잊지 않도록 한다. 매사를 미리미리, 일찌감치 하는 것보다 더 효율적인 시간 관리 습관도 드물다. 매사를 미리미리 하는 습관을 길들인 사람은 매우 행복하다. 이런 습관을 우리 국민 모두가 길들인다면 과속으로 인한 교통사고는 절반으로 줄어들 것이며, 따라서 국가 경제에도 큰 도움이 될 것이다.

자신을 분석해 보라

미리미리 일찌감치 할 수 있었는데 하지 않아 후회한 사건의 목록을 기록해 보라. 일찌감치 할 수도 있었는데 왜 미리 하지 않았는가? 그 이유는 다양하다. 미루는 습성이 몸에 배어 있어서, 시간이 많이 남았다고 방심해서, 일의 중요성을 이해하지 못해서, 매사에 서둘러서, 앞을 보지 않고 현재 일에만 몰두해서, 즉흥적으로 행동해서, 계획을 하지 않아서 등등 많을 것이다.

외국에 다녀보면 시간에 쫓기지 않고 여유 있게 사는 외국인들의 모습을 볼 수 있다. 우리나라 사람들처럼 바쁘게 사는 사람들이 드물다. 그런데 바쁘다는 사람을 가만히 살펴보면 일에 너무 욕심이 많거나 준비하지 않고 일하는 것을 발견하게 된다. 그들은 차분히 앉아 계획을 세울 시간을 갖지 못한다. 그리고 즉흥적으로 행동한다. 평소에는 태만하다가 마감 시일이 닥쳐오니까 조급하게 행동한다. 그래서 허둥대고 졸속으로 일을 처리한다. 이런 악순환을 단절하려면 '미리미리 일찌감치' 하는 습관을 들여야 한다. 일을 미리 하면 차분히 준비할 수 있고, 일에 대한 부담감에서 해방되어 편안한 마음을 가질 수 있으며, 기회를 더 많이 얻을 수 있다. 예기치 않은 큰 사고를 예방할 수 있고, 여유 시간을 많이 확보할 수 있다.

예약문화는 '미리미리'의 원리를 응용한 것이다. 예약은 미래의 어느 시점에 어떤 자리를 미리 잡아놓는 것이다. 병원도, 음식점도, 열차표도, 비행기표도 미리미리 예약해 두는 것이 유익하다. 예약할 수 있는데도 하지 않아 시간적으로나 경제적으로 불이익을 당하는 경우가 얼마나 많은가.

중요한 일은 더욱더 미리 준비하라

몇 년 전 새해 첫 출근하는 날이었다. 그날 전국에 사상 최고의 기록적인 폭설이 내렸다. 서울에도 눈이 27cm나 내려 교통 대혼란이 일어났다. 이날 아침 일찍 국무회의가 있었다. 2명의 국무위원은 회의에 늦게 참석하고 4명의 국무위원은 아예 참석하지 못했다. 그 회의에 늦었거나 참석하지 못한 국무위원들의 심정은 어떠했을까? 그들이 더 일찍 집을 나섰다든지 승용차에서 내려 전철을 이용했더라면 회의가 시작되기 전에 도착할 수 있었을 것이다. 이 사건을 통해 알 수 있는 것은 언제든 어디서든 예기치 않은 일이 일어날 수 있다는 것이다. 따라서 어떤 일이 일어나더라도 충분히 대처할 수 있도록 시간 여유를 두고 미리미리 행동해야 한다.

결혼 주례를 많이 서는 어느 명사는 결혼식이 시작되기 3시간 전에 예식장에 도착한다고 한다. 일찍 도착해서 휴식하기 좋은 곳에서 책을 읽거나 신문을 읽으며 기다린다고 한다. 그는 이 습관이 큰 도움이 된 적이 있었다고 한다. 결혼식 주례를 서기로 한 날 마라톤 경기가 열려 교통을 통제하였으나, 일찍 출발한 덕에 예식이 시작되기 직전에 도착할 수 있었다는 것이다.

가족 모임에는 좀 늦게 도착해도 비난하는 사람이 없다. 그러나 특별한 의미가 있는 모임에 늦게 도착하면 비난을 받거나 모든 것이 허사가 되고 만다. 수험생이 시험장에 늦게 도착한다면 어떻게 되겠는가? 면접시험을 보아야 하는데 면접 장소에 늦게 도착한다면 어떻게 되겠는가? 치과에 가는 것을 미루다 보면 이를 빼야 하고 불가피하게 의치를 사용하게 될 수도 있다. 법적인 문제의 해결을 늦추면 나중에 수십 배의 시간과 경비가 들기도 한다. 자기에게 꼭 필요한 사항을 늦춘다면 인생을 풍요롭게 살아갈 수 없다. 미리미리 일찌감치 하는 습관은 이러한 위기를 극복하고 예방하는 삶의 좋은 기술이다.

즉흥주의여 안녕!

평소에 철저히 준비하면 그 결과도 매우 좋다. 이것은 삶의 모든 영역에 적용된다. 오랫동안 미국인들과 지내면서 느낀 것은 그들은 서두르는 법이 없다는 것이다. 그리고 매사에 철저히 준비를 한다. 행사를 준비할 때도 많은 경비와 시간을 투자한다. 외국인의 눈에 비친 한국인은 어떤 모습일까? 그들은 '빨리빨리'라고 외치는 우리를 호기심으로 바라볼 것이다. 즉흥적으로 일을 처리하는 방식을 지양해야 한다. 국제적인 학자들은 국제회의가 열리기 1~2년 전에 이미 회의에 참석하겠다는 약속을 한다. 하지만 한국의 연구기관들은 회의가 2주일도 안 남은 시점에서 갑자기 참석해 달라고 요청하기도 한다. 이러한 모습이 국제적으로 한국 학자들을 신뢰하지 못하게 만든다.

나도 종종 이와 같은 경험을 한다. 강의 청탁이나 원고 청탁을 받는데 요청하는 측에서 너무 급하게 부탁하는 때가 많다. 일주일 안에, 심지어 3일 안에 글을 써 달라는 청탁을 받기도 한다. 이것은 미리 계획하는 힘이 부족하다는 것을 보여 준다.

미리미리 일찌감치 하도록 생활화하라

• 자동차 주유, 식료품 구입, 세금 내기 등을 미리 한다.
• 저녁에 내일 출근할 때 입고 갈 옷과 가지고 갈 내용물을 미리 챙긴다.
• 지금 당장 처리할 수 있는 일은 미루지 않고 즉시 한다.
• 남에게 부탁받은 일은 자기 업무에 지장을 초래하지 않는 한 즉시 처리한다.

- 마감 시각이나 마감 시일을 앞당겨서 일찍 그 일에 착수하도록 한다.
- 내일 계획은 오늘 저녁식사 전까지 완성한다.
- 내달 계획은 이달 25일 전까지 완성한다.
- 내년 계획은 올해 10월 말까지 완성한다.
- 매일 충실하게 예습과 복습을 해서 시험 전 벼락치기 공부를 하지 않는다.
- 평소에 친구 그리고 일가친척과 좋은 교제를 한다. 그러면 특별한 때에 그들에게 무엇을 부탁해도 어색하지 않다.
- 노후 설계는 직장에 들어갈 때부터 준비한다.
- 어려운 날을 대비해서 미리 충분한 금액을 저축한다.
- 약속시간 15분 전에는 약속 장소에 도착한다.
- 매사에 유비무환의 정신으로 시간 있을 때, 그리고 평소에 열심히 준비한다.

■ **학습을 위한 질문**

1. 나는 일을 시작하기 훨씬 이전에 미리 준비하는 편인가, 아니면 즉흥적으로 처리하는 편인가?
2. 미리미리 하지 않아 크게 낭패를 당한 적이 있는가?
3. 과거에 미리 준비해서 크게 효과를 거둔 일은 무엇인가?

| 세번째 |

절제하는 습관

천천히, 더 천천히

나는 승합차를 이용할 때면 조수석에 앉아 옆의 운전자가 과속할 경우 '천천히'라고 귀띔을 해 준다. 우리 한국인들은 자신도 모르게 조급증 증후군에 걸려 있다.

사회학자들은 그 원인이 좁은 국토에 비해 인구 밀도가 너무 높기 때문이라고 한다. 좁은 땅덩어리에서 서로 경쟁하며 살아야 하니 자연히 조급해질 수밖에 없다는 것이다. 우리나라의 지정학적 요인도 조급증을 부추기는 요인이 되었을 것이다. 대륙에서, 해양에서 끊임없이 우리나라를 침략해 와 우리 민족은 늘 불안 속에서 지낼 수밖에 없어 안달하는 성품이 생겼을 것이다.

우리는 조급증에 빠져 있지만 대부분의 사람들은 그것을 잘 느끼지 못한다. 조급하게 행동하면서도 그것을 당연한 것으로 여긴다. 최근 한 모임에서 만난 선교사는 인도에서 15년 간 사역하고 얼마 전 귀국했는데 한국에 오니 삶의 속도가 너무 빨라서 도저히 적응할 수가 없다고 했다. 독일에서 18년 동안 유학생활과 목회를 하고 귀국한 한 교수도 이 선교사와 같은 말을 했다. 이처럼 한국인의 대다수가 '빨리빨리 증후군'에 빠져 있다. 이런 조급증의 원인에는 사회적인 요인뿐 아니라 개인적인 요인도 있을 것이다. 즉 평소에 계획 없이 무질서하게 살거나 일에 욕심이 많아 짧은 시간 안에 많은 것을 성취하려고 하기 때문일 것이다. 시간표 짜는 기술이 서툰 사람은 조급해질 수밖에 없다. 마감 시간은 다가오고 일은 처리하지 못하니 그 압박감으로 인해 행동도 조급해지는 것이다.

어떤 이유건 간에 조급한 것은 득(得)보다는 실(失)이 더 많다. 그러니 살아갈 때 좀 더 템포를 줄여야 한다. '천천히, 더 천천히'를 습관화해 보자. '천천히, 더 천천히'를 연습하는 것은 속도를 절제하는 훈련이다. 고속도로를 빠른 속도로 달리면 밖의 경치를 잘 보지 못한다. 구불구불한 지방도로를 달리면 밖의 경치를 잘 볼 수 있다. 만약 시골길을 천천히 걷는다면 전에는 보이지 않던 경치가 보일 것이다. 인생 여행도 마찬가지다. 과속하면 놓치는 것들이 참으로 많다.

이 조급증은 어김없이 교회에도 침투하여 활개를 친다. 목회를 처음 시작하는 목회자는 빨리 교회를 부흥시키려는 마음에 무리하게 행동한다. 그리하여 교회당을 빨리 크게 지으려고 한다. 자연히 많은 빛을 낼 수밖에 없다. 건물은 크게 완성하였지만 빛에 쪼들려서 허덕이는 교회가 많다. 조급증이 가져온 결과다.

절제에 관한 성경의 교훈

절제는 헬라어로 '에클라테이아' 라고 하고 영어로는 '셀프-컨트롤' (Self-control)이라고 하는데 '컨트롤' (control)을 우리나라 말로 옮기면 '관리, 지배, 단속, 감독, 억제, 제어, 통제, 조종' 으로 풀이된다. 쉽게 정의하자면 절제란 '내가 마음먹은 대로 내 생각과 감정과 행동을 다스리는 능력' 이라고 할 수 있다.

잠언에는 절제에 관한 교훈이 많이 나온다. "무릇 지킬 만한 것보다 더욱 네 마음을 지키라 생명의 근원이 이에서 남이니라."(4:23) "말이 많으면 허물을 면키 어려우나 그 입술을 제어하는 자는 지혜가 있느니라." (10:19) "노하기를 더디하는 자는 용사보다 낫고 자기의 마음을 다스리는 자는 성을 빼앗는 자보다 나으니라."(16:32) "사연을 듣기 전에 대답하는 자는 미련하여 욕을 당하느니라."(18:13) "자기의 마음을 제어하지 아니하는 자는 성읍이 무너지고 성벽이 없는 것 같으니라."(25:28)

예수님은 그의 제자가 되려면 절제하라고 하셨다(마 10:38, 39, 막 8:34). 십자가는 절제의 최고 수준이다. 자기를 제어할 수 없는 사람은 스스로 종이 되는 것이며, 따라서 자유인이 아니다(눅 9:23). 예수님은 오병이어의 이적을 베푸신 후에 남은 떡 조각을 광주리에 거두어 들였는데 여기서도 절제에 관한 교훈을 발견할 수 있다. 즉 적은 분량의 음식도 필요할 때 사용할 수 있도록 잘 간수해야 한다는 것이다. 예수님은 스스로 절제의 모범을 보이셨다.

바울은 성령의 열매 중 하나로 '절제' 를 꼽았다(갈 5:23). 성령의 9가지 열매 중 8가지 열매가 있어도 절제가 없으면 참된 열매가 맺어졌다고 할 수 없다. 바울은 말세에 나타날 징후의 하나로 '절제하지 못함' (딤후 3:3)

을 들었다. 절제는 그리스도인이 늘 훈련해야 할 의무다(롬 13:13~14). 베드로도 절제를 강조했다(벧후 1:6). 그는 과거에 절제하지 못해 여러 번 실수를 범하였다. 아담과 하와는 먹는 것을 절제하지 못해 낙원에서 쫓겨났다. 에서는 팥죽 한 그릇을 잘못 먹어 장자의 직분을 잃었다. 삼손은 정욕을 절제하지 못해서 힘을 잃고 두 눈이 뽑혀 비참하게 죽었다. 그러나 요셉은 욕망을 잘 절제해서 나중에 형통하게 되었다.

절제의 훈련

훌륭한 합창단에서 잘 절제된 모습을 발견할 수 있다. 지휘자는 네 개의 성부로 하여금 그 맡은 역할을 다하게 한다. 각 파트의 단원들은 지휘자의 지휘에 따라 마음, 육체, 지성, 감정을 완전히 조화시킨다. 그들은 자기가 하고 싶은 대로 노래하지 않는다. 절제된 발성을 함으로써 멋진 합창이 창조되는 것이다.

최근 〈조선일보〉에 '8명 중 1명이 4대(大) 중독자'라는 기사가 실렸다. 우리 국민 8명 가운데 1명이 알코올, 도박, 인터넷, 마약 등 4대 중독에 빠져 일상생활에 장애를 겪는 것으로 조사되었다. 4대 중독 실태에 따르면 우리나라 알코올 중독자는 155만 명, 도박 중독자는 220만 명, 인터넷 중독자는 233만 명, 마약 중독자는 10만 명 등 총 618만 명으로 추정되었다. 중복 중독자를 제외하더라도 최소한 600만 명이 4대 중독 증세를 갖고 있다는 것이다. 이 통계를 낸 조사기관은 이와 같은 4대 중독자 급증이 개인의 건강 문제를 넘어 사회와 국가 전체의 안정성과 경쟁력을 저하시키고, 청소년의 사회적 일탈 등을 유발해 미래 국가경쟁력 기반까지 위협하고 있다고 우려했다.(2012. 12. 12. 『조선일보』)

중독에 빠지는 원인은 다양하지만 가장 큰 원인은 어릴 때 가정이나 학교에서 절제하는 습관을 길러주지 못했기 때문이다. 어린이의 행동을 어느 정도 통제해 주어야 하는데 방임해 버리니 절제를 훈련할 기회를 갖지 못한 것이다. 적당한 통제는 교육상 매우 필요하다. 절제의 습관을 기르려면 분수에 맞는 생활, 자기 실력에 맞도록 살아야 한다. 과잉 충성, 과잉 공부열은 헛된 것이다. 삶의 세세한 부분에 이르기까지 절제하는 훈련이 필요하다. 절제 훈련을 하면 자신의 생명, 직업, 가정, 나아가 세계를 구할 것이다. 조지 크랩은 "집에서나 밖에서나 어디서든지 절제하라. 그러면 칭찬과 유익이 오리라. 그리고 건강도 주어지며, 질병과 노령 및 이에 따르는 걱정에 미리 대비할 수 있다."고 말했다.

하나님께서는 우리가 절제의 훈련을 하기 원하신다. 그렇다면 어떻게 절제 훈련을 할 수 있을까?

- 분수에 맞게 산다. 현대인은 너무 많이 가지려고 해서 문제다. 쓸데없는 것을 너무 많이 취하려고 든다. 소박하게 살아야 한다. 먹을 것과 입을 것이 있으면 만족할 줄 알아야 한다.(딤전 6:8)
- 기분을 잘 다스려야 한다. 늘 평정심을 갖도록 노력한다. 그리고 온유해야 한다. 항상 기뻐하고 화를 오래 품지 말아야 한다. 분을 내는 일이 있어도 곧 풀어야 한다.(엡 5:26~27)
- 일과표를 적절하게 작성하고 그 일과표대로 규칙적으로 행동한다. 일과표에 휴식할 시간, 생각할 시간을 반드시 삽입하라.
- 물건을 구입할 때 충동 구매를 하지 않는다. 수입 한도 내에서만 지출하도록 한다. 신용카드 사용을 억제하라.
- 현명하게 거절한다(마 4:1~10). 거절을 잘 하지 못하면 후환이 있다.
- 탐식하지 않는다. "네가 만일 탐식자여든 네 목에 칼을 둘 것이니

라."(잠 23:2)

- 너무 많이 말하지 않는다. 항상 입에 파수꾼을 세워 두어야 한다.(시 141:3)
- 필요 이상 너무 많이 자지 않는다. 취침은 하루 7시간이 적당하다.
- 텔레비전을 시청할 때는 프로그램을 선별한다. 하루에 시청하는 시간을 1시간 이내로 줄인다.
- 너무 무리해서 일하지 않는다.
- 단시일에 많은 일을 하려고 하지 않는다.
- 아무리 좋은 취미라도 거기에 빠지지 않는다. 취미가 우상이 되면 삶이 흔들린다.
- 악습은 과감히 끊는 것이 최상이다. 인간은 약한 존재다. 얼마나 빨리 그리고 쉽게 중독이 되는지 모른다.
- 사치한 생활을 멀리한다.
- 쓸데없이 힘을 낭비하지 않는다.
- 질투를 억제한다.
- 불필요한 호기심을 억제한다.

■
■ **학습을 위한 질문**

1. 절제할 때 생기는 유익과 절제하지 못할 때 생기는 해악은 무엇인가?

2. 위에 열거한 절제에 관한 성구 중에서 가장 공감이 되는 구절은 어떤 것인가?

3. 절제에 관해 내가 특별히 훈련해야 할 것은 무엇인가? 세 가지만 골라라.

| 네번째 |

낭비하는 습관 없애기

우리는 지나치게 많이 낭비한다

지난날을 곰곰이 생각해 보라. 얼마나 많이 낭비하며 지내왔는가? 시간이든 물질이든 낭비하지 않았다면 지금보다 더 성공했을 것이고 더 충실한 삶을 살았을 것이다. 낭비(浪費)란 무엇인가? 사전적인 정의는 '재물이나 시간 따위를 아껴 쓰지 않고 헛되이 헤프게 쓰는 것'이다. 우리는 자주 이런 말을 한다. "남의 일에 참견하느라고 쓸데없이 시간 낭비하지 말고 네 할 일이나 잘 해라.""교통 체증 때문에 아까운 시간을 낭비했다.""정책의 우선순위를 잘못 정하는 것은 심각한 국력 낭비다."

낭비의 종류는 참으로 많다. 시간 낭비, 물질 낭비, 전파 낭비, 에너지 낭비, 인력 낭비, 세월 낭비, 물건 낭비, 국력 낭비 등 낭비의 가짓수는 여러 가지다. 유대인들은 어릴 적에 어머니로부터 어떤 일이라도 이유 없이 돈을 써서는 안 된다는 교훈을 받는다. 그래서 대부분의 유대인들은 유치원 시절부터 경제관념이 투철하다.

쓸데없는 일을 하는 사람이 있다. 하지 않아야 할 일을 하는 악한 사람들도 적지 않다. 그들은 인생을 낭비하는 것이다. 매사에 부주의하여 낭비하는 경우도 많다. 우리가 사용하는 모든 것은 하나님께서 우리에게 은총으로 주신 선물이다. 이 선물들을 낭비하는 것은 큰 죄악이다. 우리는 많은 것을 낭비하고 살지만 그것을 잘 깨닫지 못한다. 우리나라 속담에 "철들자 망령"이라는 말이 있다. 나이가 상당히 들어서야 정신이 들어 흘려버린 세월에 한탄하고 후회한다. 키케로는 "낭비벽은 바닥없는 심연이다."라고 말했는데 이것은 낭비하는 버릇을 가진 사람은 구제 불능이라는 뜻이다. 낭비에 대해 눈을 뜨고 날마다 낭비를 제거하는 연습을 하자. 낭비를 제거하면 여유가 생긴다. 그러면 생산적인 일에 얼마든지 투자할 수 있게 된다.

물질을 낭비하지 말자

경제적인 안정을 누리고 살려면 무엇보다도 낭비하지 말아야 한다. 돈을 아무리 많이 벌어도 마구 써 버리면 결국 남는 것이 없어 정작 써야 할 때 난감하게 되며, 노년에 생활하기가 대단히 곤란해진다. 한국인은 쓸데없는 일에 많은 비용을 투자하는 경향이 크다. 음식에, 옷에, 집에, 자동차에, 주식에, 여행에, 자녀교육에, 술에 지나치게 많은 돈을 쓴다.

부자 중에는 자린고비가 많다. 그들은 푼돈도 가볍게 여기지 않는다. 낭비하지 않는 사람은 돈이 생기면 저축부터 하고 나머지를 쪼개어 쓴다. 그들 집에는 필요한 물건들만 있고 아무리 싼 물건을 보아도 그것을 구매할 계획을 세우지 않았다면 사지 않는다.

물질을 잘 관리할 수 있다면 일생 동안 넉넉하게 살 수 있다. 이를 위해서 가장 좋은 방법은 어려서부터 돈 사용하는 방법을 익히는 것이다. 여러 해 전에 『4개의 통장』이라는 책을 쓴 고경호 씨의 강연을 들은 적이 있다. 그는 제약회사에 다니는 평범한 직장인이었다. 그는 결혼 초부터 경제적인 어려움이 닥치면 큰일나겠구나 하는 두려움에 조직적으로 돈을 관리하기 시작했다고 한다. 통장 4개를 이용해 돈의 용도를 구분하여 관리했는데 이 방법이 매우 효과적이어서 돈을 상당히 모을 수 있었다고 한다.

그가 주장하는 핵심 내용은 돈을 많이 벌지 않아도 돈을 잘 관리하는 기술만 습득하면 부자가 될 수 있다는 것이다. 돈 관리의 핵심은 '계획성'으로 그가 강조한 요점은 다음과 같다. 첫째, 지출을 통제하라. 필수적인 지출과 그렇지 않은 것을 구분하여 낭비 요인을 제거하고, 매월 일정한 돈으로 살아가라는 것이다. 그러면 충분히 저축할 수 있다. 둘째, 예비 자금을 보유하라. 예상치 못한 일이 생길 수 있는데 그러면 많은 돈을 일시불로 지불해야 하므로 투자 계획에 차질을 빚게 된다. 셋째, 장기간 투자하라. 복리 투자를 지속해야 부자가 될 수 있다. 그는 또 말하기를 작은 돈을 소중히 여기고 그 돈을 잘 지켜내는 습관을 기르라고 하였다.

그리스도인은 물질을 관리하는 데 탁월한 지혜가 있어야 한다. 돈을 잘 관리하지 못해서 고통받는 일이 허다한데 이런 것은 하나님이 원하시는 바가 아니다. 재정을 현명하게 운영하는 방법을 배워야 한다. 아래에 그리스도인의 재정 관리 원칙을 소개한다.

• 청지기 정신을 지녀라. 재물의 소유주는 하나님이시다.

- 재정 계획을 세우고 예산안을 만들라.
- 빚을 속히 청산하라.
- 일찍부터 저축을 시작하라.
- 얼마 벌 것인가 목표를 정하라.
- 십의일조를 바쳐라.
- 천천히 부자가 되라. 단시일에 부자가 되려는 꿈을 버려라.
- 사행심과 일확천금, 불로소득으로 돈을 벌려는 마음을 일체 버려라.
- 수입보다 지출을 적게 하라.
- 수입 내역과 지출 내역을 기록하라. 가계부를 사용하라.
- 가급적 신용카드를 쓰지 마라.
- 돈의 낭비를 최소화하고 이윤을 극대화하라.
- 너무 인색하지 마라. 때로는 건전한 소비도 필요하다.
- 자신의 건강과 행복을 위해서 적절하게 돈을 써라.

시간 낭비를 줄이자

전기 누전과 수도의 누수처럼 자기도 모르는 사이에 시간이 은밀히 새고 있다. 프랑스의 사상가였던 몽테뉴는 "우리는 한 푼 돈에는 인색하면서도 시간과 생명은 한없이 낭비하고 돌아보지 않는다. 돈에 인색한 만큼 시간과 자기 생명에 대해서도 인색하다면, 그것은 매우 유익한 일이며 칭찬받을 만한 일이다."라고 말했다. 벤저민 프랭클린도 "시간이 만물 중 가장 귀중한 것이라고 한다면, 이것을 낭비하는 것은 최대의 낭비라고 말하지 않을 수 없다."라고 말했다.

시간 낭비란 무엇인가? 가장 보편적인 개념은 '올바른 목표에서 벗어나는 모든 행동'이라고 할 수 있다. 설교 시간에 잡념을 갖거나 조는 사람은 시간을 낭비하는 것이다. 왜냐하면 이런 것들은 목표에서 벗어나는 일이기 때문이다. 좋은 시간에 시시한 일을 하는 것도 시간 낭비다. 오전에는 집중도가 높아서 창의적인 일을 할 수 있음에도 잡담이나 하고 시시한 오락에 빠져 있다면 그것은 시간 낭비다. 모든 비생산적인 일, 신변잡기, 중요하지 않은 일에 많은 시간을 보내는 것이나 투자한 시간에 비해서 얻는 결과가 별로 없거나 부정적인 결과를 얻는다면 이것 역시 시간 낭비다.

일상적인 일에 너무 많은 시간을 투자하는 것도 시간 낭비라고 할 수 있다. 예를 들면 매일 청소를 오랜 시간 하는 것, 신문을 처음부터 끝까지 샅샅이 보는 것 등이다. 일상적인 일에 너무 많은 시간을 사용하면 생산적인 일을 하는 시간이 줄어들게 마련이다. 그런데 자신이 컨트롤할 수 없는 상황은 시간 낭비라고 할 수 없다. 예를 들면 천재지변이나 다른 사람이 일으킨 사고와 같은 경우다. 그것은 시간 낭비가 아니라 불가항력이라고 말하는 것이 타당하다.

시간 낭비는 외부에서 오는 요인도 있고 내부에서 오는 요인도 있다. 외부에서 오는 요인은 소음, 교통 체증, 갑작스런 방문객, 걸려오는 전화, 상사의 호출, 가족의 질병, 정전 등이다. 이런 요인은 외부 환경과 관계되기 때문에 피하기가 어렵다. 내부에서 오는 요인은 과대한 욕망, 무질서한 생활태도, 거절하지 못하는 무능력, 우유부단함, 건강하지 못함, 실수, 목표의 부재, 우선순위가 잘못됨, 엉터리 계획, 주의력 부족, 미루는 습성, 중독 증상 등 자신이 오랫동안 형성해 온 악습이다. 이런 요소는 습관과 관련되어 있기 때문에 근절하기가 매우 어렵다.

시간 낭비는 대부분 자신의 실수로 발생한다. 어떤 일을 하든 어느 정도의 시간 낭비는 반드시 나타난다. 아무리 시간 관리에 철저한 사람이라도 보통 하루에 2시간 정도는 시간을 낭비한다고 한다. 시간 낭비를 줄이기 위해서는 우선 시간 낭비를 파악하는 안목을 길러야 한다. 시간을 낭비하게 하는 것들은 수백 가지가 넘지만 일반적으로 다음과 같은 것을 들 수 있다. 시간 낭비를 일으키는 요소가 무엇인지 알기만 해도 시간 낭비를 줄일 수 있다.

목표가 없음, 하찮은 목표, 마감일이 없음, 비현실적인 목표, 우선순위가 없음, 우선순위가 잘못됨, 불균형한 삶, 스케줄이 없음, 과다한 텔레비전 시청, 컴퓨터와 인터넷의 과다한 사용, 전화를 길게 통화하고 자주 거는 것, 교통 체증, 신문 오래 읽기, 잡동사니가 쌓인 책상, 산만함, 방해, 기분 나쁜 일, 잠깐 들르는 방문자, 불필요한 여행, 망각, 기록하지 않음, 정보 부족, 정보 과다, 잘못된 스케줄, 기력이 쇠약함, 많은 계획, 연기, 공상, 우편물 처리 미숙, 일을 부분만 완성시킴, 잡담, 도박, 음주, 물건을 제자리에 두지 않음, 성급함, 야간 작업, 예측하지 않은 일의 발생으로 당황함, 시간 예측을 정확히 하지 않음, 부적절한 시설과 환경, 과도한 조직, 직무 서술서가 없음, 일의 중복, 일의 미숙함, 너무 많은 직원, 너무 적은 직원, 일 중독이나 각종 중독, 갈등, 변화에 대처하지 못함, 긴 점심시간, 부주의, 짧은 시간에 많은 일을 하려고 함, 평가나 점검하지 않음, 맹목적인 경비 절감이나 구조 조정, 경청하지 않음, 잘못된 지시, 변덕스러운 성품, 급히 내린 결정, 거절하지 못함, 생각하는 힘이 부족함 등등.

그러면 어떻게 해야 시간 낭비를 줄여 나갈 수 있을까? 이것은 일생 동안 계속되는 투쟁이요 훈련이라고 할 수 있다. 또한 악습을 줄여 나가는 데 수반되는 행동이다. 시간 낭비를 줄이기 위해서는 우선 자신이 하고 있는 행동을 총망라해서 다시 분류해 보는 작업이 필요하다. 시간 낭비를 최소화하는 전략으로 다음의 두 가지를 생각해 볼 수 있다.

(1) 적극적인 전략 – 좋은 작업 습관을 길러라.
- 내가 무엇을 해야 할지 분명히 안다.
- 현실적인 업무 시간표를 작성하고 실행한다.
- 업무를 우선순위대로 분류하여 중요하고 필요한 일에 집중한다.
- 정신을 집중해서 일한다.
- 능률을 높일 수 있는 방법과 수단을 활용하여 일한다.
- 가치 있는 정보를 계속 얻고, 무가치한 정보를 정기적으로 폐기 처분한다.
- 한 번에 한 가지 일에만 몰두한다.
- 해야 할 일이 생기면 즉시 처리한다.
- 휴식과 재충전 시간을 충분히 마련한다.
- 체크 리스트를 유용하게 활용한다.

(2) 소극적인 전략 – 없앨 것은 없애고, 줄일 것은 줄이며, 단순화할 것은 단순화하라.
- 없앨 것 : 야간 작업, 미루는 습성, 내 능력에 미치지 않는 외부 청탁, 필요 없는 외출
- 줄일 것 : 텔레비전 시청 시간, 쇼핑 시간, 유효기간이 지난 서류, 잡동사니, 긴 목욕 시간
- 단순화할 것 : 반복되는 일은 목록과 절차를 생략하여 과정을 단순화한다. 기계적인 일은 신속하게 처리한다. 예를 들면 외출할

때 가지고 나가야 할 물건의 목록을 메모지에 적어 현관문에 부착해 놓고 나가기 전에 확인한다. 또 2~3주 정도의 식단을 미리 짜둔다. 매일 시간을 정해서 청소하고 운동한다.

■ 학습을 위한 질문

1. 한국인이 보편적으로 가장 많이 낭비하는 것은 무엇인지 세 가지만 생각해 보라.
2. 자신의 물질을 관리하는 습관을 살펴보고 잘못된 방식 세 가지만 골라 그 개선책을 기록하라.
3. 시간을 낭비하는 습관 세 가지를 고르고 그 개선책을 기록하라.

| 다섯번째 |

더 좋은 환경을 추구하라

환경이 삶에 미치는 영향은 지극히 크다. 환경에 따라 삶의 스타일도 달라지며 감정이나 행동도 변한다. 아무리 능력이 많아도 좋지 않은 환경에 계속 머물러 있으면 능력을 제대로 발휘하지 못하고 퇴보하고 만다. 에디슨이나 빌 게이츠 같은 천재도 만약 미국이 아닌 다른 나라에서 태어났더라면 그 능력을 제대로 발휘하지 못했을 것이다. 환경이 받쳐주지 않으면 누구라도 자신의 가능성과 시간을 살릴 수 없는 것이다.

환경이란 무엇인가?

환경이란 주위를 둘러싸고 있는 모든 조건을 의미한다. 환경은 물리적 환경과 인간적 환경으로 나눌 수 있다. 물리적 환경이란 우리가 생활하고 일하는 터전을 마련하는 모든 조건을 뜻한다. 일할 기회가 많은 곳, 문화적 혜택을 누릴 수 있는 곳, 쾌적한 곳은 모두 물리적 환경이 좋은 곳이다. 장사하는 사람에게 좋은 물리적 환경은 목이 좋은 곳이다. 인간적 환경이란 주위에 어떤 사람들이 있느냐에 관한 것이다. 좋은 부모는 아이에게 최선의 인간적 환경이 되고, 훌륭한 대학교수는 학생들에게 최적의 인간적 환경이 된다. 교회에 대해서도 동일하게 말할 수 있다. 하나님의 은혜가 충만하고 신앙과 인격이 겸비한 목회자와 평신도가 있는 교회가 가장 좋은 인간적 환경이다.

물리적으로 좋은 환경에 있을지라도 인간적인 환경은 나쁠 수 있다. 예를 들면 아주 훌륭한 저택에 살아도 그 집의 가장이 가족을 구타하는 습성을 지녔다면 인간적으로는 나쁜 환경이다. 부잣집이라도 부부가 매일 다툰다면 좋지 않은 환경이다. 보수가 높은 직장이라도 자율성이 없고 능력을 발휘할 수 없는 곳이라면 좋은 환경이 아니다. 시기, 질투, 갈등이 큰 곳에서는 편안하게 생활할 수 없으므로 나쁜 환경이다. 하지만 주위에 성격이 밝고 명랑한 사람들이 많으며 서로 격려하는 분위기라면 좋은 환경이다. 자기 주변에 좋은 사람이 많으면 그는 행복한 사람이다. 인생의 최대 행복은 좋은 사람을 만나는 것이다. 즉 좋은 부모, 좋은 배우자, 좋은 스승을 만나는 것이 복이다.

환경의 중요성

나무가 자라는 것을 보아도 환경이 얼마나 큰 영향을 미치는지 알 수 있다. 강가에 심겨진 나무, 산비탈에 심겨진 나무, 분재된 나무는 각각 환경이 다르므로 자라나는 형태도 다를 수밖에 없다. 분재형의 나무는 아무리 크게 되려고 해도 환경이 제한되어 있기 때문에 불가능하다. 시편 1편 3절에 "저는 시냇가에 심은 나무가 시절을 좋아 과실을 맺으며 그 잎사귀가 마르지 아니함 같으니 그 행사가 다 형통하리로다"라는 말씀이 있다. 나무에게 최상의 환경은 '시냇가에 심겨진 나무'다. 나무는 좋은 환경에서 자랄 때 좋은 결실을 맺는다.

동물원에 있는 맹수나 조수를 보면 측은한 마음이 든다. 우리 속에 갇혀 있는 사자나 호랑이, 그리고 새장에 갇혀 있는 독수리나 황새는 모두 야생동물이다. 우리 안에 갇혀 있는 동물들은 먹이를 구하지 않아도 되지만 자유를 잃어 관광객의 구경거리로 많은 스트레스를 받고 산다. 30여 년간 교도소에서 생활한 사람이 출소했는데 교도소 생활에 굳어져서 자율적인 삶을 살아갈 수 없었다. 그래서 다시 교도소에 와서 그곳에서 지내기를 간청했다는 이야기가 있다. 미국에서 남북전쟁이 끝나 노예 해방이 되었을 때, 노예생활을 하던 많은 흑인들이 자유세계에 적응하기 두려워 주인에게 노예로 계속 지내게 해 달라고 간청했다고 한다.

이렇듯 우리는 의식적으로든 무의식적으로든 생활 환경의 지배를 받는다.

맹모삼천지교(孟母三遷之敎)라는 고사성어가 있다. 맹자의 어머니가 아들 교육에 나쁜 영향을 주는 환경을 피하여 세 번 집을 옮겼다는 일화다. 맹자가 훌륭한 학자가 된 이면에는 환경을 매우 중요시한 어머니의 교육이 있었다. 명문 대학교에 입학하길 꿈꾸는 고등학생이 죽기 살기로 공부하는 이유는 좋은 환경이 갖추어진 대학에 들어가고자 하기 때문이다. 좋은 대학에는 훌륭한 교수, 좋은 도서실, 많은 장학금 혜택, 그리고 좋은 학생들이 있다. 직장 분위기가 업무 능률에 미치는 영향도 크다. 어떤 회사에서 사원이 정시에 출근하지 않고, 점심시간은 필요 이상으로 길며, 근무 시간에는 주위가 어수선해서 일이 손에 잡히지 않는 데 반해 퇴근 시간에는 무섭게 칼 퇴근을 한다면 업무 능률이 오르겠는가. 교회의 최상의 영적 환경은 성령 충만, 은혜 충만, 말씀 충만 한 곳이다. 목회자와 교인들은 최상의 영적 분위기를 만들기 위해 노력해야 한다.

인간의 본성을 변화시키기는 대단히 어렵다. 하지만 환경을 변화시키기는 비교적 쉽다. 좋은 환경은 그 속에서 생활하는 사람에게 의식적으로든 무의식적으로든 긍정적인 영향을 주어 습성을 변화시킨다.

더 나은 환경을 만들라

회사 가까운 곳에 집이 있다는 것은 좋은 물리적 환경이다. 걸어서 집과 회사를 오갈 수 있다면 많은 유익이 있다. 출퇴근 시간과 교통비가 절약되며 에너지도 보존된다. 그리고 출퇴근에 따른 피로를 예방할 수 있다. 사는 곳이 교통이 좋고, 시장이 가까우며, 이웃이 좋고, 도둑도 없고, 소음도 없고, 공기도 청정하다면 좋은 환경이다. 그리스도인은 섬기는 교회가 가까운 곳에 있을수록 시간을 보호할 수 있다.

환경이 인간의 삶에 지대한 영향을 미치고 있다는 사실을 깨닫는다면 더 좋은 환경이 갖춰진 곳으로 이사하거나 더 좋은 환경을 만들기 위해 노력할 것이다. 자기의 잠재 가능성을 발휘하려면 마음껏 재능을 펼칠 수 있는 곳으로 가야 한다. 전공자들은 전공을 발휘할 수 있는 직장으로 가야 한다. 그래야 계속 기회가 열린다. 국회의원 보좌관이나 사장 비서들이 나중에 출세할 가능성이 큰 것도 상사의 행동을 보고 따라할 기회가 많기 때문이다.

은퇴한 후에 노후를 어디서 보낼 것인가도 신중하게 생각해야 한다.

공기 좋은 시골이 좋다고 생각하지만 실상은 그렇지 않다고 한다. 의료 시설, 교통 시설, 문화 시설이 좋은 도시가 더 낫다고 한다.

모든 교육, 문화, 정치, 종교가 지향하는 목표의 공통점이 있다. 그것은 '더 나은 미래를 창조하는 것'이다. 과감하게 더 나은 환경을 조성하는 데 힘을 써야 개인과 국가의 미래가 밝을 것이다.

내 인격이 곧 환경이다

일찍이 공자는 '군군신신부부자자'(君君臣臣父父子子)라는 말을 했다. 즉 임금은 임금다워야 하고, 신하는 신하다워야 하며, 아버지는 아버지다워야 하고, 아들은 아들다워야 한다는 뜻이다. 각자 자신의 책임과 역할을 다한다면 가정과 사회와 국가는 반드시 평안할 것이다. 그런 곳이 최상의 환경이다.

남편 되기는 쉽다. 그러나 남편 노릇을 하기는 어렵다. 아내 되기는 쉽다. 그러나 아내 노릇을 하기는 어렵다. 부모 되기는 쉬우나 아버지 노릇과 어머니 노릇 하기는 어렵다. 어른이 되기는 쉽다. 하지만 어른 노릇하기는 지극히 어렵다. 이 나라의 불편한 진실 가운데 하나는 진정한 어른이 드물다는 것이다. '나'를 본받으라고 자신 있게 말할 어른이 얼마나 될까? 나이가 들었어도 미성숙한 사람이 너무 많다. 정신적으로 미성숙한 남녀가 만나 살면 둘이서 평생 고생한다.

한 사람의 영향력은 대단히 크다. 예수님을 비롯해서 요셉, 모세, 다윗, 그리고 바울은 그들이 가는 곳마다 환경을 변화시켰다. 이들의 행적을 살펴보면 인격은 곧 환경이라는 신념을 갖게 된다.

■
■
■ 학습을 위한 질문

  1. 더 좋은 환경을 추구하려는 의지가 나에게 있는가?

  2. 내 가정의 물리적, 인간적 환경을 더 향상시키려면 어떻게 해야 하는가?

  3. 섬기는 교회의 영적 환경을 더 향상시키려는 의지가 있는가?

Chapter 8

행복한 그리스도인의 삶

| 첫번째 |

늘 실천해야 할 생활철학

성경 전체를 읽노라면 우리가 실천해야 할 일이 참으로 많다는 것을 알게 된다. 그리고 말씀을 실천하지 못했다는 무력감을 느끼곤 한다. 따라서 다 실천하고자 애쓰기보다는 좌우명이 될 수 있는 성경 구절을 택해서 꾸준히 실천하는 것이 바람직하다.

여기서는 바울이 교훈한 생활철학인 데살로니가전서 5장 16~18절을 택해서 설명하고자 한다. "항상 기뻐하십시오. 끊임없이 기도하십시오. 모든 일에 감사하십시오. 이것이 그리스도 예수 안에서 여러분에게 바라시는 하나님의 뜻입니다."(새번역)라는 구절을 보면 "항상" "끊임없이" "모든 일에"라는 표현이 나오는데, 이는 일상의 삶에서 늘 그렇게 실천하라는 뜻이다. 즉 '말씀의 생활화'를 뜻한다. 말씀이 생활화되지 않으면 아무리 훌륭한 말씀이라도 수박 겉핥기식이 되고 만다. 먼저 기쁨에

대해서, 다음에는 감사에 대해서, 마지막으로 기도에 대해서 설명하고자
한다.

항상 기뻐하라

하나님은 우리가 행복하기를 간절히 바라신다. 마치 자녀들이 행복
하게 살기를 바라는 부모의 심정이다. 자녀가 행복하게 살면 부모에게
효도가 된다. 마찬가지로 하나님의 자녀인 우리가 기쁘게 살면 하나님께
효도하는 것이다. 그리스도인이 항상 기쁘다는 것은 인격 속에 성령의
열매가 맺힌다는 표시요, 신앙생활을 잘 하고 있다는 표시다.

빌립보서는 성경에서 가장 기쁨을 강조한 책이다. 바울은 빌립보서 4
장 4절에서 "다시 말하노니"라고 말했다. 즉 자기가 쓴 편지를 요약해서
다시 말한다는 것이다. 즐거워하는 것은 그리스도인에게 최종 진리가 된
다. 객관적으로 보면 바울에게는 기뻐할 조건이 없었다. 감옥에 갇혀서
언제 죽을지 모르는 운명이었다. 그러나 성령 충만했기에 그는 주 안에
서 늘 즐거워하였다. 그는 빌립보 교인에게 편지를 써 보낸 것과 같이,
데살로니가 교인들에게도 늘 기뻐하는 것이 그리스도인을 향한 하나님
의 계획이라고 편지했다. 바울은 하나님의 섭리를 잘 알았기 때문에 늘
기뻐할 수 있었다. (롬 8:28)

환경에 따라 들쑥날쑥 기뻐해서는 안 된다. 성숙한 그리스도인은 햇빛
이 날 때와 마찬가지로 흐린 날에도, 사랑하는 사람이 있을 때는 물론 혼
자 있을 때도, 건강할 때는 물론 병들었을 때도 행복할 수 있다. 이런 기
쁨은 예수께서 약속하신 평화로부터 흘러나온다. (요 14:1, 16, 17, 27)

늘 기뻐하는 삶이 가능할까? 물론이다. 늘 기뻐하는 것은 하나님의 자

녀가 가진 위대한 특권이며 기본적인 의무다. 성실히 신앙생활을 하면 크고 작은 기쁨을 체험할 수 있다. 성경의 약속을 믿으면, 감사하고 찬송하면 늘 기쁨 충만한 삶을 살 수 있다. 기쁨은 우리를 구원하는 능력이 된다. 이 세상이 얼마나 황량하고 살기가 힘이 드는가? 성령 충만을 받아 늘 기쁘게 살아가야 한다. 더불어 우리의 기쁨을 사람들에게 나누어 주어야 한다.

늘 기쁘게 살아가는 생활 원리 10가지

(1) 늘 긍정적으로 살아가라. 그래야 밝은 세상을 볼 수 있다.

(2) 좋아하고 잘하는 일을 하라.

(3) 적극적으로 사랑을 주고받으라.

(4) 욕망을 적절하게 조절하라.

(5) 현재에 몰두하여 살아가라.

(6) 시간을 관리해서 여유 있게 살아가라.

(7) 삶 속에서 작은 기쁨을 찾도록 하라.

(8) 독서와 음악, 스포츠 등 취미를 즐겨라.

(9) 염려, 근심, 걱정을 최소로 줄여라.

(10) 늘 성령 충만을 받고 성령의 인도하심에 따르라.

모든 일에 감사하라

그리스도인은 입에서 감사하다는 말이 거침없이 나와야 한다. 하나님은 우리가 범사에 감사하기를 원하신다. 바울은 이것이 하나님의 뜻이라고 특별히 강조했다. 시편 103편 1~5절에는 다윗이 감사한 내용이 기록되어 있다. 위대한 신앙인은 모두 범사에 감사한 사람들이었다.

얼마나 하나님께 감사하며 살고 있는지 반성해 보자. 일에 감사하는 것은 쉽지만 좋지 않은 일에 감사하기는 어렵다. 다니엘은 포로생활을 하면서도 하루에 세 번씩 기도하고 감사하였다. 바울 사도는 옥중에 들어가서도 기뻐하고 찬양하며 감사했다. 그런 삶의 태도를 가졌기에 그는 능히 승리할 수 있었다. 우리 주님은 감사생활의 모범이셨다. 그는 물고기 두 마리와 보리떡 다섯 개를 앞에 놓고 감사의 기도를 드렸고, 나사로의 무덤 앞에서도 감사의 기도를 드렸다. 심지어 십자가를 지시기 전에도 감사의 기도를 드렸다. 그는 감사로 기적을 이루어 내셨다.

온전한 믿음만 가지면 어떤 경우에도 하나님께 감사할 수 있다. 작가 이지선 씨의 '감사 고백'을 읽어 보라. 그녀는 이렇게 썼다.

"저는 짧아진 여덟 개의 손가락을 쓰면서 사람에게 손톱이 얼마나 중요한지 알게 되었고 1인 10역을 해 내는 엄지손가락으로 생활하고 글을 쓰면서 엄지손가락을 온전히 남겨 주신 하나님께 감사했습니다. 사고를 당한 뒤 하나님이 우리 몸을 얼마나 정교하고 세심한 계획 아래 만드셨는지 알게 되었습니다. '저러고도 살 수 있을까?' '네, 이러고도 삽니다.' 몸은 이렇지만 누구보다 건강한 마음임을 자부하며 이런 몸이라도 전혀 부끄러운 마음을 품지 않게 해 주신 하나님을 찬양하며 누구보다 행복하게 살고 있습니다."

그녀는 이화여대 유아교육과 4학년 때인 23살에 교통사고로 얼굴을 비롯해 몸의 절반 이상에 3도 화상을 입고 의사로부터 산다는 것이 불가능하다는 판정을 받았다. 그런 고통 중에서도 그녀는 하나님을 의지하고 『지선아 사랑해』, 『오늘도 행복합니다』라는 두 권의 책을 썼고, 미국에 유학하여 재활상담학 석사를 취득하고 지금은 사회복지 박사 과정을 밟고 있다. 건강한 사람은 그녀보다 100배 행복한 것이다. 하지만 그 사실을 깨달아야 그 사람에게 복이 되는 것이다.

현대인의 마음속에서 감사가 점점 줄어들고 있다. 현대처럼 잘 살고 편리한 세상이 과거에 어디 있었는가. 하나님께서 은혜와 복을 넘치게 주셔서 우리나라를 크게 성공한 나라로 만들어 주셨다. 자유롭게 신앙생활을 할 수 있다는 것이 얼마나 큰 복인가! 이런 주님의 은혜에도 감사하지 못한다면 배은망덕한 자라고 아니할 수 없다.

우리는 모든 일에 감사하는 체질을 길러나가야 한다. 좋은 일에는 물론 감사하고, 좋지 않은 일은 좋게 될 줄로 믿고 감사해야 한다. 하나님의 은혜를 생각하면 이 세상에 은혜 아닌 것이 없다. 우리도 예수님, 다윗, 다니엘, 바울과 같이 범사에 감사함으로 삶에서 기적을 이루어 나가야 하지 않을까.

늘 감사하는 생활 원리 10가지

(1) 지금 내가 존재하는 것이 하나님의 전적인 은혜라는 것을 믿으라. 그러면 범사에 감사할 수 있다.

(2) 미래의 걱정을 모두 주님께 맡겨라.

(3) 일상을 살아간다는 것을 감사히 여기고 하루하루를 의미 있게 살라.

(4) 보상을 바라지 말고 일할 기회가 있다는 사실에 감사하라.

(5) 남과 자신을 용서하라. 그리고 불평과 원한의 싹을 제거하라.

(6) 고난도 유익하다는 사실을 잊지 마라. 고난은 소중한 것을 얻게 한다. 어려운 일을 당할 때 지혜, 인내, 믿음, 사랑을 얻는다. 또한 고

난 중에 더 열심히 기도하게 된다.

(7) 죄인이던 우리가 하나님의 자녀가 되었음을 늘 생각하고 감사하라.

(8) 하나님께서 과거와 현재에 주신 복을 세어 보라.

(9) 매일 일어나서 "하나님, 감사합니다."라는 말을 최소한 10번 크게 외쳐라. 그리고 시간이 있을 때마다 그 말을 반복하라.

(10) 주님이 앞으로 나에게 주실 복과 은혜에 대해 행복한 기대를 가지라.

끊임없이 기도하라

하나님께서는 우리가 쉬지 않고 기도하기를 원하신다. 즉 하나님과 거룩한 영적인 관계를 유지하기를 원하신다. 그리스도인에게 기도는 호흡과 같다. 잠시도 중단해서는 안 되는 것이다. 제자들이 예수님께 기도하는 방법을 가르쳐 달라고 한 것을 보면 기도는 배워야 하고 훈련해야 하는 것임을 알 수 있다. 그리스도인은 더 훌륭한 기도의 사람이 되기 위해 늘 고민하고 노력해야 한다.

기도처럼 수지맞는 일이 어디 있는가? 하나님의 보물창고를 마음대로 열 수 있는 비밀 열쇠가 바로 기도 아닌가! 그런데 많은 사람들이 기도하지 않아 하나님께서 예비하신 복과 은혜를 땅에 묻어 두고 있다. 이 얼마나 손해인가? 주님은 "구하는 이마다 얻을 것이요 찾는 이가 찾을 것이요 두드리는 이에게 열릴 것이니라"(마 7:8)라는 귀한 약속을 주셨다. 이 약속을 믿고 꾸준히 기도해야 한다.

훌륭한 기도의 사람이 되기 위해 배워야 할 것은 첫째 올바로 기도하는 법이고, 둘째 열심히 그리고 꾸준히 기도하는 태도다. 이 모범을 보여준 사람이 사무엘 선지자다. 그는 기도하기를 중단하는 것은 죄라고 했다. 그는 늘 능력 있는 기도생활을 함으로 위기에 처한 국가를 건졌으며 회개 운동을 일으켰고 끝까지 고매한 인격을 유지할 수 있었다.

우리는 아무리 연구해도 기도에 관한 모든 것을 알 수 없다. 하지만 그래도 주님의 약속을 믿으면서 계속해서 기도해야 한다. 그러면 성령께서 주님의 거룩한 뜻을 알려 주시고 그것을 행할 수 있는 힘을 주신다. 기도를 계속할 수 있는 방법 중의 하나는 크고 작은 기도의 응답을 받는 것이다. 기도 응답을 받을수록 믿음이 굳건해지고 기도할 의욕도 점점 강해진다. 기도를 열심히, 그리고 꾸준히 하는 것이 무엇보다 중요하다. 야고보는 "너희가 얻지 못함은 구하지 아니함이요"(약 4:2)라고 했고, 주님은 이렇게 강조하셨다. "구하라 그리하면 받으리니 너희 기쁨이 충만하리라."(요 16:24)

계속 기도하게 하는 생활 원리 10가지

(1) 현재의 기도 습관을 점검해 보고 문제점을 발견하라.

(2) 하루에 규칙적으로 기도할 시간을 정해 놓으라. 바쁜 현대인에게는 새벽 시간이 제일 좋다.

(3) 식사 시간, 이동 시간, 기다리는 시간을 이용하여 기도하라.

(4) 아침에 기도할 때, 오늘 이루어야 할 중요한 일의 목록을 열거하면서 그것이 이루어지도록 기도하라. "오늘 일이 잘 되게 하여 주십시오."라고 기도하라.(창 24:12)

(5) 하루를 마무리하는 기도는 저녁식사 후에 하는 것이 효과적이다. 오늘도 지켜 주시고 인도해 주신 하나님께 감사의 기도를 하라.

(6) 하루에도 틈나는 대로 짧은 기도를 하라. 효과가 있다.

(7) 매일 드리는 가정예배는 지속적인 기도생활에 큰 도움이 된다.

(8) 특별히 해결해야 할 문제가 있다면 금식기도, 혹은 철야기도를 하라. 그러나 신체에 무리가 올 정도로 길게 하지는 마라.

(9) 모범 기도문을 사용해 기도해 보라. 시편과 복음서, 바울 서신의 기도문을 사용하라. 그리고 성경 위인들이나 신앙 선배들의 기도문도 참조해 보라.

(10) 기도 일기를 쓰라. 그러면 더욱더 구체적으로 기도할 수 있고 기도를 지속하는 습관이 생긴다.

나는 37년 전 목회를 처음 시작한 이래 "항상 기뻐하라. 쉬지 말고 기도하라. 범사에 감사하라."는 이 구절을 목회철학, 생활철학으로 삼아 이 말씀대로 살기를 노력해 왔다. 그러자 이 말씀은 나에게 큰 복을 가져다주었다. "항상 기뻐하라. 쉬지 말고 기도하라. 범사에 감사하라."는 말씀만 생활화한다면 누구나 일생 동안 행복하게 살아갈 수 있다고 자신한다.

■ 학습을 위한 질문

1. 항상 기뻐하는가? 그렇지 않다면 그 원인은 무엇이며 어떻게 개선해야 하겠는가?

2. 범사에 감사하는가? 그렇지 않다면 그 원인은 무엇이며 어떻게 개선해야 하겠는가?

3. 쉬지 말고 기도하는가? 그렇지 않다면 그 원인은 무엇이며 어떻게 개선해야 하겠는가?

| 두번째 |

성실한 삶

모든 덕의 근원

성실은 모든 덕의 근원이요, 인간 행동의 표준 가운데 표준이다. 모든 것을 다 갖추었다고 해도 성실하지 못하면 인격자로 대접받지 못한다. 지위가 낮고 가난해도 성실한 사람은 존경을 받는다. 성실은 또 다른 이름을 가지고 있다. 신실, 정직, 충성, 착실, 선 등이다. 성실에 반대되는 말은 불성실, 불신실, 부정직, 불충성, 위선, 게으름 등이다. 건강, 재주, 지혜, 능력, 용기보다 더 중요한 자질이 성실이다.

성경에는 성실이란 말이 많이 나온다. 우선 하나님은 성실한 분으로 묘사되어 있다. 하나님은 성실하셔서 한 번 말씀하시면 그대로 지키시는 분이다. "주의 성실하심은 대대에 이르나이다."(시 119:90) 하나님은 변하지 않으시고, 그의 사랑은 영원하다. 그래서 이 세상의 어떤 세력도 하나님의 사랑에서 우리를 끊을 수 없다.

불성실한 태도로 산다면 어떤 일이 일어날까? 결혼한 부부가 배우자에게 불성실하면 결혼생활은 위태해지고 가정은 파탄난다. 직장에서 불성실하게 일하면 불이익을 받거나 쫓겨난다. 교회생활에서 불성실하면 존경받지 못하고 자기에게도 덕이 되지 않는다. 최근 개척 교회 목사와 교인 2,800명이 다단계에 걸려들어서 망신을 당하고 큰 손해를 보았다는 보도를 신문에서 읽었다. 적은 돈으로 많은 돈을 벌게 해 주겠다는 업자의 감언이설에 속아 넘어간 것이다. 이처럼 사람들은 항상 빠른 길을 택하라는 유혹을 받는다. 정말 귀한 것은 많은 노력과 시간과 물질을 투자해야 얻을 수 있는데 말이다. 그러니 늘 성실함을 잃지 말아야 한다. 불성실한 자에게 내려지는 당연한 형벌이 있다. 자연적으로 따라오는 형벌 외에 하나님의 심판이 임하게 된다.

이 사회가 왜 이리 혼란스러운가? 사회구성원들이 성실하지 못해서 그렇다. 성실함에 생명을 걸어야 한다. 그것이 나도 살고, 가정도 살고, 교회도 살고, 국가도 사는 길이다. "성실히 행하는 자는 구원을 얻을 것"(잠 28:18)이다.

정직한 인격자가 되자

하나님은 의로우신 분으로, 정직한 사람을 좋아하고 그런 자에게 복을 내리신다. 정직한 사람에게 내려주시는 복은 다양하다. 정직하면 하나님과 더 친밀한 관계를 맺게 되고(잠 3:32), 후손도 복을 받는다(잠 20:7). 정직하면 물질의 복을 많이 받는다(잠 15:6). 반대로 부정직하면 여

250

러 가지 저주를 받는다. 가정에 손해가 오고(잠 15:27), 자신의 죽음을 재촉하게 되며(잠 21:6), 재물이 점점 줄어든다.(잠 13:11)

그런데 인간의 본성은 본래 부정직하다. 예수님은 이렇게 말씀하셨다. "속에서 곧 사람의 마음에서 나오는 것은 악한 생각 곧 음란과 도적질과 살인과 간음과 탐욕과 악독과 속임과 음탕과 흘기는 눈과 훼방과 교만과 광패니 이 모든 악한 것이 다 속에서 나와서 사람을 더럽게 하느니라." (막 7:21~23) 그러므로 철저히 회개하여 신뢰받는 존재가 되어야 한다. 정직한 사람이 진정 하나님을 섬길 수 있으며, 이웃에게도 봉사할 수 있다.

정직한 나라일수록 부강해진다. 해마다 내는 부패지수 통계에 따르면 우리나라는 늘 하위권에 속한다. 그런데 더 큰 문제는 그리스도인이 부정직하다는 사실이다. 개신교 NGO인 기독교윤리실천운동이 수년 전 일반인을 상대로 실시한 여론 조사에서, 가장 신뢰하는 종교를 묻는 질문에 '개신교'라고 답한 사람이 18.4%로 천주교(35.2%), 불교(31.1%)보다 훨씬 적었다. 그리고 개신교를 불신한다는 사람이 48.3%나 되었다. 개신교가 신뢰받기 위해서는 교인과 교회 지도자들의 언행일치가 가장 필요하다고 답했다. 충격적인 통계가 아닐 수 없다. 어쩌다가 기독교가 이 사회에서 배척을 받는 지경에 이르렀는지 안타까운 일이다.

거짓된 행위를 하면 얼마나 무서운 벌을 받는지 성경은 잘 소개하고 있다. 아간은 여리고 전투 시에 일부 전리품을 챙겼다(수 7:1). 그는 도둑질을 하고 거짓말도 했다. 행위가 발각되기 전까지 끝내 자신의 죄를 자백하지 않았다. 결국 아간과 그의 가족은 심판을 받아 돌에 맞아 죽었다. 또 초대교회 시대에 아나니아와 삽비라 부부는 자기 소유를 팔아 일부만을 사도들 앞에 내놓은 뒤 전체를 다 내놓은 양 속였다. 사리사욕과 위선에 눈먼 이들의 행위는 형제들 간의 신뢰와 사랑을 손상시키고 교회 발전에 저해가 되었다. 그들은 가엾게도 회개의 기회도 얻지 못한 채 목숨을 잃는 중징계를 당하였다.

우리는 하나님의 교훈을 경솔히 여기고 제멋대로 행동할 때 비극적인 결과가 따른다는 것을 상기해야 한다. 예수를 믿는 우리는 하나님과 이웃과 자신 앞에서 정직하고 신실하게 살아야 한다. 거짓을 행하는 자를 하나님께서는 엄하게 벌하신다. "모든 거짓말하는 자들은 불과 유황으로 타는 못에 참예하리니"(계 21:8)라고 성경은 경고하고 있다.

성실한 사람이 최종적으로 잘 된다

인생 후반기에 활기차게 사느냐 지루하게 사느냐 하는 것은 젊은 날을 어떻게 보내느냐에 달려 있다. 성실한 사람이 되느냐 아니면 불성실한 사람이 되느냐 하는 것은 인생의 봄, 즉 어린 시절에 형성된 습관에 크게 좌우된다. 작은 일이라도 성실하게 완성하려는 습관을 갖지 않으면 자신의 삶을 개척할 수 없고 하나님을 잘 섬길 수도 없다. "당장은 곶감이 달다."는 속담 같이 지금 좋은 대로 행동하는 것이 편할 것 같지만, 시간을 낭비하고, 책임을 얼렁뚱땅 해치우고, 싫으면 안 하고, 하나님의 말씀을 무시하고, 부모나 선생의 교훈을 듣지 않고, 매사에 조급하고 미숙한 상태로 지낸다면 결과는 비참할 것이다.

예레미야애가 3장 27절에 "사람이 젊었을 때에 멍에를 메는 것이 좋으니"라는 말씀이 있다. '멍에를 메는 것이 좋다' 는 말은 아무리 시시해 보이는 일이라도 자기의 책임을 기쁨으로 감당하고, 늘 양심적으로 행동하며, 실수를 통해 배우고 시정하며, 보상을 받기 위해서 일하는 것이 아니라 거룩한 목적을 위해서 일하는 것이 합당하다는 뜻이다. 마음의 자세가 가장 근본이라는 것이다. 만약 마음의 자세가 비뚤어졌다면 그 후의 모든 일은 그릇되기 마련이다. 어려서부터 무엇을 하든지 철저하게 하는 훈련을 받아야 일생이 형통하게 된다.

충실하게 의무를 수행하고 얻는 기쁨보다 더 깊고 후련한 기쁨이 있을까? 예수님의 달란트 비유에 나오는 5달란트 받은 자와 2달란트 받은 자는 주인이 그들을 칭찬하기 전에 이미 이룬 일에 대해 큰 기쁨을 맛보았을 것이다.

엘지전자에서 54년 만에 처음으로 고졸 사장이 탄생했다. 엘지세탁기를 세계 1위로 끌어올린 조성진 사장이 그 주인공이다. 용산공고를 졸업한 그는 1976년 사원으로 입사한 뒤 세탁기 모터 개발이라는 한 우물을 팠다. 세계 최초로 개발해 낸 듀얼 분사스팀 드럼세탁기는 전력 소모와 세탁 시간을 줄인 히트 제품이 되었다. 이는 공장 2층에서 개발팀과 함께 숙식하며 개발해 낸 산물이다. 그는 엘지세탁기를 세계 1위로 우뚝 세운 업적으로 36년 만에 사장이 되었다.

최근 신문에서 미국 텍사스 주 리치먼드 시장에 관한 기사를 읽었다. 힐마 무어 시장은 92세의 일기로 세상을 떠났는데 무려 63년 동안이나 시장직을 수행했다고 한다. 그는 1949년 9월 보궐시장을 뽑는 집회에 참여했다가 얼떨결에 시장에 추대되었다. 그때를 시작으로 2년 임기의 시장 선거에서 32번 연속으로 승리했다. 그 비결은 무엇이었는가? 그는 생전 인터뷰에서 이렇게 말했다. "나는 60여 년 간 단 두 가지 원칙을 가지고 선거에 나섰습니다. 내가 할 수 있는 일만 약속하는 것, 거짓말을 하지 않는 것이 그것입니다." 그는 살아서도 존경을 받았고 죽어서도 존경을 받았다. 그는 성실하게 일한 덕에 국민의 마음을 얻을 수 있었고 최장수 시장이라는 명예도 얻었다.

정직과 신뢰를 높이는 10가지 원칙

(1) 죽더라도 거짓말을 하지 않는다는 결심을 한다.

(2) 말을 적게 한다. 그러면 거짓말과 헛된 약속을 많이 줄일 수 있다.

(3) 사소한 약속이라도 수첩에 적어놓고 잊지 않고 이행한다.

(4) 자기에게 맡겨진 책임은 정성을 다해 완성한다.

(5) 경제적인 한계를 잘 알고 생활한다. 정한 시일 내에 빚과 이자를 갚는다.

(6) 잘못된 판단과 실수에 대해 책임을 인정한다. 남을 비방하거나 책임을 전가하지 않는다.

(7) 시간 약속과 스케줄을 철저하게 지킨다.

(8) 말과 행동을 애매하게 하지 않는다. 애매한 것은 거짓과 동일하다.

(9) 신용을 생명처럼 여긴다.

(10) 신용을 일생 동안 유지한다. 한 번 신용을 잃으면 회복하기가 매우 어렵다. 방심하지 말고 늘 긴장하면서 신용을 지킨다.

■ 학습을 위한 질문

1. 나는 내가 해야 할 책임을 성실하게 수행하는가? 개선해야 할 점은 없는가?

2. 나는 가정에서 져야 할 책임을 성실하게 수행하는가? 개선해야 할 점은 없는가?

3. 나는 교회에서 맡은 직분을 성실하게 수행하는가? 개선해야 할 점은 없는가?

| 세번째 |

건강한 삶

일생에서 항상 최우선 순위에 두어야 할 일

사람이 생존하는 데 건강처럼 중요한 요소는 없다. "건강한 사람은 모든 것을 가졌고 건강하지 못한 사람은 하나도 가진 것이 없다."는 말이 있다. 건강은 우리가 생각하는 것보다 훨씬 중요하고 귀중하다. 건강 지키기는 어느 누구가 대신 해 줄 수 없는 개인의 책임이다. 그런데 많은 사람들이 건강을 잃고서 괴로운 삶을 살거나 일찍 세상을 떠난다. 유능하고 젊은 목회자들이 과로하여 일찍 세상을 떠나는 일을 가끔 본다. 그때 주변 사람들은 애타는 심정으로 하나님께서 왜 그를 일찍 데려가실까 하고 생각한다. 이에 대한 답은 분명하다. "하나님께서 목회자들을 사랑하시지만 그들의 건강에 대해서만은 책임을 지지 않으신다."는 것이다.

이것은 모든 그리스도인에게 동일하게 적용된다. 누구나 자신의 건강은 자신이 돌보아야 한다. 그러므로 일찍이 건강의 필요성을 깨닫고 삶에서 높은 우선순위를 두고 건강을 관리해야 한다. 무엇보다도 우리의 몸은 하나님께서 주신 사명을 수행하기 위한 도구라는 사실을 잊지 말아야 한다.

하나님께서는 우리의 몸과 마음과 영혼을 아주 합리적으로 지으셨기 때문에 하나님이 지시하신 방법대로만 관리하면 최상의 건강을 유지할 수 있다. 많은 그리스도인이 육체의 건강과 신앙생활을 별개의 것으로 생각한다. 건강 문제가 영적인 문제와 관계가 없다고 생각하는 것은 잘못이다. 바울 사도는 우리의 몸이 살아 계신 하나님의 성령이 거하는 전이라고 하였다. 그는 "너희 몸은 너희가 하나님께로부터 받은바 너희 가운데 계신 성령의 전인 줄을 알지 못하느냐 너희는 너희의 것이 아니라 값으로 산 것이 되었으니 그런즉 너희 몸으로 하나님께 영광을 돌리라"(고전 6:19~20)고 하면서 몸을 더럽히거나 혹사시키는 것은 하나님의 뜻이 아님을 분명히 했다. 하나님은 우리의 신체를, 하나님을 섬기고 영화롭게 하는 데 사용하기를 원하신다.

늘 최상의 건강을 유지하라

조사에 따르면 100명 가운데 15명은 아주 좋은 건강 상태를 유지하며, 15명은 아주 건강하지 못한 상태라고 한다. 그 나머지 사람들은 건강과 건강하지 못한 상태를 왔다 갔다 한다는 것이다. 최상의 건강 상태가 얼마나 좋은 것인지 실감한 적이 있는가? 최상의 건강 상태를 유지하면 원기 왕성하고 의욕적이며 마음먹은 대로 일을 추진할 수 있고 좀처럼 피곤해지지 않는다. 그리고 늘 기분 좋은 상태로 살아가게 된다. 이런 상태를 유지하는 것은 행복한 일이다.

한국인은 일생 중 8년은 질병에 시달린다는 통계가 최근에 나왔다. 옛날에는 오래 사는 것을 염원했지만 지금은 건강하게 사는 것을 바란다. 인생 100세 시대가 곧 닥치는데 건강하지 못하고 오래 살기만 하면 그것은 복이 아니라 저주처럼 여겨질 것이다. 따라서 건강을 위해 일찍부터 노력해야 한다. 자기에게 맞는 건강 법칙을 꾸준히 실행해 가는 것이 최상의 방책이다.

예수께서는 건강에 대한 지식이 풍부하셨다. 인간이란 영과 혼과 육체가 통합된 존재이며, 그 세 요소가 서로 깊은 영향을 주고받는다는 것을 아셨다. 38년간이나 중풍으로 고생하는 환자를 고치면서 "보라 네가 나았으니 더 심한 것이 생기지 않게 다시는 죄를 범치 말라"(요 5:14)고 말씀하셨다. 그가 지적하신 대로 질병의 원인은 죄였으며 더 확대하면 나쁜 습관 때문이었다. 예수님은 전국을 순회하면서 많은 환자를 고치셨다. 그는 하나님은 모든 사람이 건강하기를 원하신다는 것을 치유 사역을 통해 보여 주셨다. 예수께서 공생애 3년 동안 위업을 달성할 수 있었던 비결도 그의 놀라운 건강 때문이었다. 그는 세심하게 건강을 관리하였다. 그래서 많은 일을 했어도 몸이 아파 누운 적은 한 번도 없었다.

우리는 최상의 건강 상태를 유지하기 위해 어떤 노력을 해야 할까? 절제 있는 식생활, 규칙적이고 적당한 운동, 충분한 재충전과 휴식, 그리고 마음의 관리가 필요하다. 그리고 병을 예방하는 것이 중요하다. 최상의 건강 상태를 유지하기 위하여 하루 2시간 정도 할애하기 바란다. '시간이 나면 운동하지.'라고 생각하면 안 된다. 일상 중 틈나는 대로 운동하는 것이 좋다.

모세는 120세가 되었지만 눈이 침침하지 않았고 기력이 쇠하지 아니하였다고 했다. 가나안을 정복한 여호수아와 갈렙도 대단히 건강한 사람이었다. 슈바이처 박사, 헬렌 켈러, 테레사 수녀 모두 매우 건강했기 때문에 그렇게 큰일을 해낼 수 있었다. 육체와 정신과 영혼은 하나님께서 창조하신 신기한 것이다. 하나님의 법도를 따라 자연법칙을 지키고 육체와 정신을 잘 관리하면 늘 최상의 건강을 유지할 수 있다.

신앙생활을 잘하면 누구나 건강한 삶을 살 수 있다

어느 의사는 건강을 유지하는 세 가지 법을 말하면서 금주하고 금연하고 스트레스를 받지 않는 것이라고 했다. 그렇다면 그리스도인은 세상 사람보다 건강 유지에 매우 유리한 점을 가지고 있다. 즐겁게 신앙생활을 하면 몸도, 마음도, 영혼도 틀림없이 건강해진다.

어느 마을에 유명한 의사가 살고 있었다. 마을 사람들은 몸이 아프면 모두 그를 찾아가 치료를 받았다. 그런 그가 나이가 들어 세상을 떠나게 되었다. 마을 사람들은 그를 찾아가 임종을 지켜보았다. 죽음을 앞둔 의사는 사람들에게 이렇게 말했다. "저보다 훨씬 훌륭한 세 명의 의사가 있습니다. 그 의사들의 이름은 음식과 수면과 운동입니다. 음식은 위의 75%만 채우고 절대로 과식하지 마십시오. 12시 이전에 잠들고 해 뜨면 일어나십시오. 그리고 열심히 걷다 보면 웬만한 병은 다 나을 수 있습니다." 그는 말을 멈추고 잠시 숨을 고르더니 말을 이었다. "그런데 음식과 수면과 운동은 다음 세 가지 약을 함께 복용할 때 효과가 있습니다." 사람들은 그 의사의 말에 더욱 귀를 기울였다. "육체와 더불어 영혼의 건강을 위해 꼭 필요한 것은 사색과 기도와 사랑입니다. 육체만 건강한 것은 반쪽 건강입니다. 영혼과 육체가 고루 건강한 사람이 되십시오. 사색은 매일 해야 하고, 기도는 부작용이 없는 만병통치약입니다. 급한 일이 있을 때는 기도 약을 많이 복용하십시오. 사랑 약은 비상 상비약입니다. 이 세 가지 약을 수시로 복용하십시오." 의사는 살면서 깨달은 가장 중요한 것을 알려 준 후 평안한 모습으로 조용히 눈을 감았다.

이것은 누구나 잘 아는 법칙이 아닌가? 그러나 실행하기가 쉽지 않다. 이와 같이 건강에 관한 원리는 아주 간단하다. 그것을 꾸준히 실천하는 자만이 양질의 건강을 유지할 수 있다.

탈진을 지혜롭게 다스려라

육체만 건강해서는 안 된다. 정신도 잘 다스려야 한다. 살다 보면 힘이 다 빠져서 만사를 포기하고 싶은 때가 온다. 이때가 바로 탈진된 때다. 누구에게나 이런 일이 닥칠 수 있지만 의욕적으로 일하는 사람에게 더 자주 일어난다. 탈진 상태가 오면 이를 지혜롭게 대처해야 곧 회복될 수 있다.

엘리야는 체력과 영력이 뛰어난 사람이었다. 그는 기도의 사람이요, 믿음의 사람이었다. 하지만 그도 힘이 다 빠져 허탈감 속에서 괴로워할 때가 있었다. 갈멜 산에서 바알 신을 섬기는 450명의 제사장들과 대결하여 승리한 엘리야는 군사들을 시켜 그들을 다 죽였다. 그러나 이 사건으로 아합 왕의 왕후인 이세벨이 대노하였다(왕상 18장). "'일 이때쯤엔 네 시체가 저들과 같이 될 것이다.'라며 엘리야를 위협했다. 엘리야는 목숨을 부지하기 위해 도망을 쳤고, 광야로 들어간 그는 이렇게 고백했다. "나 혼자 남았습니다. 하나님, 나를 죽여 주세요. 더 살고 싶지 않습니다." 큰 승리 이후에 허탈감이 몰려온 것이다. 체력과 정신력과 영력을 모두 소비한 그는 기진맥진한 상태가 되었다. 고독한 그는 자기연민에 빠졌다. 자신은 쓸모없는 존재라고 생각하였다.

이때 하나님은 동굴에 누워 있는 엘리야에게 "그 굴에서 나와 여호와 앞에 서라."고 말씀하셨다(왕상 19:11). 가만히 있으면 해결이 되느냐는 말씀이다. 그리고 아주 적극적인 방법으로 엘리야를 회복시키셨다.

첫째, 천사를 시켜 엘리야에게 음식을 제공하였다. 엘리야는 천사가 가지고 온 음식과 물을 마시고 잠을 잤다. 음식을 먹고 힘을 얻은 엘리야는 40일을 걸어 호렙 산에 도착했다. 탈진 상태에서 벗어나기 위해서는 충분한 영양 공급과 적절한 휴식이 필요하다.

둘째, 현재 모습을 깨닫게 하셨다. 하나님은 "엘리야야, 네가 여기서 무엇을 하느냐?"고 물으셨다. 인생은 일을 위해 주어졌음을 모르느냐는 말씀이다. 그리고 "일어나 네 길을 가라."고 하셨다. 자기 본연의 일에 착수하면 건강도 회복된다는 말씀이다.

셋째, 새로운 사명을 주셨다. '너는 하사엘 왕에게 기름을 부어야 한다. 예후 왕을 세워야 한다. 후계자로 엘리사를 택하여야 한다'는 사명을 주셨다(왕상 19:15~16). 육체와 정신이 피곤한 이유는 사명감이 시들었기 때문이다. 사명감을 새롭게 하면 원기를 회복할 수 있다.

넷째, 하나님은 그에게 "바알에게 무릎을 꿇지 아니한 7천 명이 있다."고 말씀하셨다. 혼자 남은 줄로 생각하지만 실상은 든든한 후원자들을 많이 남겨 놓았다고 하신 것이다. 엘리야는 이 말씀을 듣고 어떻게 했을까? 자신의 경솔함을 뉘우쳤을 것이다. 주님의 일을 하면서 고독할 때가 있지만 사실 예수님은 나를 도와주는 후원자들을 언제나 미리 마련해 놓고 계시다.

사도행전에서 우리는 바울 사도의 거대한 발자취를 볼 수 있다. 그는 전도 여행을 통해 많은 결실을 맺었지만, 낙담할 때도 많았다. 하지만 그때마다 주님이 계시로 나타나셔서 용기를 주곤 했다. "무서워하지 말아라. 잠자코 있지 말고, 끊임없이 말하여라. 내가 너와 함께 있으니, 아무도 너에게 손을 대어 해하지 못할 것이다."(행 18:9~10, 새번역) 그래서 바울은 끝까지 승리할 수 있었다.

그리스도인은 고통과 실망과 암흑과 위험의 기간을 지나게 된다. 그때는 내 힘이나 지혜로 어찌할 도리가 없다. 애를 쓸 수도, 몸부림칠 수도, 도망칠 수도, 기절할 수도 없다. 그러나 아무리 고통스러운 일을 당한다 할지라도 들을 수 있는 귀와 손을 펴 구출해 주시는 분이 누구인지를 아는 자는 행복하다.

탈진 상태에서 하나님을 만난다면 하나님께서 완전히 회복시켜 주실 것이다.

예수님의 건강 관리 방법

(1) 열정이 넘치고 깊이 있는 기도생활을 했다. 기도는 생체 에너지인 뇌파를 자극하여 자율신경계의 항상성 유지에 탁월한 효과가 있다.
(2) 철저한 사명 의식을 가졌다. 꿈이 분명한 사람들이 그렇지 않은 사람들보다 병에 대한 저항력이 훨씬 강하다는 연구 결과가 있다.
(3) 모든 사람을 뜨겁게 사랑하였다. 사랑의 마음가짐은 신체 기능을 활성화해서 각종 질병이나 스트레스에 대한 저항력을 길러 준다.
(4) 목표의식이 뚜렷했다. 목표가 분명하면 정신의 산만함을 극복하게 되고, 충분한 에너지를 발산하여 건강을 유지하게 한다.

(5) 적절한 운동을 했다. 하루에 보통 20~30km를 빠른 걸음으로 걸었다.

(6) 스트레스를 잘 다스렸다. 휴식을 자주 취했고, 일과가 끝나면 수시로 한적한 곳에 가서 쉬었다. 낮이면 잠깐 수면을 취해서 지친 몸을 회복하였다.

(7) 건강에 좋은 음식을 먹었다. 누룩이 없는 빵, 불에 구운 생선, 조리된 지중해 음식을 섭취했다.

(8) 늘 마음이 평화로웠다. 투철한 신앙심을 가지고 평화로운 마음을 잃지 않았으며 늘 기쁘고 감사한 마음으로 사셨다.

■ **학습을 위한 질문**

1. 건강의 중요성은 무엇인가?

2. 최상의 건강 상태를 유지하기 위한 방법은 무엇인가?

3. 탈진할 때 어떻게 대처해야 좋은가?

| 네번째 |

평화가 넘치는 삶

평화는 위대한 개념이다

평화는 구약에서 히브리어로 '샬롬'이라 하고, 신약에서는 헬라어로 '에이레네'라고 한다. 샬롬은 전쟁이 없는 상태를 뜻할 뿐 아니라 완전, 건전, 복지, 조화, 평온 등의 다양한 의미를 함축하고 있다. 샬롬이라는 단어는 구약성경에 350회 이상 나올 만큼 중요한 단어다. 평화와 비슷한 뜻을 지닌 단어로는 화평, 화목, 평안 등이 있다.

히브리 사람들은 서로 만날 때 "샬롬 샬롬!" 하며 평안을 빌었다. 예수님도 똑같은 인사말을 사용하셨다. 시편 34편 14절에서는 "화평을 찾아 따를지어다"라고 했는데, 이 화평은 그리스도인의 영원한 이상으로서 온 세상 사람들이 추구해야 할 꿈이기도 하다. 그리스도인은 이웃과 더

불어 화평하게 지내야 한다(시 28:3). 전쟁에 시달린 히브리 민족들은 하나님께서 주시는 내적, 정신적 평화를 얻는 연습을 했다(시 4:8, 119:165). 이사야 26장 3절에서는 "주께서 심지가 견고한 자를 평강에 평강으로 지키시리니 이는 그가 주를 의뢰함이니이다"라고 했다. 메시아의 소망인 하나님 나라의 핵심도 평화였다.(시 72:7, 사 2:4, 9:5~7)

예수께서는 그 백성의 염원인 평화를 성취하셨다. 예언된 메시아는 "평강의 왕"(사 9:6)이요, 그의 탄생은 천사들의 평화 노래로 선포되었다(눅 2:14). 그는 평화를 위해 나섰고 평화를 위해 일하셨다. 그는 "서로 화목하라"(막 9:50), "화평케 하는 자는 복이 있나니 저희가 하나님의 아들이라 일컬음을 받을 것임이요"(마 5:9)라고 말씀하셨다. 예수께서 모든 사람이 가지기를 바라신 평화는 곧 마음의 평화요, 영혼의 평화였다. 예수는 "하나님의 나라는 너희 안에 있느니라"(눅 17:21)고 했다. 마음속에 평화가 있는 심령이 천국을 소유한 사람이다. 바울은 "하나님의 나라는 먹는 것과 마시는 것이 아니요 오직 성령 안에서 의와 평강과 희락이라"(롬 14:17)고 했다.

진정한 평화는 하나님께로부터 주어진다

예수님은 제자들에게 자신의 평화를 주셨다. "평안을 너희에게 끼치노니 곧 나의 평안을 너희에게 주노라 내가 너희에게 주는 것은 세상이 주는 것 같지 아니하니라 너희는 마음에 근심도 말고 두려워하지도 말라"(요 14:27)고 하셨다. 평화는 주님이 주시는 귀중한 선물이다. 굳건한 믿음을 가지면 이 평화를 얻을 수 있다. 이 세상의 모든 풍파가 닥쳐올지라도 주님은 평화를 통해 우리의 마음과 정신을 지켜 주신다. 그러므로 주님의 은혜 안에 있는 우리는 늘 평안하다.

바울도 평화는 하나님이 주시는 것이라고 빌립보서 4장 4~7절에서 말했다. "주 안에서 항상 기뻐하라 내가 다시 말하노니 기뻐하라 너희 관용을 모든 사람에게 알게 하라 주께서 가까우시니라 아무것도 염려하지 말고 오직 모든 일에 기도와 간구로, 너희 구할 것을 감사함으로 하나님께 아뢰라 그리하면 모든 지각에 뛰어난 하나님의 평강이 그리스도 예수 안에서 너희 마음과 생각을 지키시리라." 이 말씀에서 우리는 하나님의 평강을 얻을 수 있는 조건이 기뻐하는 것, 모든 사람에게 관용을 베푸는 것, 그리고 감사하는 마음으로 기도하는 것임을 알 수 있다.

바울은 이어서 "너희는 내게 배우고 받고 듣고 본 바를 행하라 그리하면 평강의 하나님이 너희와 함께 계시리라"(빌 4:9)고 말했다. 이 말씀은 곧 하나님의 말씀을 행한 것만큼 평강을 얻게 된다는 것이다. 주께 순종하는 삶이 평화를 얻는 핵심 방법이다. 또 그는 "평강의 주께서 친히 때마다 일마다 너희에게 평강을 주시기를 원하노라"(살후 3:16)라며 축복의 인사를 했다. 이 모든 구절은 평화가 하나님께로부터 오는 것임을 분명하게 보여 준다.

평화는 지켜야 하는 것이다

인간은 늘 문제와 갈등 속에서 산다. 또 이기적이어서 자기 이익만 생각하고 자기주장만 내세우려고 한다. 이런 불완전성 때문에 다른 사람과의 관계에서나, 자신과의 관계에서 평화를 유지하기가 어렵다. 깨진 마음, 깨진 꿈, 깨진 믿음, 깨진 약속, 깨진 결혼, 깨진 가족, 깨진 국제관계는 평화가 깨진 상태이며 그 결과는 불행하다. 평화가 없으면 우리는 생존하지 못한다. 평화는 힘의 근본이다. 평화가 있을 때 창조력이 생겨나고 지혜도 생긴다. 평화를 유지하고 창조하는 일은 생존과 직결되는 문제다. 성경은 "화평함과 거룩함을 좇으라"(히 12:14)고 하였다.

정의를 실천할 때 하나님께서 주시는 복이 곧 샬롬이다. 하나님은 공의 없이 평화가 영구할 수 없다고 하셨다. "긍휼과 진리가 같이 만나고 의와 화평이 서로 입 맞추었으며."(시 85:10) 평화의 본질적인 요소는 공의다. 공의가 없는 곳에는 진정한 평화가 없다. 이스라엘이 공의로 세워질 때 나라가 크게 번영할 것이라고 했다.(사 54:13, 14)

예수님은 "너희는 먼저 그의 나라와 그의 의를 구하라 그리하면 이 모든 것을 너희에게 더하시리라"(마 6:33)고 하셨다. 하나님의 의를 추구하면 그가 평화를 포함한 모든 것을 우리에게 주실 것이다. 이삭은 평화를 지킨 모범생이었다. 그는 블레셋과의 처사에서 자제력을 보여 줌으로써 평화를 지킬 수 있었다(창 26:18~22). 평화를 지키는 일이 어렵기는 하지만 불가능하지는 않다. 다만 희생과 아픔이 없이는 평화를 지킬 수 없다.

평화를 지키는 것이 가능하다는 것을 남아프리카공화국의 전 대통령 넬슨 만델라에게서 볼 수 있다. '평화의 사도'라고 불리는 그는 백인과 흑인의 인종 차별 없는 세계를 위해 희생하였다. 무려 27년이란 긴 세월을 감옥에서 보냈는데 출옥하여 대통령이 된 후에 정적 등을 용서하고 벌하지 않았다. 그는 평화를 이루어 냈고, 이로써 노벨평화상을 받았다. 만델라는 대통령 직무를 마치고 여유로운 미소를 지으면서 고향으로 내려갔다. 이후 세계 곳곳의 분쟁 지역을 돌아다니면서 문제 해결사로, 평화의 전도사로 열심히 활동하여 전 세계 사람들의 사랑을 받았다. 평화를 지키기 위해서는 희생, 수고, 그리고 박해받을 것을 각오해야 한다.

아래의 성 프란체스코의 〈평화의 기도〉를 깊이 음미해 보자.

주여

나를 당신의 도구로 써 주소서.

미움이 있는 곳에 사랑을

다툼이 있는 곳에 용서를

분열이 있는 곳에 일치를

의혹이 있는 곳에 믿음을

그릇됨이 있는 곳에 희망을

어둠에 빛을

슬픔이 있는 곳에 기쁨을 가져오는 자 되게 하소서.

위로받기보다는 위로하고

사랑받기보다는 사랑하게 하여 주소서.

우리는 줌으로써 받고

용서함으로써 용서받으며

자기를 버리고 죽음으로써 영생을 얻기 때문입니다.

가정의 평안을 지켜라

부부간에 상대방을 무시하고 서로 잘못만을 지적한다면 부부 사이는 갈라지고 불행한 사태가 연쇄적으로 일어날 것이다. 부와 가난은 가정에서 중요한 문제가 아니다. 평화가 우선이다. 물론 경제적으로 가난해서 가정의 평화가 깨지는 경우도 없지 않다. 하지만 못살아도 평안해야 한다. 그래서 성경은 "마른 떡 한 조각만 있고도 화목하는 것이 육선이 집에 가득하고 다투는 것보다 나으니라"(잠언 17:1)고 교훈하고 있다.

이 세상에서 천국과 가장 비슷한 곳은 건전한 가정이고, 지옥과 가장 비슷한 곳은 깨진 가정이다. 평소에 가정의 평화를 위해 노력하기 바란다. 예방이 최선이다. 그러기 위해서는 부부간의 사랑을 지속해야 하고 대화의 양을 늘려야 한다. 경제적으로는 안정을 유지하며, 가족끼리 함께하는 시간을 많이 가져야 한다. 누구보다도 가족에게 친절하고 관용해야 한다. 가정이 평화로워야 모든 식구가 평안과 안정을 얻는다. 특히 어려운 시기일수록 가정이 튼튼해야 한다. 가정에서 힘을 얻으면 어떤 어려움도 극복해 나갈 수 있다.

나 자신의 평안을 지켜라

잠언에 "마음이 평안하면 몸에 생기가 도나 질투를 하면 뼈까지 썩는다"(14:30, 새번역)고 했다. 마음이 평화로워야 시간을 선용할 수 있고 행복도 누릴 수 있다. 마음이 안정되지 못하면 일에 집중할 수가 없다. 불안하고 초조하면 무엇을 해야 할지 일이 손에 잡히지 않는다. 따라서 평화는 시간 관리의 기본 조건이다.

어떤 때는 마음속이 전쟁터를 방불케 한다. 어떤 일을 결정할 때 '이것을 해야 할까, 저것을 해야 할까?' 하며 마음속에서 서로 싸운다. 욕망이 지나쳐 분수에 맞지 않는 일을 추구할 때도 마음속에서 싸움이 일어난다. 해야 할 일을 하지 못했을 때도 마음속에 분쟁이 일어난다. 장애물의 벽이 높아서 그것을 넘지 못할 때도 괴로워한다. 어떤 법규나 규칙을 깨뜨리면 불안이 찾아온다. 시시로 불쾌감, 분노, 근심, 걱정, 공포가 마음에 침입해 와서 마음의 평화를 깨뜨린다.

인간의 감정은 조그만 자극을 주어도 변하기 때문에 평안을 유지하기가 매우 어렵다. 그래서 꾸준히 마음의 평화를 지키는 훈련을 해야 한다. 마음에 평화를 정착시켜야 한다. 다음과 같은 방식으로 평안을 지키자.

(1) 평안은 자유와 해방에서 시작된다는 것을 알라. 허약, 질병, 가난, 무지, 이기심, 탐욕에서 자유로워질 때 마음이 평안하다.

(2) 올바른 질서를 유지할 때 평안하다. 책임을 다하기, 정리정돈, 법과 규율 지키기, 예의 지키기, 상호 존중과 사랑하기 등이다.

(3) 감정을 잘 다스릴 때 평안하다. 걱정과 염려를 버린다. 분노와 적개심을 버린다. 인내심을 키운다. 어떤 경우든지 안정된 마음을 가진다.

(4) 양심을 지킬 때 평화가 유지된다. 바른 마음을 가지면 평안하다. 정직이 최선의 방책임을 알라. 법을 어기거나 죄를 지으면 자연히 마음도 불안해진다.

(5) 문제가 발생했을 시 곧바로 적절한 대책을 세워야 평화가 회복된다. 어려운 환경 속에서도 문제 해결의 방법을 창안해야 한다.

(6) 다른 사람을 이해하고 관용을 베풀어야 평화가 유지된다. 사소한 일에 목숨 걸지 말며, 상대방에게 불화와 반목을 조장하는 언행을 일체 삼가야 한다.

(7) 시편 23편을 생활화하면 늘 평안하다. 이를 자주 암송하면 새로운 힘을 얻을 수 있다. 그리고 '하나님은 나의 목자' 라는 믿음을 갖는다. 현재 일과 미래의 모든 것을 하나님께 맡긴다.

(8) 데살로니가전서 5장 16~18절을 생활화한다. 늘 기쁨이 충만한 삶, 감사하는 삶, 기도하는 삶을 살면 평화가 강같이 흐른다. 특히 감사한 마음으로 기도해야 효력이 있다.(빌 4:6~7)

(9) 하나님의 말씀에 몰입한다. 말씀에 은혜와 감동을 받는다. 말씀 자체가 탁월한 마음 치료제다.

(10) 성령을 충만히 받는다. 하나님의 평강이 내 마음을 지배하도록 한다. 늘 성령의 인도함을 받는다.

■
■
■ 학습을 위한 질문

1. 평화에 대한 성경의 교훈을 말해 보라.

2. 가정의 평화를 지키기 위한 구체적인 행동 요강은 무엇인가?

3. 내 마음의 평화를 지키기 위한 구체적인 행동 요강은 무엇인가?

위대한 시간 관리자에게서 배우자

| 첫번째 |

요셉

창세기 37~50장에 등장하는 요셉은 설교자들이 가장 많이 인용하는 인물이다. 그의 일생이 극적이며 흥미진진하기 때문이다. 요셉은 야곱이라는 이스라엘 족장의 열한 번째 아들이다. 요셉의 최대 업적은 이집트의 총리가 되어 7년 동안 든 풍년과 7년 동안 든 흉년을 잘 다스렸다는 사실이다. 당시는 이집트가 전 세계를 통치하던 시기였는데, 그는 말 그대로 세상에서 가장 영향력 있는 사람 중 하나였다.

꿈꾸는 소년

요셉의 이야기는 소년 시절부터 시작된다. 아버지 야곱이 다른 자녀들보다 유독 요셉을 편애하여 다른 형제들로부터 질투와 미움을 받았다.

요셉은 다른 사람들이 보기에 엉뚱한 꿈을 잘 꾸었다. 자기 곡식 단에 형들의 곡식 단이 절하는 꿈과 해와 달과 열한 개의 별이 자기에게 절하는 꿈을 꾸었다. 형들은 요셉을 가리켜 몽상가라고 빈정거렸지만, 아버지 야곱은 철없는 아들의 꿈을 마음에 두었다.

꿈은 왜 생길까? 그것은 무엇인가를 계속 염원하기 때문이다. 요셉은 척박한 땅에서 살았지만 시시때때로 자신의 웅장한 미래를 마음속에 그려 보곤 하였다.

여기서 한 가지 교훈을 얻을 수 있다. 그것은 어떤 악조건 속에서도 아름답고 웅장한 꿈을 꿀 수 있다는 점이다. 많은 사람들이 자신의 미래에 대해서 깊이, 그리고 조직적으로 생각하지 못한다. 때문에 진정한 꿈을 꾸지 못하는 것이다. 자신의 바람직한 미래상을 자주 그려 보는 연습을 하면 꿈이 명료하게 떠오른다.

준비하는 사람

요셉의 꿈은 그를 혹독한 시련 속으로 몰아넣었다. 그는 형들의 시기와 미움을 받아 억울한 죽음을 당할 뻔하였다. 광야의 구덩이에 던져졌다가 유다 형의 중재로 목숨을 건지고 대신 미디안 상인들에게 팔려갔다. 그가 팔려간 곳은 이집트 왕의 경호대장 보디발의 집이었다. 최선을 다해 일한 그는 마침내 주인의 눈에 들어 심복이 되었고 집안일과 재산을 모두 맡아 관리하게 되었다. 요셉은 이곳에서 행정과 재무를 배웠다. 그런데 요셉의 준수한 용모에 반한 주인의 아내가 그를 유혹했다. 요셉은 유혹을 물리쳤고 자신을 신임한 주인을 배반하지 않았다. 더 중요한 것은 하나님 앞에서 범죄하지 않았다. (창 39:8~9)

하지만 요셉은 누명을 쓰고 감옥에 갇히는 신세가 되고 말았다. 그가 갇힌 감옥은 죄를 진 신하들이 감금되는 곳이어서, 그는 그 신하들과 사귀며 궁중 예절과 이집트 상류층이 사용하는 언어, 그리고 각종 문화를 배웠다. 요셉에게는 꿈을 해몽하는 지혜가 있었다. 그래서 어느 날 감금된 신하의 꿈을 해몽해 주어 감옥에서 풀려나는 절호의 기회를 갖는 듯했다. 그러나 불행하게도 석방된 신하의 건망증으로 인해 몇 년 동안 더 감옥생활을 해야만 했다.

이 이야기를 통해 발견할 수 있는 교훈은 첫째, 현실에 용감하게 적응해야 한다는 것이다. 노예로 팔려갈 당시 요셉은 형들에게 울고불고 하소연을 했지만 일단 팔려간 다음에는 현실에 용감히 적응하였다. 그는 인내했고 침묵했다. 자기에게 주어진 고난과 시련을 여과 없이 그대로 다 받아들였다.

둘째, 최선을 다해서 준비해야 한다는 것이다. 종살이나 옥살이는 모두 극한 상황이다. 그렇지만 그런 역경에서도 최선을 다해 자기 개발을 하고 기회가 오기를 기다렸다. 위인은 나쁜 환경을 오히려 도약의 기회로 삼는다. 요셉은 변화시킬 수 없는 것은 받아들였고, 변화시킬 수 있는 것은 과감히 변화시켰다. 오히려 다른 사람의 문제를 해결해 주는 해결사 역할까지 하였다. 비전이 있는 사람은 문제가 있는 인생에게 비전을 제시할 수 있다.

셋째, 고난을 통해서 지혜와 인격이 성숙해진다는 것이다. 고난은 다른 사람의 상황을 돌아볼 줄 알게 한다. 그는 어린 시절, 형들의 시기심과 분노에 민감하지 못했다. 그러나 노예와 죄수가 되어 애통한 일을 많이 겪은 후에는 주변 사람들의 문제에 민감한 사람이 될 수 있었다.

요셉은 인생 여정에서 어둡고 힘든 일을 여러 차례 겪었지만, 그때마다 어려움에 매몰되지 않고 오히려 어려움을 당한 사람들에게 신실하고 충성스런 자질과 품성을 발휘함으로써 신뢰받는 사람이 되었다. 역경 속에서도 다른 사람이 믿고 따를 수 있는 지도자로서의 면모를 다듬어 갔다.

극적인 기회를 포착했다

요셉이 감옥에 갇혀 있을 때 이집트 왕 바로가 꿈을 꾸었다. 꿈에 바로가 나일 강가에 서 있는데, 잘 생기고 살찐 암소 일곱 마리가 강에서 올라와 갈밭에서 풀을 뜯었다. 그 뒤를 이어서, 흉측하고 야윈 암소 일곱 마리가 강에서 올라와 먼저 올라온 소들과 함께 강가에 섰다. 그리고 그 흉측하고 야윈 암소들이 잘 생기고 살이 찐 암소들을 잡아먹었다. 놀란 바로는 잠에서 깨어났다가 다시 잠들어 또 꿈을 꾸었다. 이번에는 이삭 들이 보였다. 야위고 마른 이삭 일곱 개가 토실토실하게 잘 여문 이삭 일 곱 개를 삼켰다. 바로가 깨어나 보니 모든 게 꿈이었다.

아침이 되자 바로는 전국의 마술사와 현인을 불러들여 해몽을 하도록 했다. 그러나 해몽할 수 있는 사람이 없었다. 이때 요셉과 함께 감옥생활 을 했던 신하가 추천하여 요셉이 해몽자로 서게 되었다. "앞으로 이 나 라는 7년 동안 큰 풍년을 이룰 것이고, 그 후 7년 동안은 흉년이 닥칠 것 입니다. 그러니 풍년 때 곡식을 잘 저장해서 흉년 때 먹을 수 있도록 하 면 기근으로 이 나라가 망하지는 않을 것입니다." 이집트 왕 바로는 감 탄하며 요셉을 총리에 임명하였고 풍년과 흉년을 대비하도록 하였다. 이 때 요셉의 나이는 30살이었다. 요셉은 13년 동안 종살이, 옥살이를 하면 서 지식과 재능, 인격을 함양한 뒤에 기회를 포착한 것이다.

계획자인 동시에 행동가

요셉은 알고 있는 것을 구체적으로 실행했다. 풍년이 든 7년 동안 그가 행한 일을 관찰해 보면 계획 능력과 리더십이 얼마나 뛰어났는지 알수 있다. 능력 있는 지도자가 되기까지는 시간이 필요하다. 하나님은 요셉이 어떤 지도자가 되어야 하는지 아시고 장기적인 계획으로 그를 키우셨다.

- 7년 동안 풍년이 들었을 때 생산된 곡식을 거두어들여 여러 성에 쌓아 두었다.
- 흉년이 들기 시작하자 모든 창고를 열어 이집트 사람들에게 곡식을 팔았다.
- 기근이 든 이집트 부근의 나라들이 이집트로 곡식을 사러 왔을 때 요셉은 그 곡식을 팔았고, 그 돈을 바로에게 바쳤다.
- 돈이 없는 사람에게는 돈 대신 가축이나 밭을 받고서 곡식을 내주었다.
- 바로가 제사장들을 소중하게 여겼기 때문에, 제사장의 소유물은 건드리지 않았다.
- 곡식과 바꾼 백성들의 땅을 다시 소작으로 주어 경작물의 5분의 4는 그들이 갖게 하고, 5분의 1은 바로에게 바치도록 했다.

요셉은 배고픈 백성들에게 무조건 곡식을 주지 않았다. 때로는 아주 냉정하리만큼 돈을 받고 곡식을 팔았다(창 41:53~57). 이는 7년 흉년을 내다본 치밀한 계획이었다. 그렇게 해야만 모든 사람이 함께 살 수 있었기 때문이다. 요셉은 하나님이 주신 지혜와 이집트에서 배운 모든 지식을 활용해서 바로에게 충성했고 만백성을 구원하는 역할을 잘 감당하였다.

우리는 요셉의 지혜에서 배울 점이 많다. 현대를 사는 우리는 미래를 철저히 준비해야 생존해 갈 수 있다. 미래의 삶을 계획하지 않고 살아간다면, 불안이 닥칠 경우 제대로 대응하지 못하고 사는 보람도 느끼지 못할 것이다. 모름지기 물질이 풍부할 때와 조건이 좋을 때 앞날을 위해 비축하는 것은 매우 현명한 일이다. 개인뿐 아니라 국가경제도 호시절에 조금씩 비축하여 내일을 대비하는 것이 현명한 처사다. 우리나라는 이미 고령사회로 진입하였고 열악한 노후 환경으로 인해 고통당하는 사람이 참으로 많다. 이에 대한 예방책은 요셉이 수행한 정책을 따라서 하는 것이다. 즉 어려운 시절이 오기 전에 일찌감치 준비하는 것이다. 이것보다 더 안전하고 확실한 방법은 없다.

과거를 청산했다

요셉의 위대한 점은 과거 형들로부터 받은 피해의식을 잘 극복했다는 것이다. 그는 총리가 된 뒤에 형들이 이집트로 양식을 구하러 왔을 때, 형들이 용서를 구하기 전에 먼저 그들을 진심으로 용서했다. 뿐만 아니라 가족 모두를 이집트로 이주해 오도록 하여 일생 동안 형제들을 후대하며 살았다. 참으로 온유하고 관용한 사람이었다.

요셉은 보디발의 가정 총무 일을 맡았을 때도, 감옥에서 제반 사무를 맡았을 때도, 애굽의 총리가 되었을 때도 자신의 억울함을 사회적이고 실용적인 기술로 바꾸어 그것을 유감없이 발휘했다. 이것은 고난의 세월을 지나온 요셉의 마음에 분노가 사라졌음을 의미한다. 요셉의 관용과 용서의 태도는 전적으로 하나님을 신뢰한 기반 위에서 낙관적으로 살아온 그의 인생 여정을 잘 대변해 준다.

하나님과 생명력 있는 관계를 유지하였다

요셉은 하나님과 생명력 있는 관계를 맺었다(창 39:2, 21, 23). 하나님은 요셉과 함께하시며 그와 그의 손으로 하는 모든 일에 복을 내려주셨다. 이것이 요셉이 형통하게 된 비결이다. 그는 온전한 믿음을 소유하였고 이 믿음으로 인해 크게 보상받았다.

■ 학습을 위한 질문

1. 요셉은 꿈을 성취하기 위해 어떤 준비를 하였는가?

2. 요셉의 가장 위대한 점은 무엇이라고 생각하는가?

3. 요셉의 '7년 흉년을 대비한 계획' 을 참고하여 은퇴 후의 재정 계획을 세운다면 어떻게 세울 것인가?

| 두번째 |

다윗

성경에서 가장 많이 언급된 인물이 다윗이다. 성경에 그의 이름이 무려 800여 차례나 나온다. 다윗은 매우 흥미롭고 특이한 인물이다. 그는 목자였고 음악가였으며 시인이었고 장군이었다. '다윗과 골리앗의 싸움'은 일반인도 익히 아는 이야기다. 그는 이스라엘의 둘째 왕이 되었고 가장 위대한 왕이 되었다. 그의 인물됨을 시간 관리 측면에서 살펴보자.

성실한 사람이었다

베들레헴에서 태어난 목동 다윗은 그야말로 성실한 사람이었다. 그가 성공하게 된 가장 큰 이유는 성실함 때문이었다. 그는 우선 하나님께 성실하여 변치 않는 믿음을 소유하였다. 다윗은 '하나님의 마음에 합한 자'(행 13:22)였다. 즉 하나님의 마음에 꼭 드는 사람이었다.

이스라엘의 사사 사무엘이 사울 다음 왕을 뽑으려고 이새의 아들들을 찾아 갔을 때, 그는 이새의 맏아들 엘리압의 외모와 풍채에 감동받고 '하나님이 기름 부으실 자가 바로 여기에 있구나.'라고 생각했다. 그러나 하나님은 사무엘의 의도를 저지하셨다. 하나님은 외모가 아니라 속사람을 보신다고 했다. 이새의 여덟 아들 중 막내 다윗이 사무엘 앞에 섰을 때 비로소 하나님은 "이가 그니 일어나 기름을 부으라"고 말씀하셨다. 사무엘이 와서 기름 부을 때 다윗은 장차 자기 백성의 왕이 될 것을 알았다.

일찌감치 하나님의 뜻을 깨달아 자기가 장래에 어떤 사명을 감당할지를 안다면 인생의 많은 문제와 난관이 상당수 해결될 것이다. 일찍부터 사명을 깨달으면 시행착오도 대폭 줄일 수 있을 것이다. 또한 장래에 무슨 일을 해야 할지 아는 것 못지않게 중요한 것이 있다. 그것은 오늘 맡은 일을 충실히 이행하는 것이다. 신뢰받는 사람이 되려면 오늘의 과제를 철저히 처리해야 한다. 오늘의 의무를 충실히 이행하면서 실력과 인격을 갈고 닦으면 자연히 좋은 미래가 오기 마련이다.

다윗은 자기에게 맡겨진 임무에 충실했다. 양떼 돌보는 일은 권태로운 일의 반복이었지만 충실히 처리했다. 양떼 돌보는 일에 어느 정도 충실했는가 하면, 양떼를 위해 사자와 곰도 무서워하지 않았다(삼상 17:34~35). 또 사무엘 선지자가 자기 동네에 왔다는 떠들썩한 소문에도 아랑곳하지 않고 양을 지켰다. 왕이 된 후에는 국토를 넓히고 백성을 잘 치리했다. 사무엘과 사울이 시작한 일들을 완성시킨 다윗은 모세 다음으로 제일 큰 지도자가 되었다. 이스라엘을 통일하여 조직된 힘 있는 정부를 만들었고 이스라엘 백성에게 새로운 민족의식을 불어넣었다. 그는 이스라엘 민족은 물론 온 세계 그리스도인이 동경하는 인물이 되었다.

남는 시간을 잘 활용했다

다윗은 양을 돌보면서 남는 시간을 잘 활용했다. 남는 시간에 시를 썼으며, 혼자서 수금 타는 법을 배웠다. 그리고 틈틈이 '물매'라는 무기 쓰는 법을 익혔다. 이 물매는 얼마 후 골리앗과의 싸움에서 승리를 가져오는 결정적 수단이 되었다.

또 다윗은 누가 하라고 요구한 것도 아닌 일에 심혈을 기울였다. 그는 수금을 잘 연주할 정도로 배웠다고 했다(삼상 16:17). 다른 목동들은 수금 타는 다윗을 보고 비아냥거리거나 부러워했을 것이다. 어쨌든 때는 왔다. 사울 왕이 수금 타는 자를 찾았던 것이다. 다윗은 연주를 잘하여 사울의 정신을 상쾌하게 해 주어 병기 든 자로 출세까지 하게 된다.(삼상 16:14~23)

많은 사람들이 무엇을 배워도 철저하게 배우지 않고 건성건성 배우려 한다. 적당주의가 현대교육의 맹점이다. 적어도 한 가지를 할 줄 알되 아주 잘하는 정도가 되어야 한다. 오늘날 다윗처럼 어느 한 가지를 탁월하게 잘해서 기회를 잡는 경우가 종종 있다. 미국의 전 대통령 빌 클린턴이 바로 그런 경우다. 그는 대통령 선거 유세 중 자기의 장기인 색소폰을 불어 청소년들의 마음을 사로잡았고, 이 청소년들이 부모들에게 클린턴을 뽑으라고 권하는 바람에 더 많은 표를 얻었다고 한다. 적어도 한 가지 분야에서 전문가가 되어야 한다.

다윗은 마침내 인정을 받고 사울을 섬기는 용사가 되었다. 그리고 주변 사람들의 신뢰를 얻었다. 나중에 그가 사울 왕보다 인기가 높아지자 사울 왕은 다윗을 죽이려고 했지만, 그는 지혜롭게 처신했고(삼상 18:14) 피신하였다(삼상 19:10). 복수의 기회가 찾아왔지만 그는 자기 손을 들어 못된 왕을 치지 않았다.(삼상 26:23)

인내력이 뛰어났다

다윗은 골리앗과 싸워 이긴 뒤에 왕의 사위가 되었다. 그러나 사울 왕의 시기와 질투를 받아 무려 10년 동안이나 왕과 그의 군사들에게 쫓겨 다녀야 했다. 왕을 죽일 기회도 여러 번 있었으나 그때마다 인내했다. 그리고 묵묵히 때를 기다렸다. 10년간의 피난살이는 상상하지 못할 만큼 힘든 일이었다. 그러나 그 모든 과정을 참아 냈다.

그가 왕이 되었을 때 사울 왕을 섬기던 옛 지주들은 다윗을 왕으로 섬기지 않았다. 다윗은 그들에게 폭력을 가하는 대신 설득하여 나라의 여론을 통일시켰다. 인내하면서 겸손한 태도로 그들을 설복시킨 것이다. 왕이 되어 한창 나라를 다스리고 있을 때, 아들 압살롬이 반란을 일으켜 왕위를 빼앗았다. 그는 2년간이나 피난살이를 했으나 인내하면서 훌륭한 전략으로 아들의 군대를 물리치고 다시 왕위에 복귀하였다. 인내는 시간 관리를 잘하게 만드는 좋은 습성이다.

기쁨의 사람이었다

다윗은 시인이요 음악가인 만큼 감정이 풍부했다. 그의 시에는 기쁨이 넘쳐흐르는 내용이 많다. "주께서 내 마음에 두신 기쁨은 저희의 곡식과 새 포도주의 풍성할 때보다 더 하니이다."(시 4:8) "내 영혼이 여호와를 즐거워함이여 그 구원을 기뻐하리로다."(시 35:9) "주께서 나의 슬픔을 변하여 춤이 되게 하시며 나의 베옷을 벗기고 기쁨으로 띠 띠우셨나이다."(시 30:11)

사무엘하 6장 12~23절에는 다윗이 주변 사람을 의식하지 않고 온전히 자유로워져서 '힘을 다하여' 춤을 추었다는 기록이 나온다. 그는 많은 역경을 통과했고, 그 역경 속에서 하나님의 은혜를 크게 체험했다. 그는 하나님의 임재를 체험하고 너무 기뻐서 덩실덩실 춤을 추었다. 당시 왕이 춤을 춘다는 것은 체통을 떨어뜨리는 일이었다. 다윗도 이것을 잘 알고 있었다. 그런데도 그는 많은 군신들이 지켜보는 가운데 레위인들과 함께 기뻐하며 춤을 춘 것이다.

인간관계가 뛰어났다

다윗은 관대하며 친절한 사람이었다. 사람들의 마음을 끌었으며, 부하들은 그를 위해 생명을 아끼지 않았다(삼하 23:13). 그는 왕의 위신을 지키면서도 사람들을 멀리하지 않았다. 백성들은 그를 사랑했으며 공정한 왕으로 공경했다. 그는 자녀들을 사랑했다. 압살롬이 죽었다는 소식을 듣고 "압살롬아, 압살롬아!" 하며 통곡했는데 이는 모든 부모의 심금을 울리는 이야기다.

그때와 후대의 이스라엘 백성이 다윗을 이상적인 인간, 이상적인 왕의 전형으로 생각한 것은 전혀 이상한 일이 아니다.

자기 관리를 잘 했다

다윗은 많은 역경과 스트레스를 이기고 40년간이나 왕으로서 통치했다. 그렇게 오랫동안 통치할 수 있었던 비결은 음악으로, 시로, 철두철미한 신앙심으로 자신의 마음을 잘 통제했기 때문이다. 지도자들은 각종 압박과 갈등에 시달린다. 어떤 방식으로든 자기 관리를 잘 해야 한다. 그렇지 않으면 몸과 마음이 황폐해져서 오래 견디지 못한다. 병에 걸리고 빨리 죽는다.

그는 다른 사람으로부터 많은 멸시를 받았다. 아버지로부터도 멸시를 받았다. 사무엘 선지자가 자신의 집에 왔을 때 아버지는 막내인 다윗을 부르지 않았다. 그는 형들로부터도 멸시를 당했다. 그가 전장에 와서 골리앗과 싸우려 하자 전장에 먼저 와 있던 형들이 그를 무시했다. 적군의 대장인 골리앗도 다윗을 멸시하였다. 나중에는 그의 아내 미갈로부터도 멸시를 당하였다. 그러나 그는 이런 모든 멸시에 초연하였다.

그에게도 약점은 있었다. 그의 일생에 가장 암흑적인 사건은 밧세바와 맺은 불의한 관계였다(삼하 11:2, 12:25). 그에게 가장 고통스러운 사건은 압살롬의 반란이었다(삼하 15:1~6). 세바와 아도니아의 반란도 있었다. 하지만 그는 이런 일들을 현명하게 극복했다.

분수를 지키는 지혜도 있었다. 그는 나이가 들어서 이런 시를 썼다. "여호와여 내 마음이 교만치 아니하고 내 눈이 높지 아니하오며 내가 큰 일과 미치지 못할 기이한 일을 힘쓰지 아니하나이다."(시 131:1) 그는 자신의 분수에 넘치는 일을 삼갔으며 자신이 할 수 있는 일에만 집중했다.

■ 학습을 위한 질문

1. 다윗의 시간 관리 특징은 무엇인가?
2. 목동이던 다윗이 왕이 된 비결은 무엇인가?
3. 다윗은 노년 시절에 어떻게 자기 관리를 했는가?

| 세번째 |

예수 그리스도

예수님은 신비한 분이시다

역사상 존재한 인물 가운데 예수님처럼 신비하고 특별한 인물은 없을 것이다. 성경에 나타난 그의 별명만도 무려 202개나 된다. 이것으로도 예수님이 얼마나 다양한 분인가를 알 수 있다. 그분을 소개한다는 것은 크나큰 지적 모험일 뿐 아니라 매우 흥미로운 일이다. 예수님을 더 잘 알아갈수록 믿음도 성장한다.

육신의 몸을 입고 이 땅에 오신 예수님은 다른 성인들에 비해 짧은 일생을 살았다. 예수님의 공생애 기간은 고작 3년에 지나지 않았다. 그렇지만 그 3년 안에 인류 구원의 사역을 완성하셨다. 이것은 3년이란 세월을 잘 활용하면 엄청난 일을 해낼 수 있다는 가능성을 우리에게 던져준다. 예수님이 어떻게 시간을 활용했는지 살펴보자.

예수님의 일생 계획서

예수님은 인류를 구원하시기 위해 이 땅에 오실 때 다음과 같은 계획을 세우셨다.

⑴ 나는 요셉과 마리아의 몸을 입어 지구상에 태어난다.

⑵ 30년 간 생업에 힘쓰며 부모를 공경하고 동생들을 보살핀다.

⑶ 30세에 갈릴리 지역에서 공생애를 시작한다.

⑷ 다음과 같은 말씀을 표어로 삼아 공생애 활동을 한다. "주님의 영이 내게 내리셨다. 주님께서 내게 기름을 부으셔서, 가난한 사람에게 기쁜 소식을 전하게 하셨다. 주님께서 나를 보내셔서, 포로 된 사람들에게 해방을 선포하고, 눈먼 사람들에게 눈 뜸을 선포하고, 억눌린 사람들을 풀어주고, 주님의 은혜의 해를 선포하게 하셨다."
(눅 4:18, 새번역)

⑸ 요단강에서 세례 요한에게 세례를 받는다.

⑹ 12명의 제자를 뽑아서 그들과 함께 생활하며 그들을 가르치고 훈련한다.

⑺ 병든 자를 고치며, 죽은 자를 살리고, 오병이어의 이적을 베풀며, 폭풍을 잔잔하게 하는 여러 가지 이적을 베푼다.

⑻ 3년간의 공생애 사역을 마칠 즈음 예루살렘으로 올라간다. 그곳에서 빌라도의 재판을 받고 십자가에 달려 죽는다.

⑼ 죽은 지 사흘 만에 부활한다.

⑽ 부활한 후 40일간 제자들과 함께 지내다가 승천한다.

그는 계획의 중요성을 말씀하셨다. 누가복음 14장 28~32절에서 망대를 짓다가 완성하지 못한 사람의 이야기, 이웃 나라와 전쟁에 직면하게 된 왕의 이야기를 통해 매사에 철저히 계획해야 함을 강조했다. 그리고 제자들에게 미래에 대한 확실한 지침을 주었다. 그는 세부 지침에 따라 하루하루 계획을 실천하면서 모든 계획을 하나님의 뜻과 일치시켰다.

그는 늘 하나님의 뜻에 순종하며 살았다. "아들이 아버지의 하시는 일을 보지 않고는 아무것도 스스로 할 수 없나니", "내가 아무것도 스스로 할 수 없노라 … 나는 나의 원대로 하려 하지 않고 나를 보내신 이의 원대로 하려는 고로"(요 5:19, 30)라고 말했다.

사명을 완수했다

필자는 예수님의 기도문인 요한복음 17장을 읽을 때마다 4절 말씀에 특히 감명을 받는다. "아버지께서 내게 하라고 주신 일을 내가 이루어 아버지를 이 세상에서 영화롭게 하였사오니." 그리고 요한복음 19장 30절에 "예수께서 신 포도주를 받으신 후 가라사대 다 이루었다 하시고 머리를 숙이시고 영혼이 돌아가시니라"고 기록되어 있다. 그는 하나님께서 주신 사명을 다 완수하여 하나님께 영광을 돌렸다. 각자에게 주신 거룩한 사명을 깨닫고 이를 수행하기 위해 헌신하는 삶이 가장 위대한 삶이다. 이 세상의 많은 사람들이 하나님의 뜻에 벗어나는 행동을 한다. 그들은 헛된 생애를 살아가는 것이다. 하나님의 뜻대로 사는 생애만이 가치 있는 삶이다. 하나님께서 늘 예수님과 함께하셨기 때문에 예수님은 사명을 완수할 수 있었다.

베드로는 예수님의 일생을 아주 간단하게 요약했다. "하나님이 나사렛 예수에게 성령과 능력을 기름 붓듯 하셨으매 저가 두루 다니시며 착한 일을 행하시고 마귀에게 눌린 모든 자를 고치셨으니 이는 하나님이 함께 하셨음이라."(행 10:38)

올바로 성장하였다

누가복음 2장에서는 예수님이 어릴 때 자라나는 모습을 이렇게 묘사하고 있다. "아기가 자라며 강하여지고 지혜가 충족하며 하나님의 은혜가 그 위에 있더라."(40절) "예수는 그 지혜와 그 키가 자라가며 하나님과 사람에게 더 사랑스러워 가시더라."(52절) 이 구절들에는 함축적인 의미가 담겨 있다. 지혜가 자란다는 말은 지적인 성장을 의미하고, 키가 자란다는 말은 육체적인 성장을 의미한다. 하나님께 사랑을 받았다는 말은 믿음의 성장을 의미하며, 사람에게 사랑받았다는 말은 인간관계의 성장을 의미한다. 예수님은 경건한 부모 밑에서 온전하게 성장했다.

부모를 잘 만나는 것은 그렇지 못한 사람에 비해 크나큰 행운을 얻는 것이다. 부모로부터 어떤 교육을 받느냐가 앞으로의 일생에 지대한 영향을 미치기 때문이다. 어릴 때부터 올바른 습관을 기른 사람은 시간을 탁월하게 관리할 줄 안다. 시간 관리에 영향을 주는 가장 큰 요소가 바로 어릴 때 길들인 습관이다.

'시간'과 '때'에 대해 예민한 감각을 가졌다

3년간의 예수님의 활동을 살펴보면, 서두르거나 일부러 일을 회피한 적이 없고 가장 적합한 때에 일을 처리했음을 알 수 있다. 그는 가장 좋은 때를 분별하였고, 때에 맞추어 일을 완벽하게 이루어 나갔다. 예수님은 시간과 때에 대해 올바른 감각을 지니고 있었다. 그래서 어떤 때는 "내 때가 아니다."라고 말하였고, 어떤 때는 "내 때다."라고 말하였다. 그는 '하나님의 때' 를 최상의 때로 간주하였고 그 거룩한 때를 의식하면서 살았다.

예수님은 시간이 지나가면 심판의 시기가 온다고 생각하여 하나님께서 주시는 24시간 동안 할 수 있는 일을 한 가지씩 성취해 나가는 것이 지혜로운 일의 방식이라고 말씀하셨다(마 6:34). 시간이 냉혹하다는 것도 여러 차례 강조하셨다. 그가 말한 '열 처녀의 비유' (마 25:1~12)는 철저한 시간의식을 반영한 기사다.

과거, 현재, 미래의 시제에 대해 균형감각을 지닌 그는 과거를 지나간 것, 청산해야 할 것, 이미 용서받은 것으로 생각했다. 그리고 현재는 기회로 생각했다. 일할 기회, 선을 행할 기회, 결단할 수 있는 기회, 삶을 풍요롭게 할 수 있는 기회, 장래를 위해 준비하는 기회로 생각하였다.

또한 영광된 미래를 바라보고 살았다(히 12:2). 그가 가장 많은 시간을 투자한 것은 제자 훈련이었다. 그는 시간의 중요성에 대해 제자들에게 이렇게 가르쳤다. "낮이 열두 시가 아니냐 사람이 낮에 다니면 이 세상의 빛을 보므로 실족하지 아니하고 밤에 다니면 빛이 그 사람 안에 없는 고로 실족하느니라."(요 11:9~10) 그는 또 위대한 일을 성취하기 위해서는 지속적으로 시간이 필요하다고 했다.(막 4:26~27)

예수님은 이처럼 예민한 시간감각을 가지고 행동했다. 사명과 목적을 잘 알았기 때문이다. 시간감각을 향상시키려면 뚜렷한 사명의식, 분명한 목표의식을 가져야 한다. 그렇게 되면 자연스레 시간 의식도 예민해진다.

가치 있는 일에 몰두하며 일을 즐겼다

요한복음 4장 34절에는 "나의 양식은 나를 보내신 이의 뜻을 행하며 그의 일을 온전히 이루는 이것이니라"라고 기록되어 있다. 이 한 구절을 통해서도 예수님이 얼마나 일에 몰두하며 즐겼는가를 알 수 있다. 예수님에게 일이란 하나님의 뜻을 이루는 것이고 그것이 그의 양식 곧 힘의 원천, 기쁨의 원천이 되고 있다.

예수님은 일에 대하여 많은 교훈을 주셨다. 일거리를 구하는 것과 일을 잘 마치는 것이 중요함을 설명하기 위해 마태복음 20장 1~16절에서 '포도원 품꾼의 비유'를 들었다. 예전부터 지금까지 일자리는 생계와 직접 연관되기 때문에 가장 절실한 문제로 간주되어 왔다. 어떤 국가라도 국민들의 일자리 창출을 가장 우선적인 과제로 삼는다. 이 비유에서 오후 5시에 와서 단 1시간만 일하고도 하루 품삯을 받은 품꾼은 얼마나 기뻤을까? 할 일이 있다는 것과 일에 몰두한다는 것은 지극히 큰 기쁨이다.

예수님은 하나님으로부터 받은 사명을 깊이 인식하였고, 그 일을 기쁨으로 완성하였다. 그래서 "때가 아직 낮이매 나를 보내신 이의 일을 우리가 하여야 하리라 밤이 오리니 그때는 아무도 일할 수 없느니라"(요 9:4)며 시간을 아껴 열심히 일했다. 그는 날마다 해야 하는 '일'에 대한 의미를 알고 있었다. 자신의 일이란 그를 보내신 하나님의 일을 하는 것이며, 일할 수 없는 밤이 임박했음을 명심하면서 기회가 주어진 낮에 열심히 하고, 그 모든 결과는 하나님께 영광을 돌리는 것이라고 말했다.

예수님은 선생이었지만 제자들보다 훨씬 더 열심히 일했다. 무리를 돌보느라 어찌나 지쳤던지 호수에 사나운 풍랑이 불어도 깨어날 줄 몰랐다

(눅 8:22~34). 또 열심히 봉사하느라고 식사를 거르곤 하였다(요 4:31~34). 그는 일에 몰두할 뿐 아니라 일을 꾸준히 하였다. 누가복음 13장 32~33절이 이를 증거한다. "가서 저 여우에게 이르되 오늘과 내일 내가 귀신을 쫓아내며 병을 낫게 하다가 제 삼일에는 완전하여지리라 하라 그러나 오늘가 내일과 모레는 내가 갈 길을 가야 하리니…" 어떤 상황에도 굴복하지 않고 꾸준히 일하는 모습을 볼 수 있다.

팀워크를 잘 활용하였다

예수님은 팀으로 일할 때 엄청난 성과를 거둘 수 있음을 잘 알았다. 그는 제자들이 팀워크로 일하기를 간절히 바랐다. 제자들과 함께 생활하면서 그들과 충분히 시간을 나누었다. 팀워크는 팀 구성원들이 함께 있는 시간이 많아 상호작용을 충분하게 할 때 더 강해진다. 예수님은 인생에게 주어진 최고의 선물인 시간을 제자들에게 충분히 공급했던 것이다. 그는 제자들과 더불어 비전을 나눔으로 팀워크를 강화시켰다. 그리고 '하나님 나라' 비전을 공동으로 가질 것을 누누이 강조하였다. 비전과 가치, 그리고 목표를 공유하는 순간, 그 팀은 하나가 된다.

예수님은 제자들로 하여금 전도 실습을 갈 때 두 명씩 짝을 지어서 가도록 했다(막 6:7). 두 명이 힘과 지혜를 모으면 혼자 하는 것보다 훨씬 효과적임을 알았기 때문이다. 그리고 제자들이 단결해서 사명을 이루도록 하나님께 간절히 기도했다(요 17:22~23). 제자들이 가지고 있는 이기심과 공명심이 팀워크 정신을 파괴한다는 것을 간파하고 제자들의 발을 손수 씻김으로 섬기는 정신으로 살 것을 교훈하였다.

그는 의사소통의 달인이요 친밀감이 높았기 때문에 많은 사람들의 협력을 이끌어 낼 수 있었다. 예수님은 제자들뿐 아니라 추종자들과 각기 적절한 관계성을 유지할 줄 알았다.

시간 관리의 원칙을 잘 지켰다

외적 표적만을 구하는 세상의 가치관 속에서 흔들리지 않는 원칙으로 일관한(마 12:38~45) 그분의 모습에서 우리는 왜 예수님을 신뢰하고 따라야 할지 그 이유를 발견하게 된다. 그는 기도를 생활화하였다. 그는 새벽 미명에 기도하였다(막 1:35). 우리도 세상에서 가장 중요한 사람을 만난다는 마음으로 하나님과 만남의 시간을 예약해야 한다. 만일 이른 아침에 하나님을 만난다면 하루를 준비하는 것이다. 밤에 하나님을 만난다면 하루를 돌아보는 것이다. 예수님은 많은 무리를 보내신 후 기도하러 따로 산에 올라가셨다(마 14:23). 제자들은 예수님의 기도 능력에 감탄하여 기도하는 법을 가르쳐 달라고 하였다.

그는 사람들이 구름같이 몰려들어도 비전을 잃지 않고 방향을 제시하였으며, 사람들이 떠나든 인기가 하락하든 두려워하지 않았기에 분명한 하나님 나라를 세울 수 있었다. 그는 불완전해 보이는 제자들에게도 임무를 부여하고 권한을 위임하였다. 스스로 실험해 보고 실패할 수 있는 기회를 주셨다. 그리고 끝까지 믿어 주고 인내하였다. 예수님은 아무리 바빠도 서두르지 않았다. 가장 중요한 활동에 자신을 투자하였다. 예수님은 하나님을 철저히 믿었기에 불안해하지 않고 일사분란하게 일할 수 있었다. 그의 마음에는 늘 평화가 넘쳤다.

예수님은 빠르고 쉬운 길을 택하지 않았다. 마태복음 4장 1~11절에 보면 그는 사탄의 유혹을 받았다. 사탄은 예수님께 "돌로 떡을 만들어 먹어라." "성전 꼭대기에서 뛰어내려라." "내게 엎드려 경배하라."고 말했다. 예수님은 하나님의 말씀으로 이 유혹을 물리치셨다. 사탄은 예수님께 '고생을 덜해도 되는 쉬운 길이 있다'고 유혹한 것이다. 세상의 많은 사람들이 지름길로 가고자 한다. 그리고 노력하지 않고 무엇을 얻으려고 한다. 무임승차다. 하지만 이런 성향은 올바른 태도가 아니다. 잠언에서는 속히 하고자 하는 자의 허망함을 경고하고 있다.(잠 20:21, 28:20)

그는 매사에 감사하는 생활을 하였다. 나사로를 살리기 전에 그의 무덤에서 감사의 기도를 드렸다(요 11:41). 오병이어의 이적을 베풀기 전에도 감사의 기도를 드렸고(요 6:11), 좋은 제자를 얻을 수 있었다는 것에 대해서도 하나님께 감사하였다(요 17:6~7). 감사가 먼저 오고 이적이 뒤따랐던 예수님의 생애를 살펴보노라면, 감사가 이적을 낳는다고 말할 수 있다. 그기에 감사하는 삶은 좋은 시간 관리의 원칙이 된다. 일어나서 감사의 기도를 하고 식사 전에 감사의 기도를 하며 잘 때도 감사의 기도를 한다면 감사로 일관된 삶을 살 수 있을 것이다.

■ **학습을 위한 질문**

1. 예수님이 공생애 3년 동안 구원의 사역을 성취하게 된 핵심 요인을 세 가지만 요약하라.
2. 예수님은 가장 많은 시간을 어디에 투자하였는가?
3. 예수님은 '때'에 대해 어떤 분별력을 지니고 행동하셨나?

| 네번째 |

바울

키는 작고, 다리는 굽었으며, 머리는 벗어진 데다, 남아 있는 약간의 머리는 곱슬머리요, 눈은 푸르고, 눈썹 새는 거의 붙었으며, 코는 긴 괴상한 영감이 무거운 여행 짐을 지고 소아시아에서 여행을 하고 있다. 안질 때문에 눈에서는 진물이 흘렀고 자주 눈을 감았다 떴다 했다. 그의 얼굴을 본 사람은 그가 때로는 사람 같아 보였고 때로는 천사 같아 보였다고 했다. 이것이 2,000년 전에 살았던 바울의 모습이다. 이 왜소하고 보잘것없어 보이는 사람이 당시의 세계를 흔들어 놓았고 오늘날까지도 전 세계에 위대한 영향을 주고 있다.

바울은 기독교 역사상 가장 우뚝 선 거목이다. 우리가 바울에 대해서 알 수 있는 자료는 사도행전과 그가 쓴 13개의 서신이다. 바울은 로마 시민으로서 길리기아의 수도이며 유명한 대학 도시인 다소에서 태어났다

(행 9:11). 그는 예수님과 거의 같은 해에 태어났다. 그의 조상은 아람어를 쓰는 바리새인이었고 상당한 지위와 재산을 소유했다고 한다. 그의 본래 이름은 '사울'로 알려졌다(행 7:58). 사울은 그의 히브리식 이름이다. 그의 로마 이름은 '바울'이다. 따라서 회개하기 전의 이름이 사울이고, 회개한 후의 이름이 바울이라고 말하는 것은 틀리다.

바울 연구가들은 바울이 경제적으로 여유가 있었기 때문에 수많은 선교 여행, 옥중생활, 또 로마로 여행하는 것이 가능했다고 주장한다. 그는 유대식, 헬라식, 로마식 교육 등 다양한 교육을 받아 여러 언어를 유창하게 구사하였고 또 로마 시민권을 가지고 있었기에 이방 선교를 하는 데 매우 유리하였다. 그가 고린도, 비시디아, 안디옥, 루스드라, 빌립보 같은 주요 로마 식민지를 선교지로 택한 것도 그가 로마 시민권자였기 때문이다. 그는 준비를 갖춘 지도자였다. 하나님께서는 이렇게 준비된 자를 택하시고 훈련시키신다.

바울은 본래 열심 있고 편협한 유대 바리새인으로서 목숨을 바쳐 조상의 유전을 지지하고 보존하려고 나섰다. 당연히 그는 새로 출현한 그리스도인들에 대해 심한 편견을 가질 수밖에 없었다. 그는 대제사장의 공문을 받아 가지고 그리스도인들을 잡으러 다메섹으로 가려고 했다. 그런데 다메섹으로 가는 길은 그의 일생에 큰 전환기가 되었다(행 9:3). 그는 도상에서 부활하신 예수 그리스도를 만나 회심했다. 이때 그의 나이가 33살이었다. 그는 그때를 자주 회고했다. 사도행전에서 세 번이나 이 회심 사건에 대해 언급한 것을 보면 그가 이 일을 일생일대의 최대 사건으로 여겼음이 틀림없다. 하늘에서 강한 빛이 비쳐 소경이 된 바울은 다메섹에 들어가 아나니아에게 세례를 받고, 곧 회당에서 그리스도를 증거한 후(행 9:20) 정신적인 준비를 하기 위해 아라비아로 갔다.

그는 35세 때 처음으로 예루살렘에 올라가 베드로와 야고보를 만났다. 그는 다소로 가서 수리기아-길리기아에서 전도했다. 수년 뒤에 안디옥에 가서 선교 활동을 했다. 그는 47~49세에 제1차 선교 여행을, 50~53세에 제2차 선교 여행을, 53~56세에 제3차 선교 여행을 하여 교회를 세우고 부흥시켰다. 그는 일생 동안 이방 선교에 혼신을 다하며 수많은 교회를 세우고 성장시켰으며 많은 사람들에게 감화를 주었다. 그는 60세에 로마에 수감되었으며 67세에 두 번째로 로마에 수감되었다가 그곳에서 순교하였다.

사는 동안 위대한 성취를 했다

바울은 비교적 늦은 나이인 33세에 회심하였다. 그 후 일편단심으로 복음 전도에 매진하였다. 그는 세 번이나 선교 여행을 하여 많은 교회를 세우고 성장시켰다. 교통과 숙박시설이 형편없던 그 시절에 그렇게 방대한 지역을 다니면서 복음을 전파했다는 것은 매우 놀라운 일이다. 그는 천막을 만드는 기구, 두꺼운 성경책, 그리고 취사도구와 이불을 무겁게 지고 그 먼 길을 걸어서 다녔다. 그는 13개의 서신을 써서 교회에 보냈는데 그 중 에베소서, 빌립보서, 골로새서, 빌레몬서는 주옥같은 서신으로 모두 감옥에서 썼다. 그는 환경과 시간을 최대한 활용해서 최대의 성취를 하였다.

시간 관리의 원칙을 잘 이해하고 이를 실행하였다

그는 고린도전서 11장 1절에서 "내가 그리스도를 본받는 자 된 것 같이 너희는 나를 본받는 자 되라"고 했다. 이렇게 자신 있게 말할 수 있는 사람은 거의 없을 것이다. 교인들의 신앙과 생활을 지도하는 목회자라도 교인들에게 자신을 본받으라고 자신 있게 말할 수 있는 사람은 없다. 이런 면에서 바울은 우리가 본받을 만한 훌륭한 모범이다.

그가 에베소 교인들에게 보낸 편지에서 그의 시간 관리 철학을 살펴볼 수 있다. "그런즉 너희가 어떻게 행할 것을 자세히 주의하여 지혜 없는 자 같이 말고 오직 지혜 있는 자 같이 하여 세월을 아끼라 때가 악하니라 그러므로 어리석은 자가 되지 말고 오직 주의 뜻이 무엇인가 이해하라 술 취하지 말라 이는 방탕한 것이니 오직 성령의 충만을 받으라 시와 찬미와 신령한 노래들로 서로 화답하며 너희의 마음으로 주께 노래하며 찬송하며 범사에 우리 주 예수 그리스도의 이름으로 항상 아버지 하나님께 감사하며 그리스도를 경외함으로 피차 복종하라."(엡 5:15~21) 이 말씀은 시간 관리에 관한 원리를 알려 준다. 조심하여 행동하는 것, 세월을 아끼는 것, 주의 뜻을 이해하는 것, 성령의 충만을 받고 그의 인도를 받는 것, 찬송하며 기쁘게 사는 것, 하나님께 감사하는 것 모두가 그리스도인이 지켜야 할 시간 관리의 원리다.

원리를 아는 것이 가장 빠르고 정확한 길이다. 원리대로 반복해 나가면 매사가 순조롭다. 바울은 원칙주의자였다. 그는 시간 관리 원리를 올바로 파악했고 그것을 실천했으며 그것을 다른 사람들에게도 가르쳤다.

성령의 인도를 받았다

바울은 로마서 8장 1~27절에서 성령의 역사에 대해 유명한 해설을 했다. 그는 "무릇 하나님의 영으로 인도함을 받는 그들은 곧 하나님의 아들이라"(롬 8:14)고 강조했다. 그는 회심한 후 성령 충만한 삶을 살았고 성령의 인도하심을 따라 살았다. 활동 스케줄을 성령께서 짜 주셨기에 그는 앞일에 대해 염려할 필요가 없었다. 세상 사람들은 술에 취하고 그 술기운에 따라서 움직이는 데 반해서 그리스도인은 성령의 거룩한 힘에 이끌려 움직인다고 그는 말했다.

운전할 때 내비게이션의 안내를 받으면 참으로 편리하다. 우리 인생의 내비게이션은 성령이시다. 성령의 인도하심을 받으면 올바른 길로 행하게 된다.

비전, 사명, 목표에 따라 움직였다

비전이야말로 바울을 사역에 전념하게 만든 가장 중요한 요소다. 바울은 아그립바 왕 앞에서 "하늘에서 보이신 것을 내가 거스르지 아니하고"(행 26:19)라고 하였다. 사역하면서 온갖 문제에 부딪히고 많은 어려움을 겪었지만, 그는 하나님이 주신 비전에 순종했다. 비전을 품게 되자 바울은 더는 자기 자신을 위해 살지 않고 하나님을 위해 살았다.

그는 사명감에 불타는 사람이었다. 그는 예루살렘으로 올라가면서 사명을 세 가지로 표현했다(행 20:24). 첫째, 달려갈 길이라고 했다. 둘째, 주 예수께 받은 것이라고 했다. 셋째, 자신의 생명조차 귀한 것으로 여기지 않는 것이라고 했다. 사명의 핵심은 '하나님의 은혜의 복음을 전하는 것' 이었다.

그리고 목표 지향적으로 살았다. "내가 이미 얻었다 함도 아니요 온전히 이루었다 함도 아니라 오직 내가 그리스도 예수께 잡힌바 된 그것을 잡으려고 좋아가노라 형제들아 나는 아직 내가 잡은 줄로 여기지 아니하고 오직 한 일 즉 뒤에 있는 것은 잊어버리고 앞에 있는 것을 잡으려고 푯대를 향하여 그리스도 예수 안에서 하나님이 위에서 부르신 부름의 상을 위하여 좇아가노라."(빌 3:12~14) 그는 분명한 목표를 미리 결정했다. 사람들은 인생에 제어할 수 없는 요인이 너무 많다는 이유로 목표를 구체적으로 세우지 않는다. 물론 내가 할 수 없는 부분이 많다. 하지만 나의 한계 내에서는 자유롭다.

미래는 알 수 없지만 할 수 있는 일에 최선을 다해 나가면 미래를 변화시킬 수 있다. 바울은 비전과 사명과 목표가 뚜렷하였기 때문에 무슨 일을 해야 하는지 분명히 알았다.(롬 15:14~21)

과거를 청산했다

그는 소위 성공한 인물이었고 자랑할 것이 많았다. 하지만 예수님을 만난 뒤로는 그 모든 것을 배설물과 같이 여기며 과감히 버렸다. 한편으로 그는 그리스도인을 크게 박해한 사람이었다. 자신 때문에 고통당하며 죽어간 그리스도인들을 계속 생각했다면 그는 참을 수 없이 괴로웠을 것이다. 그러나 은혜로 과거의 실패를 모두 극복할 수 있었다. 그는 이렇게 고백했다. "나를 능하게 하신 그리스도 예수 우리 주께 내가 감사함은 나를 충성되이 여겨 내게 직분을 맡기심이니 내가 전에는 훼방자요 핍박자요 포행자이었으나 도리어 긍휼을 입은 것은 내가 믿지 아니할 때에 알지 못하고 행하였음이라 우리 주의 은혜가 그리스도 예수 안에 있는 믿음과 사랑과 함께 넘치도록 풍성하였도다."(딤전 1:12~14)

과거를 청산하지 못하면 그것이 짐이 되어 미래를 향하는 데 방해물이 될 뿐 아니라 갈등과 분노를 일으키고 즐거움을 빼앗아 간다.

늘 자아 혁신을 했다

회심한 뒤에 바울의 가치관은 180도 달라졌고 인생의 방향도 완전히 바뀌었다. 그러나 거기에 그치지 않고 늘 자기를 새롭게 하려고 노력하였다. 하지만 그도 자신의 한계를 느낄 수밖에 없었다. 로마서 7장에 그 심정이 잘 나타나 있다. "나의 행하는 것을 내가 알지 못하노니 곧 원하는 이것은 행하지 아니하고 도리어 미워하는 그것을 함이라. … 내 속 곧 내 육신에 선한 것이 거하지 아니하는 줄을 아노니 원함은 내게 있으나 선을 행하는 것은 없노라 내가 원하는 바 선은 하지 아니하고 도리어 원치 아니하는 바 악은 행하는도다. … 오호라 나는 곤고한 사람이로다 이 사망의 몸에서 누가 나를 건져내랴"(15, 18~19, 24절) 그는 늘 반성하고 회개했으며 성숙해지려고 노력하였다. 예수를 닮으려고 애썼고(고전 11:1), 교인들에게도 그런 도전을 주었다(엡 4:13~15). 그는 평생 배우며 확신한 일에 거하였다. 또한 "나는 날마다 죽노라"(고전 15:31)고 했다.

역경을 잘 극복했다

사도행전 27장에 보면 죄수 바울을 태우고 로마로 가던 배가 폭풍에 휘말려 표류하게 된다. 모든 희망이 끊어졌을 때 바울은 사람들을 향해 "안심하라"(22절)고 외쳤다. 그는 자신의 비전을 재확인해서 문제 해결에 탁월한 자가 되었던 것이다(23~24절). 죄인의 몸으로 배를 타고 가던 그가 함께 탄 275명에게 말씀을 전하는 모습은 얼마나 위대해 보이는가? 우리도 하나님의 뜻을 구함으로 비전을 찾고 영적 리더십을 발휘하여 문제를 해결해야 한다.

바울은 어떤 역경 앞에서도 하나님의 인도와 보호에 대한 확신을 가지고 있었기에 흔들리지 않았다. 고린도후서 6장에서 그는 온갖 고생에 대해서 나열했다. "오직 모든 일에 하나님의 일꾼으로 자천하여 많이 견디는 것과 환난과 궁핍과 곤란과 매 맞음과 갇힘과 요란한 것과 수고로움과 자지 못함과 먹지 못함과."(4~5절) 그는 사명을 감당하기 위해 지불해야 할 것이 많았고 기꺼이 그렇게 하였다. 옥에 들어가서도 찬송하고 기뻐할 수 있었다. 그는 "주 안에서 항상 기뻐하라 내가 다시 말하노니 기뻐하라"(빌 4:4)고 했다.

팀워크를 잘 했다

바울은 성숙한 인간관계를 통해 귀중한 동역자들과 하나님 나라의 복음을 전했다. 그의 팀워크 정신은 동역자의 이름을 일일이 기록하고 격려하는 데서도 읽을 수 있다. 두기고, 오네시모, 아리스다고, 누가 등의 훌륭한 동역자들이 바울을 도왔다. 바울은 사람을 설득하는 능력을 갖고 있었다. 그래서 다른 사람들도 같은 목표를 가지고 사역에 동참하게 하였다. 그가 중보기도를 요청했다(롬 15:22, 30, 32)는 것은 팀워크를 잘 했다는 표시다. 목표를 달성하기 위해 서로 힘을 다해 인내하자고 한 것이다. 우리도 성숙한 인간관계를 통해 더 많은 일을 할 수 있다.

자기 절제를 잘 했다

그리스도인에게는 자기 절제가 필요하다. 그리스도인은 모름지기 충동을 제어해야 한다. 절제는 성령의 열매다(갈 5:23). 이것은 단순한 의지력이 아니라 하나님의 능력을 빌려서 곁길로 빗나가거나 쓸데없는 일에 시간을 허비하는 감정과 욕망 따위를 지배하는 것이다. 바울은 "모든 것이 내게 가하나 내가 아무에게든지 제재를 받지 아니하리라"(고전 6:12)고 말했다. 또 "이기기를 다투는 자마다 모든 일에 절제하나니 저희는 썩을 면류관을 얻고자 하되 우리는 썩지 아니할 것을 얻고자 하노라"(고전 9:25)고 했고, 특히 "그리스도 예수의 사람들은 육체와 함께 그 정과 욕심을 십자가에 못 박았느니라"(갈 5:24)고 단언했다.

시간과 환경을 잘 이용했다

빌립보서 4장에서 그는 이렇게 기록했다. "내가 궁핍함으로 말하는 것이 아니라 어떠한 형편에든지 내가 자족하기를 배웠노니 내가 비천에 처할 줄도 알고 풍부에 처할 줄도 알아 모든 일에 배부르며 배고픔과 풍부와 궁핍에도 일체의 비결을 배웠노라."(11~12절) 그는 어떤 상황에도 적응할 수 있는 능력을 소유하였다. 탁월한 시간 관리자는 어떤 상황에서도 거기에 잘 적응하는 사람이다.

그는 스스로 만족할 줄 아는 사도였다. 가진 것이 많지 않아도 항상 넉넉함을 잃지 않았다. 풍성함과 넉넉함을 잃지 않는 삶은 믿음에서 나온 것이며 공급자 하나님에 대한 신뢰에서 비롯된다. 그는 옥중에서 교회를 향하여 서신을 썼다. 그가 감옥에서 쓴 에베소서, 빌립보서, 골로새서, 빌레몬서는 말로 다 할 수 없는 값진 성경으로 오늘날까지 큰 영향을 주고 있다. 그리고 그는 옥중에서 성경을 읽고 연구했다. 그는 디모데에게 성경을 가져오라고도 부탁했다.(딤후 4:13)

사도행전 28장에 보면 바울이 죄수의 몸으로 '세집'에 머물며 로마에서 만 2년 동안 복음을 증거한 것을 알 수 있다. 바울의 로마 셋집 감옥은 로마 군인이 지키는 감옥이었으나 방문객의 출입이 허용되었다. 바울은 이런 상황을 잘 이용해서 찾아오는 사람들에게 하나님의 나라와 예수 그리스도의 복음을 증거했다.(행 28:30)

훌륭하게 인생을 마쳤다

이 세상에는 화려하게 등장했지만 비참하게 최후를 마치는 사람들이 많다. 바울은 마무리를 잘했다. 인생을 마치며 "나는 선한 싸움을 싸우고 나의 달려갈 길을 마치고 믿음을 지켰으니"(딤후 4:7)라고 담대하게 말했다. 그는 어떤 고난과 핍박 속에서도 흔들리지 않았다. 중요한 일에 자신의 일생을 소모했다. 자기 일생을 관제로 드린다고 했다. 지극히 열정적으로 살았다는 말이다. 또한 떠날 때, 마무리할 때를 잘 알고 있었다(딤후 4:6). 한마디로 그는 시간감각이 뛰어난 사도였다.

■
■
■ 학습을 위한 질문

1. 사도 바울의 시간 관리 핵심요소 세 가지만 요약하라.

2. 사도 바울이 열심히 사역할 수 있었던 동기는 무엇인가?

3. 사도 바울은 어떻게 시간과 환경을 이용했는가?